AF275210

Disfrute gratuitamente **DURANTE UN AÑO** de los eBook y audiolibros de las obras de Editorial Colex*

Infracciones y sanciones tributarias. Paso a paso

◈ Acceda a la página web de la editorial **www.colex.es**

◈ Identifíquese con su usuario y contraseña. En caso de no disponer de una cuenta regístrese.

◈ Acceda en el menú de usuario a la pestaña «Mis códigos» e introduzca el que aparece a continuación:

RASCAR PARA VISUALIZAR EL CÓDIGO

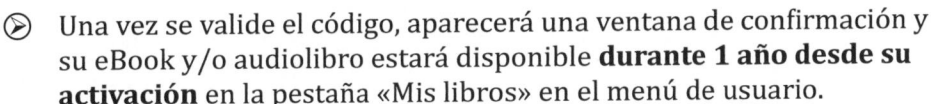

◈ Una vez se valide el código, aparecerá una ventana de confirmación y su eBook y/o audiolibro estará disponible **durante 1 año desde su activación** en la pestaña «Mis libros» en el menú de usuario.

---

* Los audiolibros están disponibles en las ediciones más recientes de nuestras obras. Se excluyen expresamente las colecciones «Códigos comentados», «Biblioteca digital» y los productos de www.vademecumlegal.es.

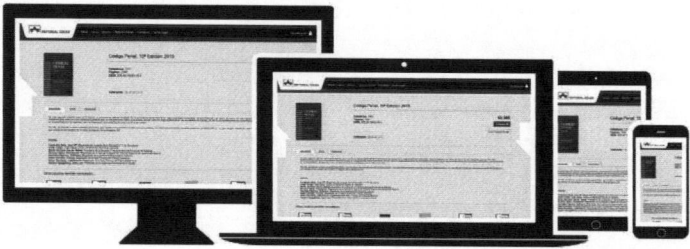

¡Gracias por confiar en nosotros!

La obra que acaba de adquirir incluye de forma gratuita la versión electrónica. Acceda a nuestra página web para aprovechar todas las funcionalidades de las que dispone en nuestro lector.

Funcionalidades eBook

Acceso desde cualquier dispositivo con conexión a internet

Idéntica visualización a la edición de papel

Navegación intuitiva

Tamaño del texto adaptable

Síguenos en: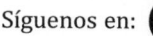

INFRACCIONES Y SANCIONES TRIBUTARIAS

Guía sobre la potestad sancionadora de la
Administración, los principios aplicables,
el análisis de los tipos infractores y los
criterios de graduación de las sanciones

INFRACCIONES Y SANCIONES TRIBUTARIAS

Guía sobre la potestad sancionadora de la Administración, los principios aplicables, el análisis de los tipos infractores y los criterios de graduación de las sanciones

2.ª EDICIÓN 2024

Obra realizada por el Departamento de Documentación de Iberley

Coordinador
Carlos David Delgado Sancho

COLEX 2024

© Editorial Colex, S.L.
Calle Costa Rica, número 5, 3.º B (local comercial)
A Coruña, 15004, A Coruña (Galicia)
info@colex.es
www.colex.es

I.S.B.N.: 978-84-1194-580-6
Depósito legal: C 1331-2024

SUMARIO

1. **LA POTESTAD SANCIONADORA DE LAS ADMINISTRACIÓN TRIBUTARIA** 11

2. **SUJETOS RESPONSABLES DE LAS INFRACCIONES Y SANCIONES TRIBUTARIAS** 15

3. **CONCEPTO Y CLASES DE INFRACCIONES TRIBUTARIAS** 23

   3.1. Infracción por dejar de ingresar la deuda tributaria. 27

   3.2. Infracción por no presentación correcta de declaraciones tributarias . . . 38

   3.3. Infracción por obtener indebidamente devoluciones 41

   3.4. Infracción por solicitud indebida de devoluciones, beneficios o incentivos fiscales 45

   3.5. Infracción por determinar o acreditar improcedentemente partidas positivas o negativas 48

   3.6. Infracciones tributarias por imputación incorrecta o falta de imputación . 54

   3.7. Infracción por no presentar en plazo autoliquidaciones o declaraciones tributarias. 56

   3.8. Infracciones tributarias que no causan perjuicio económico. 60

   3.9. Infracción tributaria por incumplir obligaciones contables y registrales . . 67

   3.10. Infracción tributaria por incumplir obligaciones de facturación o documentación 70

   3.11. Infracción tributaria por sistemas informáticos de doble contabilidad o registro 73

   3.12. Infracción tributaria por incumplir las obligaciones relativas a la utilización y a la solicitud del número de identificación fiscal o de otros números o códigos 76

   3.13. Infracción tributaria por resistencia, obstrucción, excusa o negativa a las actuaciones de la Administración tributaria 77

   3.14. Infracción tributaria por incumplir el deber de sigilo exigido a los retenedores y a los obligados a realizar ingresos a cuenta 84

3.15. Infracción tributaria por incumplir la obligación de comunicar correctamente datos al pagador de rentas sometidas a retención o ingreso a cuenta. 84

3.16. Infracción por incumplir la obligación de entregar el certificado de retenciones o ingresos a cuenta 86

3.17. La infracción tributaria en supuestos de conflicto en la aplicación de la norma 87

4. LA OBLIGACIÓN DE INFORMACIÓN SOBRE BIENES Y DERECHOS SITUADOS EN EL EXTRANJERO 91

5. EXTINCIÓN DE LA RESPONSABILIDAD DERIVADA DE LAS INFRACCIONES TRIBUTARIAS 95

6. SANCIONES TRIBUTARIAS. 99

6.1. Criterios de graduación de las sanciones tributarias 99

6.2. El pago de las sanciones tributarias 105

6.3. Sujetos responsables de las sanciones tributarias 110

6.4. Extinción de las sanciones tributarias. 118

7. PROCEDIMIENTO SANCIONADOR EN MATERIA TRIBUTARIA . . 123

7.1. Principios del Derecho tributario sancionador 127

7.1.1. El principio de tipicidad 132

7.1.2. El principio de responsabilidad 135

7.1.3. El principio de no concurrencia. 141

7.1.4. El principio de irretroactividad. 147

7.1.5. El derecho de defensa 149

7.1.6. El derecho a la presunción de inocencia 156

7.1.7. El principio de buena fe 158

7.1.8. El principio de seguridad jurídica. 160

7.2. Órganos competentes 167

7.3. Iniciación del procedimiento 170

7.4. Plazo máximo de duración 174

7.5. Instrucción del procedimiento 178

7.6. Terminación del procedimiento. 181

8. RECURSOS CONTRA SANCIONES TRIBUTARIAS. 185

ANEXO. FORMULARIOS

Escrito de alegaciones previo a la propuesta de resolución en procedimiento sancionador tributario 191

Escrito de alegaciones y aportación de pruebas antes de la propuesta de resolución en procedimiento sancionador tributario. 193

Solicitud de prórroga del plazo de alegaciones (procedimiento sancionador) 195

Recurso de reposición en el ámbito tributario 197

Escrito solicitando devolución de ingresos indebidos por duplicidad en el pago. Art. 221.1 a) LGT. 199

Recurso de reposición contra providencia de apremio por suspensión de la sanción en periodo voluntario. 201

1.
LA POTESTAD SANCIONADORA DE LAS ADMINISTRACIÓN TRIBUTARIA

La potestad sancionadora de la Administración tributaria

La Ley 58/2003, de 17 de diciembre, General Tributaria, en adelante LGT, regula la potestad sancionadora de forma totalmente separada y autónoma de la potestad tributaria, dedicándole el título IV. La normativa reguladora de la potestad sancionadora tributaria se recoge en la siguiente normativa:

- Título IV de la Ley 58/2003, de 17 de diciembre, General Tributaria.
- Reglamento General de Régimen Sancionador Tributario (RGRST), aprobado por Real decreto 2063/2004, de 15 de octubre.
- Las normas propias de cada tributo, cuando tipifiquen infracciones específicas.

Con carácter supletorio resulta aplicable la Ley 39/2015, de 1 de octubre, del Procedimiento Administrativo Común de la Administraciones Públicas.

En relación con la potestad sancionadora, tal y como indica en el artículo 178 de la LGT, serán aplicables los principios de legalidad, tipicidad, responsabilidad, proporcionalidad y no concurrencia. El principio de irretroactividad se aplicará con carácter general, estando a la dispuesto en el artículo 10.2 de la LGT.

La aplicabilidad al derecho administrativo sancionador de los principios penales ha sido admitida, con matizaciones, en la jurisprudencia del Tribunal Constitucional en cuanto el derecho administrativo sancionador es también manifestación del *ius puniendi* del Estado tal y como lo refleja la **sentencia del Tribunal Constitucional n.º 18/1981, de 8 de junio, ECLI:ES:TC:1981:18:**

> «(...)los principios inspiradores del orden penal son de aplicación, con ciertos matices, al derecho administrativo sancionador, dado que **ambos son manifestaciones del ordenamiento punitivo del Estado**, tal y como refleja la propia Constitución (art. 25, principio de legalidad) y una muy reiterada jurisprudencia de nuestro Tribunal Supremo (Sentencia de la Sala Cuarta de 29 de septiembre, 4 y 10 de noviembre de 1980, entre las más recientes), hasta el punto de que un mismo bien jurídico puede ser prote-

gido por técnicas administrativas o penales, si bien en el primer caso con el límite que establece el propio art. *25.3, al señalar que la Administración Civil no podrá imponer penas que directa o subsidiariamente impliquen privación de libertad».*

Tomando como fundamento el artículo 25 de la CE, que regula el **principio de legalidad,** se reconoce en el artículo 183 de la LGT que «son infracciones tributarias las acciones u omisiones dolosas o culposas con cualquier grado de negligencia que estén tipificadas y sancionadas como tales en esta u otra ley». Resulta interesante, pues, mencionar **la sentencia del Tribunal Constitucional n.º 61/1990, de 29 de marzo,** que señala lo siguiente:

«Partiendo del principio (STC 18/1981) de que la regulación de las sanciones administrativas ha de estar inspirada en los principios propios y característicos del Derecho Penal (doctrina también del T.S. y del TEDH), en ya numerosas Sentencias se ha declarado —dado que el **principio de legalidad del art. 25.1** se traduce en un derecho subjetivo de carácter fundamental, SSTC 77/1983 y 3/1988— que dicho principio comprende una **doble garantía**: la primera, de orden material y alcance absoluto, tanto referida al ámbito estrictamente penal como al de las sanciones administrativas, refleja la especial transcendencia del principio de seguridad jurídica en dichos campos limitativos y supone la imperiosa necesidad de predeterminación normativa de las conductas *infractoras y de las sanciones correspondientes, es decir, la existencia de preceptos jurídicos (lex previa) que permitan predecir con suficiente grado de certeza (lex certa) aquellas conductas y se sepa a qué atenerse en cuanto a la aneja responsabilidad y a la eventual sanción; la segunda de carácter formal, relativa a la exigencia y existencia de una norma de adecuado rango y que este Tribunal ha identificado como ley en sentido formal, interpretando así los términos "legislación vigente" del art. 25.1 de la C.E., sin admitir, salvo casos o hipótesis de normas preconstitucionales, la remisión al Reglamento (SSTC 8/1981, 159/1986, 2/1987, 42/1987, 133/1987, 3/1988, 101/1988, 29/1989, 69/1989, 150/1989 y 219/1989)».*

La potestad sancionadora hace una separación conceptual entre deuda tributaria y sanción tributaria, tipificando las infracciones en **leves, graves** y **muy graves.**

‖ Sanciones y recargos

Las sanciones y los recargos son conceptos diferentes en el ámbito tributario, pero también tienen cosas en común.

| Recargo tributario

El **recargo tributario** es un incremento porcentual de la deuda resultante de una liquidación que se origina por no pagar un impuesto en plazo voluntario. De ahí la denominación de recargo extemporáneo. Por su parte, el **Tribunal Supremo en su sentencia n.º 29/2024, de 11 de enero, ECLI:ES:TS:2024:99,** señala que «el recargo es la medida establecida para el cumplimiento de la norma tributaria, de mayor moderación, pues se contrapone al ius puniendi, de mayor afectación a la esfera jurídica del sujeto pasivo».

| Recargo extemporáneo

El **recargo extemporáneo** es exigible siempre que se presente la declaración o autoliquidación de manera voluntaria, antes de que la Administración lo requiera. En ese caso no se inicia un expediente sancionador, sino que se aplica automáticamente un incremento de la deuda, que será mayor dependiendo del retraso en la presentación. En la misma línea, la **sentencia del Tribunal Supremo n.º 729/2024, de 30 de abril, ECLI:ES:TS:2024:2212**, señala que «tanto el recargo como los intereses de demora del art 27.2 LGT, se han de entender como una consecuencia jurídica derivada de un incumplimiento obligacional formal, de exigencia del legislador tributario, de presentación en plazo de la declaración del tributo correspondiente».

| Sanción tributaria

La **sanción tributaria** es una penalización que se debe pagar por la comisión de una infracción. Dicha infracción puede estar relacionada con el incumplimiento de la obligación de información, declaración o el pago de impuestos.

Vemos, pues, que recargos y sanciones tienen en común el origen: **el incumplimiento de una obligación relacionada con un tributo**. Y tienen como principal diferencia que **el recargo es inherente a la deuda y forma parte de la misma**. Mientras que **la sanción es una cuantía aparte**, que se tramita en su propio expediente sancionador y se paga por separado.

La obligación de pago de una sanción se origina con la apertura del expediente sancionador, que se notifica al contribuyente. En la tramitación de dicho expediente, la Administración tributaria determina si efectivamente se ha cometido una infracción, así como la calificación de la misma y la cuantificación económica que corresponde a los hechos manifestados.

El procedimiento sancionador en materia tributaria se tramitará de forma separada a los de aplicación de los tributos regulados en el título III de la Ley General Tributaria, salvo renuncia del obligado tributario, en cuyo caso se tramitará conjuntamente. En este caso, la resolución será siempre por separado.

RESOLUCIÓN RELEVANTE

Sentencia del Tribunal Superior de Justicia de Galicia, n.º 7835/2023, de 28 de noviembre, ECLI:ES:TSJGAL:2023:7835

Asunto: La culpabilidad como elemento subjetivo necesario para imponer una sanción administrativa.

«La culpabilidad se configura como un elemento fundamental de toda infracción tributaria, pues la responsabilidad no es objetiva, de modo que siempre ha de concurrir el elemento subjetivo, aunque lo satisfaga la mera negligencia y compete a la Administración motivar su existencia.

En la sentencia de 22 de diciembre de 2016 (ECLI:ES:TS:2016:5554- Recurso 348/2016), el Tribunal Supremo, sostiene que:

"...es adecuada la afirmación de que la normativa tributaria presume (como consecuencia de la presunción de inocencia que rige las manifestaciones del ius puniendi del Estado) que la actuación de los contribuyentes está realizada de buena fe, por lo que **corresponde a la Administración la prueba de que concurren las circunstancias que determinan la culpabilidad del infractor en la comisión de las infracciones tributarias"**.

Se adecua a nuestra jurisprudencia la afirmación de la sentencia impugnada de que "debe ser el pertinente acuerdo [sancionador] el que, en virtud de la exigencia de motivación que impone a la Administración la Ley General Tributaria, refleje todos los elementos que justifican la imposición de la sanción, sin que la mera referencia al precepto legal que se supone infringido (sin contemplar la concreta conducta del sujeto pasivo o su grado de culpabilidad) sea suficiente para dar cumplimiento a las garantías de todo procedimiento sancionador. Y así lo ha declarado la mencionada sentencia 164/2005 del Tribunal Constitucional al afirmar que "no se puede por el mero resultado y mediante razonamientos apodícticos sancionar, siendo imprescindible una motivación específica en torno a la culpabilidad o negligencia y las pruebas de las que ésta se infiere"...En lo que aquí interesa, la sentencia del Tribunal Supremo de 4 de febrero de 2010 afirma que "el principio de presunción de inocencia garantizado en el art. 24.2 CE no permite que la Administración tributaria razone la existencia de culpabilidad por exclusión o, dicho de manera más precisa, mediante la afirmación de que la actuación del obligado tributario es culpable porque no se aprecia la existencia de una discrepancia interpretativa razonable"...No cabe...concluir que la actuación del obligado tributario ha sido dolosa o culposa atendiendo exclusivamente a sus circunstancias personales; o dicho de manera más precisa, lo que no puede hacer el poder público, sin vulnerar el principio de culpabilidad que deriva del art. 25 CE, ... es imponer una sanción a un obligado tributario (o confirmarla en fase administrativa o judicial de recurso) por sus circunstancias subjetivas —aunque se trate de una persona jurídica, tenga grandes medios económicos, reciba o pueda recibir el más competente de los asesoramientos y se dedique habitual o exclusivamente a la actividad gravada por la norma incumplida— si la interpretación que ha mantenido de la disposición controvertida, aunque errónea, puede entenderse como razonable... La referencia a la falta de concurrencia de causas de exoneración de la culpabilidad no es suficiente para cumplir con el requisito de motivación del elemento subjetivo de la infracción que derivan... la circunstancia de que la norma incumplida sea clara o que la interpretación mantenida de la misma no se entienda razonable no permite imponer automáticamente una sanción tributaria porque es posible que, no obstante, el contribuyente haya actuado diligentemente"».

2.
SUJETOS RESPONSABLES DE LAS INFRACCIONES Y SANCIONES TRIBUTARIAS

Sujetos responsables de las infracciones y sanciones tributarias

Los sujetos infractores se establecen en el artículo 181 de la LGT, que señala que, entre otros, serán **sujetos infractores:**

- Las **personas físicas o jurídicas y las entidades mencionadas en el art. 35.4 de esta norma** (herencias yacentes, comunidades de bienes y demás entidades que, carentes de personalidad jurídica, constituyan una unidad económica o un patrimonio separado susceptible de imposición) que realicen las acciones u omisiones tipificadas como infracciones en las leyes.

- Entre otros, los siguientes:
  - Los contribuyentes y los sustitutos de los contribuyentes.
  - Los retenedores y los obligados a practicar ingresos a cuenta.
  - Los obligados al cumplimiento de obligaciones tributarias formales.
  - La entidad representante del grupo fiscal en el régimen de consolidación fiscal.
  - Las entidades que estén obligadas a imputar o atribuir rentas a sus socios o miembros.
  - El representante legal de los sujetos obligados que carezcan de capacidad de obrar en el orden tributario.
  - Los obligados tributarios conforme a la normativa sobre asistencia mutua.
  - La entidad dominante en el régimen especial del grupo de entidades del Impuesto sobre el Valor Añadido.

El sujeto infractor tendrá la consideración de deudor principal a efectos de lo dispuesto en el apartado 1 del artículo 41 de la LGT, en relación con la declaración de responsabilidad, que señala que «la ley podrá configurar como responsables solidarios o subsidiarios de la deuda tributaria, junto a los deudores principales, a otras personas o entidades».

La concurrencia de **varios sujetos infractores** en la realización de una infracción tributaria determinará que queden **solidariamente** obligados frente a la Administración al pago de la sanción.

> **JURISPRUDENCIA**
>
> **Sentencia del Tribunal Supremo n.º 664/2020, de 10 de diciembre, ECLI:ES:TS:2020:4069**
>
> *«Aunque una jurisprudencia antigua del Tribunal Constitucional y de la Sala de lo contencioso-administrativo del Tribunal Supremo consideró que el procedimiento de derivación de responsabilidad tributaria se asemejaba a un procedimiento sancionador, tales pronunciamientos lo fueron a los únicos efectos de dotar al expediente de las garantías necesarias y para descartar que se tratara de una responsabilidad objetiva. Pero sin que ello implicara que pudiera identificarse la responsabilidad solidaria por derivación de la responsabilidad tributaria con una multa o sanción.*
>
> *4.-Cuando la LGT regula las sanciones tributarias no incluye entre ellas a la derivación de responsabilidad tributaria y el art. 25.3 especifica que la sanción no forma parte de la obligación tributaria como tal. Del mismo modo, el art. 181 LGT no incluye entre los sujetos infractores al responsable solidario o subsidiario por derivación de responsabilidad de los arts. 42 y 43.*
>
> *El autor o colaborador en la realización de una infracción tributaria es un obligado tributario más (art. 35.5 LGT), que responde de la deuda tributaria en la misma medida que el deudor principal. Incluso el propio art. 43.1 h) LGT aclara que su responsabilidad se extiende a la sanción, lo que no sucede en todos los supuestos de responsabilidad. Lo que supone que para el obligado tributario por derivación de responsabilidad su deuda tributaria también se desglosa en principal, intereses, recargos y sanción.*
>
> *La sentencia 1033/2019, de 10 de julio, de la Sala Tercera, de lo contencioso-administrativo, de este Tribunal Supremo, declaró:*
>
> *'Los responsables son, en todo caso, obligados tributarios (art. 35.5) con una obligación material de pago que deriva, no de la realización del hecho imponible o de algún otro hecho relacionado con la obligación principal de pago, sino de un hecho ajeno al hecho imponible'.*
>
> *5.-El sujeto infractor deviene ex lege responsable de una deuda tributaria ajena. Es decir, no se trata de un crédito tributario nuevo, autónomo e independiente, sino del mismo crédito, reforzado o garantizado con un patrimonio adicional. Del art. 41.5 LGT se desprende que el acto administrativo de derivación es declarativo de responsabilidad respecto de una deuda que ya existía, y no constitutivo, puesto que no crea un crédito ex novo.*
>
> *De este modo, la derivación de responsabilidad tributaria tiene una función meramente garantizadora de la recaudación, por lo que el sujeto responsable no sustituye al sujeto pasivo principal, sino que se sitúa junto a él como garante del crédito adeudado».*

No obstante, se establece que las acciones u omisiones tipificadas en las leyes no darán lugar a responsabilidad tributaria cuando concurran las circunstancias establecidas en el párrafo segundo del artículo 179 de la LGT:

- Cuando se realicen por quienes carezcan de capacidad de obrar en el orden tributario.

- Cuando concurra fuerza mayor.

- Cuando deriven de una decisión colectiva, para quienes hubieran salvado su voto o no hubieran asistido a la reunión en que se adoptó la misma.

- Cuando se haya puesto la diligencia necesaria en el cumplimiento de las obligaciones tributarias. Entre otros supuestos, se entenderá que se ha puesto la diligencia necesaria cuando el obligado haya actuado amparándose en una interpretación razonable de la norma o cuando el obligado tributario haya ajustado su actuación a los criterios manifestados por la Administración Tributaria competente en las publicaciones y comunicaciones escritas a las que se refieren los artículos 86 y 87 de la Ley General Tributaria. Tampoco se exigirá esta responsabilidad si el obligado tributario ajusta su actuación a los criterios manifestados por la Administración en la contestación a una consulta formulada por otro obligado, siempre que entre sus circunstancias y las mencionadas en la contestación a la consulta exista una igualdad sustancial que permita entender aplicables dichos criterios y éstos no hayan sido modificados.

- A efectos de lo dispuesto anteriormente, en los supuestos a que se refiere el artículo 206 bis de la LGT, no podrá considerarse, salvo prueba en contrario, que existe concurrencia ni de la diligencia debida en el cumplimiento de las obligaciones tributarias ni de la interpretación razonable de la norma señaladas en el párrafo anterior.

- Cuando sean imputables a una deficiencia técnica de los programas informáticos de asistencia facilitados por la Administración Tributaria para el cumplimiento de las obligaciones tributarias

|| Responsables solidarios del pago de las sanciones tributarias

El párrafo primero del artículo 182 de la LGT, nos remite al artículo 42 de la LGT, en donde señala que responderán solidariamente del pago de las sanciones tributarias, derivadas o no de una deuda tributaria, las personas o entidades que se encuentren en los siguientes supuestos:

- Las que sean causantes o colaboren activamente en la realización de una infracción tributaria.

- Las que sucedan por cualquier concepto en la titularidad o ejercicio de explotaciones o actividades económicas, por las obligaciones tributarias contraídas del anterior titular y derivadas de su ejercicio. La responsabilidad también se extenderá a las obligaciones derivadas de la falta de ingreso de las retenciones e ingresos a cuenta practicadas o que se hubieran debido practicar. Cuando resulte de aplicación lo previsto en el apartado 2 del artículo 175 de la LGT, la responsabilidad establecida en este párrafo se limitará de acuerdo con lo dispuesto en dicho artículo. Cuando no se haya solicitado dicho certificado, la responsabilidad alcanzará también a las sanciones impuestas o que puedan imponerse.

A TENER EN CUENTA. La responsabilidad a que se refiere este último párrafo no es aplicable a los supuestos por causa de muerte, ya que se rige en lo establecido en el artículo 39 de la LGT.

JURISPRUDENCIA

Sentencia del Tribunal Supremo n.º 658/2020, de 3 de junio, ECLI:ES:TS:2020:1426

«Como se desprende de los antecedentes referidos, la extinción de la sanción tributaria se vinculaba a su intransmisibilidad, suspendiéndose el cobro de la sanción liquidada y notificada con anterioridad a la muerte del infractor, declarándose extinguida la deuda tributaria cuando se tuviera constancia del fallecimiento.

Frente a ello, la vigente regulación de la extinción de las infracciones y sanciones tributarias se contiene íntegramente en la LGT, sin que el Reglamento General del régimen sancionador tributario se refiera a dicha cuestión; solo el artículo 127 del Reglamento General de Recaudación, que tiene por objeto regular el procedimiento de recaudación frente a sucesores, contiene una remisión al artículo 182.3 de la LGT, relativo a la intransmisibilidad de las sanciones.

La vigente Ley General Tributaria regula la intransmisibilidad de las sanciones en los artículos 39 y 182.3, que son preceptos relativos a los sucesores como posibles sujetos responsables, y de forma separada e independiente la extinción de la responsabilidad derivada de las infracciones y la extinción de las sanciones tributarias.

Así, el artículo 39.1 de la LGT, después de establecer que las deudas tributarias pendientes a la muerte de los obligados tributarios se transmitirán a los herederos, aclara que "[e]n ningún caso se transmitirán las sanciones", añadiendo el artículo 182.3 que las "sanciones tributarias no se transmitirán a los herederos y legatarios de las personas físicas infractoras".

Sin embargo, la extinción de la responsabilidad derivada de las infracciones y de las sanciones tributarias se regula de forma separada, en una sección distinta dentro del Capítulo II del Título IV LGT, cuyos artículos 189 y 190 de la LGT tienen por objeto regular, respectivamente, la "Extinción de la responsabilidad derivada de las infracciones tributarias" y la "Extinción de las sanciones tributarias".

Así, el apartado 1 del art. 189 de la LGT dispone que la responsabilidad derivada de las infracciones tributarias se extinguirá "por el fallecimiento del sujeto infractor y por el transcurso del plazo de prescripción para imponer las correspondientes sanciones".

Frente a ello, el artículo 190.1 de la LGT dispone que las sanciones tributarias se extinguen "por el pago o cumplimiento, por prescripción del derecho para exigir su pago, por condonación y por el fallecimiento de todos los obligados a satisfacerlas".

Del tenor literal de los referidos preceptos y de los términos que emplean —el artículo 189 se refiere a la "responsabilidad derivada de las infracciones tributarias" y al "sujeto infractor", mientras que el artículo 190 se refiere a "sanciones tributarias" y "obligados a satisfacerla"—, se desprende que los efectos del fallecimiento son distintos dependiendo de si se ha dictado o no el acuerdo sancionador.

En este sentido, el artículo 189.1 de la LGT atiende al fallecimiento del sujeto infractor como causa de extinción de la responsabilidad, cuya aplicación exige que el fallecimiento tenga lugar antes que la Administración haya dictado y notificado el acuerdo de imposición de sanción. Dicho de otra forma, si la Administración no ha dictado y notificado el acuerdo de imposición de sanción antes del fallecimiento del infractor, la responsabilidad queda extinguida, puesto que el precepto afecta al ejercicio de la potestad sancionadora reconocida por las leyes a la Administración».

Del mismo modo, **serán responsables solidarios del pago de la deuda tributaria pendiente y, en su caso, del de las sanciones tributarias**, incluidos el recargo y el interés de demora del período ejecutivo, cuando procedan, **hasta el importe del valor de los bienes o derechos** que se hubieran podido embargar o enajenar por la Administración tributaria, las siguientes personas o entidades:

- Las que sean causantes o colaboren en la ocultación o transmisión de bienes o derechos del obligado al pago con la finalidad de impedir la actuación de la Administración tributaria.

- Las que, por culpa o negligencia, incumplan las órdenes de embargo.

- Las que, con conocimiento del embargo, la medida cautelar o la constitución de la garantía, colaboren o consientan en el levantamiento de los bienes o derechos embargados, o de aquellos bienes o derechos sobre los que se hubiera constituido la medida cautelar o la garantía.

- Las personas o entidades depositarias de los bienes del deudor que, una vez recibida la notificación del embargo, colaboren o consientan en el levantamiento de aquéllos.

El procedimiento para declarar y exigir la responsabilidad solidaria será el previsto en el artículo 175 de la LGT:

- Cuando la responsabilidad haya sido declarada y notificada al responsable en cualquier momento anterior al vencimiento del período voluntario de pago de la deuda que se deriva, bastará con requerirle el pago una vez transcurrido dicho período.

- En los demás casos, una vez transcurrido el período voluntario de pago de la deuda que se deriva, el órgano competente dictará acto de declaración de responsabilidad que se notificará al responsable.

El plazo de prescripción, señalado en el párrafo segundo del artículo 67 de la LGT para exigir el pago al responsable solidario comenzará a contarse, como regla general, desde el día siguiente a la finalización del plazo de pago en periodo voluntario del deudor principal.

|| Responsables subsidiarios de la deuda tributaria

Serán responsables subsidiarios de la deuda tributaria los que se indican en el párrafo segundo del artículo 182 que nos remiten al artículo 43 de la LGT:

- Sin perjuicio de lo dispuesto en el párrafo primero del artículo 42 de la LGT, **los administradores de hecho o de derecho de las personas jurídicas** que, habiendo cometido infracciones tributarias, no hubiesen realizado los actos necesarios que sean de su incumbencia para el cumplimiento de las obligaciones y deberes tributarios.

- Los integrantes de la administración concursal y los liquidadores de sociedades y entidades en general que no hubiesen realizado las gestiones necesarias para el íntegro cumplimiento de las obligaciones tributarias devengadas con anterioridad a dichas situaciones e imputables a los respectivos obligados tributarios. De las obligaciones tributarias y sanciones posteriores a dichas situaciones responderán como administradores cuando tengan atribuidas funciones de administración.

– Las personas o entidades que tengan el control efectivo, total o parcial, directo o indirecto, de las personas jurídicas o en las que concurra una voluntad rectora común con éstas, cuando resulte acreditado que las personas jurídicas han sido creadas o utilizadas de forma abusiva o fraudulenta para eludir la responsabilidad patrimonial universal frente a la Hacienda Pública y exista unicidad de personas o esferas económicas, o confusión o desviación patrimonial. La responsabilidad se extenderá a las obligaciones tributarias y a las sanciones de dichas personas jurídicas.

– Las personas o entidades de las que los obligados tributarios tengan el control efectivo, total o parcial, o en las que concurra una voluntad rectora común con dichos obligados tributarios, por las obligaciones tributarias de éstos, cuando resulte acreditado que tales personas o entidades han sido creadas o utilizadas de forma abusiva o fraudulenta como medio de elusión de la responsabilidad patrimonial universal frente a la Hacienda pública, siempre que concurran, ya sea una unicidad de personas o esferas económicas, ya una confusión o desviación patrimonial. En estos casos la responsabilidad **se extenderá también a las sanciones**.

El plazo de prescripción, señalado en el párrafo segundo del artículo 67 de la LGT para exigir el pago a los responsables subsidiarios comenzará a contarse desde la notificación de la última actuación recaudatoria practicada al deudor principal o a cualquiera de los responsables solidarios.

En cuanto al **procedimiento** para exigir la responsabilidad subsidiaria, recogido en el artículo 176 de la LGT señala que «una vez declarados fallidos el deudor principal y, en su caso, los responsables solidarios, la Administración tributaria dictará **acto de declaración de responsabilidad**, que se notificará al responsable subsidiario».

‖ Particularidades en relación con el IRPF

En caso de declaración conjunta del IRPF, tal y como se indica en el apartado seis del artículo 84 de la LIRPF, todos los miembros de la unidad familiar quedan conjunta y solidariamente sometidos al pago de la deuda tributaria derivada del tributo, sin perjuicio del derecho a prorratear entre sí la deuda según la parte de renta sujeta que corresponda a cada uno de ellos.

Pero respecto a la sanción, que no forma parte de la deuda tributaria, no existe esa responsabilidad, ni solidaria, ni subsidiaria. El principio de personalidad de la pena determina que un cónyuge no adquiere la condición de infractor por los incumplimientos del otro, ni responde del pago de la sanción por la infracción cometida por el otro.

Cuestión distinta es lo que ocurre cuando uno de los cónyuges fallece y, estando el otro obligado a cumplir las obligaciones tributarias pendientes de IRPF del fallecido, en caso de que sea sucesor del mismo, sin embargo no lo hace. En ese caso, el cónyuge supérstite puede convertirse en infractor, pero no por el incumplimiento del fallecido del cual deba responder, sino por su propio incumplimiento, puesto que este mandato de cumplir las obligaciones pendientes del fallecido por parte de sus sucesores está recogido en el apartado siete del artículo 96 de LIRPF, que establece que «los sucesores del causante quedarán obligados a cumplir las obligaciones tributarias pendientes por este Impuesto, con exclusión de las sanciones, de conformidad con el artículo 39.1 de la Ley 58/2003, de 17 de diciembre, General Tributaria».

3.
CONCEPTO Y CLASES DE INFRACCIONES TRIBUTARIAS

¿Qué es una infracción tributaria?

Una infracción tributaria supone un comportamiento negligente que tenga un efecto en la gestión y recaudación de un tributo. Dicho comportamiento puede originarse por acción u omisión, pero ha de apreciarse culpabilidad en el contribuyente. Las infracciones tributarias están tipificadas como tales por la Ley 58/2003, de 17 de diciembre, General Tributaria (artículos 191 a 206).

En concreto, los **tipos de infracciones que se recogen en la LGT** serían:

- Dejar de ingresar la deuda tributaria resultante de una autoliquidación.
- Incumplir la obligación de presentar correctamente declaraciones o documentos necesarios para practicar liquidaciones.
- Obtener devoluciones indebidas.
- Solicitar indebidamente devoluciones, beneficios o incentivos fiscales.
- Determinar o acreditar improcedentemente partidas positivas o negativas o créditos tributarios aparentes.
- Imputar incorrectamente o no imputar bases imponibles, rentas o resultados por las entidades sometidas a un régimen de imputación de rentas.
- Imputar incorrectamente deducciones, bonificaciones y pagos a cuenta por las entidades sometidas a un régimen de imputación de rentas.
- No presentar en plazo autoliquidaciones o declaraciones sin que se produzca perjuicio económico, por incumplir la obligación de comunicar el domicilio fiscal o por incumplir las condiciones de determinadas autorizaciones.
- Presentar incorrectamente autoliquidaciones o declaraciones sin que se produzca perjuicio económico o contestaciones a requerimientos individualizados de información.
- Incumplir obligaciones contables y registrales.
- Incumplir obligaciones de facturación o documentación.

- Incumplir las obligaciones relativas a la utilización y a la solicitud del número de identificación fiscal o de otros números o códigos.

- Resistencia, obstrucción, excusa o negativa a las actuaciones de la Administración tributaria.

- Incumplir el deber de sigilo exigido a los retenedores y a los obligados a realizar ingresos a cuenta.

- Incumplir la obligación de comunicar correctamente datos al pagador de rentas sometidas a retención o ingreso a cuenta.

- Incumplir la obligación de entregar el certificado de retenciones o ingresos a cuenta.

Cuando se produce cualquiera de estos hechos, la Administración abrirá un expediente sancionador —como comentábamos antes— para esclarecer si se ha producido una actuación típica calificada como infracción y resolver según su dictamen con la imposición de una sanción por dicho comportamiento.

En cuanto a la **cuantía de la sanción** esta podrá incrementarse:

- Si se aprecia un comportamiento reiterativo por parte del obligado tributario.

- Por el perjuicio que suponga para la Hacienda Pública.

- Por la conformidad o disconformidad del sancionado con la calificación de los hechos durante dicho expediente.

Las infracciones tributarias, en función de los hechos que la originan y sus efectos, se clasifican en leves, graves y muy graves. El grado de la infracción dependerá del perjuicio económico causado; de los medios utilizados por el infractor; del riesgo en la conducta de éste y de su intencionalidad.

La LGT en su artículo 184 establece el **principio de calificación unitaria de las sanciones,** es decir, cada sanción se calificará de forma unitaria como leve, grave o muy grave y, en el caso de multas proporcionales, la sanción que proceda se aplicará sobre la totalidad de la base de la sanción que en cada caso corresponda.

Este principio implica que cuando en una determinada regularización se aprecie simultáneamente la concurrencia de ocultación, medios fraudulentos, o cualquier otra circunstancia determinante de la calificación de la infracción, se analizará la incidencia que cada una de estas circunstancias tiene sobre la base de la sanción, para determinar la calificación de la infracción. La incidencia de cada circunstancia se mide en forma de proporciones entre varias magnitudes y se aplicará la que resulte de mayor gravedad.

Criterios para determinar la mayor o menor gravedad de la infracción

De acuerdo con lo anterior, **los criterios para determinar la mayor o menor gravedad de la infracción** —deducidos de los artículos 191 a 193 de la LGT— son los siguientes:

Base de la sanción

La **base de la sanción es la cantidad sobre la que se aplica la sanción pecuniaria,** que coincide con la cantidad no ingresada, con la cuantía indebidamente devuelta o la indebidamente solicitada, la cantidad indebidamente determinada, cantidades no imputadas, etc., en función de las distintas infracciones.

| Ocultación

La **ocultación** se entenderá que existe (artículo 184.2 de la LGT) «cuando no se presenten declaraciones o se presenten declaraciones en las que se incluyan hechos u operaciones inexistentes o con importes falsos, o en las que se omitan total o parcialmente operaciones, ingresos, rentas, productos, bienes o cualquier otro dato que incida en la determinación de la deuda tributaria, siempre que la incidencia de la deuda derivada de la ocultación en relación con la base de la sanción sea superior al 10 por ciento». En realidad, la ocultación, como criterio que incide en la gravedad de la infracción, debería referirse más que a la falta de declaración a la ocultación de la riqueza gravable, de la verdadera situación económica del contribuyente, pues en los casos en los que mediante simple comprobación puede la Administración tributaria determinar correctamente las bases imponibles, no concurre el plus de desvalor que permite la calificación de una infracción como grave. En otro caso pueden producirse disfunciones valorativas: por ejemplo, un error —vencible— en una declaración o autoliquidación puede dar lugar a sancionar el hecho como infracción grave, aunque no haya habido conocimiento por el sujeto —directo o eventual— de la ocultación de bienes sujetos a gravamen.

| Utilización de medios fraudulentos

La **utilización de medios fraudulentos** (artículo 184.3 de la LGT). Hay medio fraudulento cuando se incumplen los deberes formales de facturación y contabilidad superando determinados niveles, y cuando se utilizan personas interpuestas (testaferros). Esta requiere las siguientes puntualizaciones:

- Las anomalías contables en qué consisten los medios fraudulentos pueden dar lugar al delito contable del artículo 310 del CP. Así, consisten en la falta absoluta de la contabilidad, la doble contabilidad o la llevanza incorrecta de los libros de forma tal la incidencia **supere el 50 %** de la base de la sanción.

  El incumplimiento de la llevanza de contabilidad es absoluto cuando el sujeto, que esté sometido al régimen de estimación directa de bases tributarias, ha omitido totalmente la llevanza de los libros obligatorios.

  Sin embargo, en el caso de que se lleve una contabilidad alternativa, aunque sea rudimentaria, no determinará la aplicación de este supuesto si esta forma de contabilidad permite determinar la base imponible, pues la mayor gravedad del comportamiento reside en que la Administración se ve obligada a recurrir al régimen de estimación indirecta de bases.

  La doble contabilidad consiste en llevar contabilidades distintas que, referidas a una misma actividad y ejercicio económico, oculten o simulen la verdadera situación de la empresa. Por ello, si a pesar de la doble contabilidad, una de ellas permite expresar fielmente la imagen de la empresa no se dará el supuesto típico.

Por último, hay contabilidad falsa cuando la operación o hecho económico se anotan de una forma diversa de cómo se han producido.

– El empleo de facturas, justificantes u otros documentos falsos o falseados, siempre que la incidencia de los documentos o soportes falsos o falseados represente un porcentaje superior al 10 % de la base de sanción.

El artículo 4.3 del Real Decreto 2063/2004, de 15 de octubre, por el que se aprueba el Reglamento general del régimen sancionador tributario (en adelante, RGRST) establece que se entenderá que son facturas, justificantes u otros documentos o soportes falsos o falseados aquellos que reflejen operaciones inexistentes o magnitudes dinerarias o de otra naturaleza distinta de las reales y hayan sido el instrumento para la comisión de la infracción.

– La interposición ficticia de personas con la finalidad de evasión fiscal es reconducible a la categoría de la simulación subjetiva. Es frecuente en este contexto la utilización de sociedades vacías, sin actividad económica real, como titulares formales de los capitales con el fin de ocultar el verdadero obligado tributario. La represión del abuso de la forma jurídica descansa en un sencillo principio: deben imputarse al titular real las rentas en las cuales aparecen como titulares meramente formales personas que han sido interpuestas para eludir las obligaciones tributarias. Debe atenderse a la realidad económica y no a su apariencia formal. Ello sobre la base de una prueba suficiente de que efectivamente el titular oculto es quien domina fácticamente la situación. Y también debe tenerse en cuenta, conforme a lo dicho, que la libertad constitucional de empresa ampara la libertad de organización mediante la creación de sociedades, aunque el motivo de esa creación sea el puro ahorro fiscal, siempre que su actividad económica sea real.

Por tanto, la ausencia de empresarialidad es la nota definitoria de la sociedad ficticia o de fachada (se trata de una sociedad creada con el solo fin de evitar el impuesto, sin contabilidad, sin administración real, etc.).

La jurisprudencia ha aplicado la doctrina del levantamiento del velo como fórmula para determinar la titularidad real del capital o dinero como fundamento de la obligación tributaria eludida. La doctrina del levantamiento del velo de las personas jurídicas tiene el sentido de que no puede alegarse la separación de patrimonios de una persona jurídica y una persona física cuando, en realidad, son la misma cosa, cuando con ello se siga un fin fraudulento.

| Cálculo de la incidencia de las circunstancias calificadoras

En los artículos 10 a 12 del RGRST se regula la forma de calcular la incidencia de la deuda derivada de la ocultación (superior al 10 %), de la llevanza incorrecta de libros o registros (superior al 50 %) o de la utilización de facturas falsas (superior al 10 %).

Para calcular los porcentajes en cada uno de los supuestos anteriormente indicados debemos tener en cuenta lo siguiente:

- En el numerador se incluirá: la suma del resultado de multiplicar los incrementos realizados en la base imponible o liquidable en los que se haya apreciado la circunstancia (ocultación, llevanza incorrecta o facturas falsas) por el tipo de gravamen del tributo, si dichos incrementos se producen en la parte de la base gravada por un tipo proporcional o, si se producen en la parte de la base gravada por una tarifa, por el tipo medio de gravamen resultante de su aplicación, más los incrementos realizados directamente en la cuota del tributo o en la cantidad a ingresar en los que se haya apreciado también la circunstancia.

- En el denominador se incluirá: la suma del resultado de multiplicar todos los incrementos sancionables que se hayan regularizado en la base imponible o liquidable por el tipo de gravamen del tributo, si dichos incrementos se producen en la parte de la base gravada por un tipo proporcional o, si se producen en la parte de la base gravada por una tarifa, por el tipo medio de gravamen resultante de su aplicación, más los incrementos sancionables realizados directamente en la cuota del tributo o en la cantidad a ingresar.

3.1. Infracción por dejar de ingresar la deuda tributaria

Infracción tributaria por dejar de ingresar la deuda tributaria que debiera resultar de una autoliquidación

Incluiremos dentro de esta infracción, la falta de ingreso (por autoliquidación) total o parcial de la deuda tributaria de los **socios**, herederos, comuneros o partícipes, que deriven de las cantidades no atribuidas o atribuidas incorrectamente por las entidades en régimen de **atribución de rentas**. Dichas entidades tienen que presentar una declaración informativa, a tenor del art. 91 del LIRPF.

Este tipo infractor es análogo al delito contra la Hacienda pública por falta de ingreso de la deuda tributaria (art. 305 del CP), pero para que exista delito la conducta del obligado tributario debe ser dolosa y el importe no ingresado superar los 120.000 euros.

El propio tipo de la infracción contempla dos **salvedades**:

- Exclusión de las autoliquidaciones extemporáneas sin requerimiento previo.
- Exclusión de las autoliquidaciones presentadas sin realizar el ingreso correspondiente.

Exclusión de las autoliquidaciones extemporáneas sin requerimiento previo

Se excluye del tipo infractor la presentación espontánea (sin requerimiento previo de la Administración) fuera de plazo de la autoliquidación cuando:

- Identifique expresamente el período de liquidación al que se refiere, y

- contenga únicamente los datos relativos a dicho período.

En este caso se excluye expresamente del tipo, por lo no procede la infracción, sin perjuicio de que la Administración liquide el recargo que proceda por la presentación extemporánea.

Exclusión de las autoliquidaciones presentadas sin realizar el ingreso correspondiente

Tampoco se comete esta infracción el obligado tributario declara correctamente, aunque no ingrese la deuda tributaria correspondiente. En caso contrario se estaría sancionando la mera falta de solvencia o de liquidez, y no la presentación de una declaración incorrecta. En estos casos, los órganos de recaudación de la Administración pasarán a exigir la deuda en período ejecutivo y liquidarán el recargo correspondiente por los costes que les origina el procedimiento ejecutivo, pero no se impone sanción.

Especialidades

Supuesto de atribución de rentas

El art. 191.1 de la LGT precisa que en esta infracción se incluye la falta de ingreso total o parcial de la deuda tributaria de los socios, herederos, comuneros o partícipes derivada de las cantidades no atribuidas o atribuidas incorrectamente por las entidades en atribución de rentas.

Esta precisión deriva de la propia naturaleza y características del régimen de atribución de rentas, tiene una finalidad aclaratoria y no supone ningún cambio normativo. Su objetivo es diferenciar claramente las consecuencias sancionadoras de las infracciones cometidas en los casos de entidades sometidas al régimen de atribución de rentas de las correspondientes a infracciones cometidas por entidades sometidas al régimen de imputación de rentas.

En el régimen de atribución las rentas, estas son obtenidas directamente por los socios, comuneros o partícipes, y ellos son los responsables de su correcta declaración. En cambio, en el régimen de imputación de rentas, las rentas son obtenidas por la entidad, que es la que tiene la obligación de declararlas e imputarlas a los socios o partícipes y la que incurre en una conducta infractora en caso de no hacerlo.

Supuesto de obtención indebida de devolución y falta de ingreso (art. 191.5 de la LGT)

También constituye esta infracción el obtener indebidamente devoluciones solicitadas en la autoliquidación presentada cuando realmente hubiera correspondido un ingreso de haber autoliquidado correctamente el tributo. Aquí concurren dos conductas (dejar de ingresar y obtener indebidamente devoluciones), pero el legislador les ha dado un tratamiento unitario, subsumiendo la infracción por obtener indebidamente devoluciones en la infracción por dejar de ingresar.

RESOLUCIONES RELEVANTES

Sentencia del Tribunal Superior de Justicia de Asturias n.º 2331/2006, de 29 de diciembre, ECLI:ES:TSJAS:2006:4566

«..ingresar, como sanción mínima prevista en el artículo 191.3 de la vigente Ley General Tributaria de 2003 para las infracciones graves, multa pecuniaria proporcional del 50 al 100% de la cantidad dejada de ingresar, sin que puedan apreciarse las circunstancias de agravación, por ocultación o utilizar medios fraudulentos en cuanto que se tratan de circunstancias que determinan la calificación de infracción... ...Se desestima el recurso interpuesto contra resolución del Tribunal Económico Administrativo Regional de Asturias, sobre liquidación por infracción tributaria en relación con el IVA. Considera el Tribunal que la alegación que hace el recurrente no puede prosperar, toda vez que el tipo aplicable al supuesto examinado se halla comprendido en el apartado 4 del artículo 191 de la Ley General Tributaria...».

Sentencia del Tribunal Superior de Justicia de Baleares n.º 448/2015, de 29 de junio, ECLI:ES:TSJBAL:2015:550

«...de su padre, D. Leonardo . - Segundo, las reclamaciones nº NUM003, NUM004 y NUM005 se formularon contra las resoluciones emitidas por el mismo órgano también el 5 de noviembre de 2010, por las que se impusieron sanciones de 43.076,93 euros, por la comisión de una infracción tributaria leve prevista en el artículo 191 de la Ley General Tributaria por el En la Resolución del Tribunal... ...la comisión de una infracción leve tipificada en el artículo 191 de la Ley General Tributaria . se estimó la reclamación económico-administrativa nº NUM012 y se desestimó la reclamación nº NUM013, acumuladas, anulando uno de los acuerdos dictados por el Inspector Regional de la AEAT en fecha 22 de febrero de 2010, mediante el cual se impuso al actor una sanción de 2.028,94 euros, aplicada la...».

Calificación de la infracción

|| Infracción muy grave

La infracción será **muy grave** cuando:

- Se han utilizado medios fraudulentos.
- Se refiere a cantidades retenidas, o que se hubieran debido retener, o a ingresos a cuenta, siempre que las retenciones efectivamente practicadas y no ingresadas, y los ingresos a cuenta repercutidos y no ingresados, representen un porcentaje superior al 50 % del importe de la base de la sanción.

|| Infracción grave

Tendremos una infracción **grave** cuando no se den ninguna de los puntos anteriores y se den:

- La base de la sanción es superior a **3.000 euros** y se observa ocultación.

- Cantidades retenidas o que se hubieran debido retener o ingresos a cuenta, siempre que las retenciones practicadas y no ingresadas, y los ingresos a cuenta repercutidos y no ingresados, representen un porcentaje inferior o igual al 50 % del importe de la base de la sanción.

- Utilización de **facturas**, justificantes o documentos falsos o falseados, esto es, sin que la incidencia de dichos documentos falsos represente un porcentaje superior al 10 % de la base de la sanción.

- Cuando la incidencia de la llevanza incorrecta de los **libros o registros** represente un porcentaje superior al 10 % y no superior al 50 % de la base de la sanción. En caso de representar más del 50%, la infracción sería muy grave.

|| Infracción leve

Estaremos ante una infracción **leve** cuando no se den ninguna situación de las mencionadas en los puntos anteriores. En particular:

- Base de la sanción inferior o igual a 3.000 euros, exista o no ocultación.

- Base de sanción superior a 3.000 euros, sin ocultación.

- Cuando la deuda ha sido incluida o regularizada por el propio obligado tributario en una autoliquidación presentada con posterioridad, sin mediar requerimiento.

|| Sanción

En cuanto a la **base de la sanción** esta será el importe de la cantidad a ingresar que resulte de la regularización practicada, esto es, se incluye la cuota o cantidad a ingresar que resulte de la obligación tributaria principal o de la de realizar pagos a cuenta (art. 58.1 de la LGT), y también los **recargos** legales sobre las bases o las cuotas (si tienen que ingresarse en la misma autoliquidación).

Si de la regularización resultan **cantidades sancionables y no sancionables,** la **base de la sanción será** el resultado de multiplicar la cantidad a ingresar por el porcentaje (redondeado con 2 decimales):

Porcentaje: $(A/B) \times 100$

Donde:

- A: suma de todos los conceptos de la regularización sancionables

- B: suma de todos los conceptos de la regularización sancionables y no sancionables.

Las sanciones que sean una multa proporcional sobre la base, de la cuantía siguiente:

- Infracción leve: 50 %.

- Infracción grave: 50-100 %.

- Infracción muy grave: 100-150 %.

RESOLUCIONES ADMINISTRATIVAS

Resolución del Tribunal Económico Administrativo Central n.º 2739/2014, de 7 de mayo de 2015

Asunto: teoría del enriquecimiento injusto y exigencia de la cuota en sede del obligado principal.

«De conformidad con los principios de tipicidad, responsabilidad y no concurrencia, recogidos en los artículos 129, 130 Y 133 de la Ley 30/1992, de 26 de noviembre, de Régimen Jurídico de las Administraciones Públicas y del Procedimiento Administrativo Común, y 178 a 180 de la ley 58/2003, de 17 de diciembre, General Tributaria, habiendo sido sancionada una persona o entidad por incumplir su obligación de practicar retención sobre las rentas que ha satisfecho, las retenciones objeto de sanción en sede de la pagadora no deben minorarse de la base de la sanción a imponer, en su caso, al perceptor de las rentas/obligado a soportar la retención, en aquellos supuestos en los que la retención no se hubiera practicado o lo hubiera sido por un importe inferior al debido, por causa imputable tanto al retenedor como al perceptor».

Resolución del Tribunal Económico Administrativo Central n.º 1614/2016, de 8 de septiembre de 2016

Asunto: aplicación de recargos por declaración extemporánea sin requerimiento previo.

«La base de la sanción correspondiente a la infracción tributaria regulada en el artículo 191 de la Ley 58/2003, de 17 de diciembre, General Tributaria será, en todo caso, la cuantía no ingresada en la autoliquidación como consecuencia de la comisión de la infracción. Ello incluso en los supuestos que se corresponden con las conductas descritas en el artículo 191.6 primer párrafo de la Ley General Tributaria, sin perjuicio de que dichas conductas queden tipificadas como infracción tributaria leve».

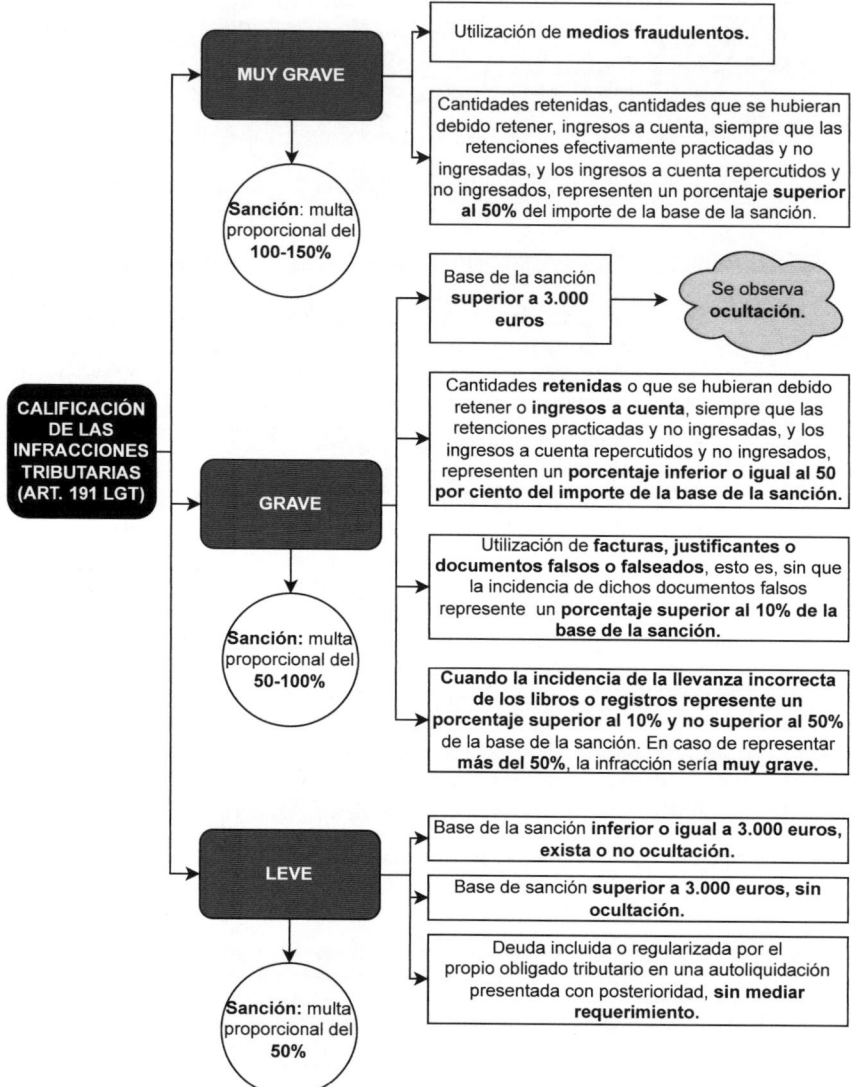

La aplicación retroactiva de la ley más favorable en relación con la infracción tributaria por dejar de ingresar la deuda tributaria resultante de una autoliquidación

Los supuestos de hecho más comunes que refleja la casuística para aplicación de la ley más favorable se resumen en los siguientes:

– Que la ley más favorable haya entrado en vigor con posterioridad del hecho y antes de que la resolución o sentencia adquieran el carácter de firmeza.

- Que la ley más favorable haya entrado en vigor con posterioridad al hecho, pero carezca de eficacia en el momento de enjuiciarse el mismo.

- Que la ley más favorable haya entrado en vigor después de pronunciado el fallo y el condenado esté cumpliendo la condena.

- Que la ley más favorable haya entrado en vigor una vez cumplida la condena.

Se entiende por ley más favorable aquella que, siendo posterior, pero de la misma naturaleza, imponga una consecuencia jurídica más benigna o indulgente en caso de contravenir los mismos supuestos de hecho.

La Constitución Española en su artículo 9.3 consagra como principio constitucional, entre otros, la irretroactividad de las disposiciones sancionadoras no favorables o restrictivas de derechos individuales, protegiendo por tanto situaciones de hecho generadas con anterioridad a la publicación y entrada en vigor de una norma.

En el ámbito tributario la doctrina ha establecido con carácter general **tres clases de retroactividad**:

- Retroactividad en **grado máximo**. Sobre situaciones ya liquidadas o extinguidas. Este supuesto se aprecia en los llamados tributos instantáneos, como por ejemplo el IVA.

- Retroactividad en **grado medio**. Referida a situaciones donde la norma afecta a supuestos de hecho anteriores a su entrada en vigor, pero que todavía están pendiente de ser liquidados o extinguidos, como por ejemplo un IRPF modificado por real decreto en el medio de su período impositivo.

- Retroactividad en **grado mínimo**. Cuando la ley de reciente creación se aplica exclusivamente a los efectos futuros de la norma, generados después de la entrada en vigor, aunque se refieran a relaciones jurídicas surgidas con anterioridad.

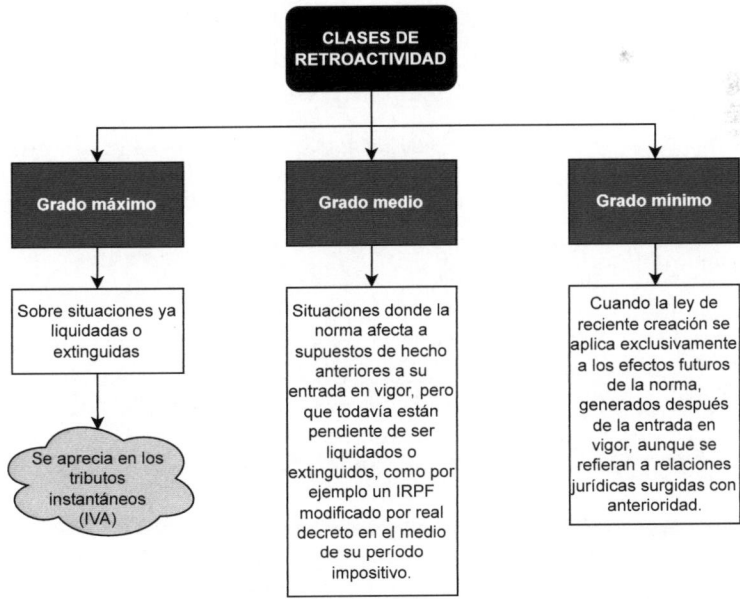

Establece, por tanto, el artículo 10.2 de la Ley General Tributaria como **principio general, la irretroactividad de las normas tributarias**. Aunque el mismo precepto recoge una **excepción a este principio general**, ya que establece que **las normas que regulen el régimen de infracciones y sanciones tributarias y el de los recargos, tendrán efectos retroactivos respecto de los actos que no sean firmes cuando su aplicación resulte más favorable para el interesado.**

Podemos finalizar precisando que en nuestro ordenamiento jurídico existe una limitación constitucional y normativa a la retroactividad de las normas tributarias desfavorables, basada en la apreciación, según el Tribunal Constitucional, de los principios de seguridad jurídica y capacidad económica. Como ejemplo clarificador, nos remitimos a lo precisado por la **sentencia del Tribunal Constitucional n.º 126/1987, de 16 de julio, ECLI:ES:TC:1987:126,** donde se detalla que «no existe una prohibición constitucional de la legislación tributaria retroactiva. La prohibición que el art. 9.3 C.E. establece tan sólo para las «disposiciones sancionadoras no favorables» se extendía también a las fiscales en el Anteproyecto de la Constitución, y la inclusión de las mismas se mantuvo en el Informe de la ponencia, pero desapareció en el Dictamen de la Comisión de Asuntos Constitucionales por estimarse que la causa de la prohibición ha de buscarse en todo caso en el carácter sancionador o restrictivo de las leyes, no en el objeto específico de las normas, y que la irretroactividad absoluta de las leyes fiscales podría hacer totalmente inviable una verdadera reforma fiscal».

RESOLUCIÓN RELEVANTE

Sentencia de la Audiencia Nacional, rec. 129/2019, de 13 de abril de 2022, ECLI:ES:AN:2022:1878

«Ha de precisarse, en primer término, que el artículo 10.2 LGT —al igual que el artículo 2.3 del Código Civil, en el que parece inspirarse— carece de rango normativo suficiente como para constituirse en la medida de la validez o efectos de una norma que también tiene carácter de ley parlamentaria, la Ley 26/2014 de que ahora se trata. Ello sin perjuicio de su valor hermenéutico, en lo menester, al constituirse en una ley de cabecera o general de todo el sistema tributario.

(...)

3. Las dudas que nos suscita este asunto parten de estas premisas:

a) La LGT no es superior en rango, como hemos indicado, a la Ley 24/2016, lo que significa que no puede erigirse en canon para determinar los requisitos y forma en que una ley puede contener efecto retroactivo y, si tal previsión puede ser implícita o, por el contrario, ha de declararse formalmente.

b) Este último punto es relevante en relación con la observancia o no del principio de seguridad jurídica, pero ello nos lleva a trasladar el juicio de la Ley 24/2016 al canon del artículo 9.3 CE, sin perjuicio de otros preceptos posibles.

c) En un sentido material, hay aquí efecto retroactivo, dado el hecho de que una norma legal está vigente el día del devengo del impuesto y en ella se prevé un tratamiento diferente para las indemnizaciones por despido o cese, en función de la fecha en que se haya producido ese acto de despido o cese.

d) Aun cuando tal efecto contradijera la mención del artículo 10.2LGT "salvo que se disponga lo contrario", no cabe articular una especie de "ilegalidad de la ley", prescindiendo del examen de su adecuación a la Constitución.

e) Según la doctrina del TC al respecto, suficientemente expresada con la reproducción de la sentencia a quo, el problema esencial radica en la observancia del principio esencial de seguridad jurídica, aquí traducido en la posibilidad de conocimiento real o suficiente del carácter retroactivo de la norma. Desde la perspectiva del artículo 9.3 CE, pues, no haría falta declarar de un modo formal y solemne la retroactividad, si ésta deriva directamente del tenor de la norma y cabe deducirla de forma indubitada, con facilidad, pese a los defectos de técnica normativa.

(...)

f) En el asunto que examinamos la retroactividad no es implícita —es difícil concebir la posibilidad de un efecto retroactivo tácito o presuntivo que no se explicite, bien o mal, en la norma pertinente—, pero en este caso no cabe dudar de su naturaleza y alcance: en la reforma se establece la fecha de limitación de la regulación —1 de agosto de 2014—; se provee a su entrada en vigor anticipada al resto de la ley; y la previsión, se comparta o no, es clara, al menos en el sentido de que no suscita dudas interpretativas sobre si hay o no retroactividad y en qué consistiría. Además, la norma ya estaba vigente al término del periodo impositivo.

4. La retroactividad ante la que estamos no vulnera el límite infranqueable del artículo 9.3 CE, pues: a) no compromete la seguridad jurídica, porque es suficientemente comprensible, pese a su déficit de claridad y buena técnica; b) no afecta a disposiciones sancionadoras no favorables o restrictivas de derechos individuales, en los términos en que el último inciso ha sido interpretado por el TC; y c) no es absoluta o de máximo grado, porque empieza a regir antes de que se agote el periodo impositivo o de generación de la renta, el de 2014, que es la tesis suficientemente expresada en la doctrina constante del TC.

En este punto c) es de admitir que el TC ha sido un tanto contemporizador con la retroactividad de normas tributarias pues, en los tributos permanentes, bastaría con que no se hubiera agotado la fecha final del periodo impositivo, criterio que no podemos contradecir, inspirado en que la renta gravada es global, sin que se admita su tratamiento aislado, esto es, la consideración autónoma de cada una de las fuentes de renta o, si se quiere, de las concretas percepciones.

5. Queda además la cuestión de si la retroactividad de que hablamos afecta a otros derechos fundamentales, en particular el de igualdad (art. 14 CE). Es cierto que parece injusto, o discriminatorio, que dos acreedores de indemnizaciones por despido o cese, con igual capacidad económica, tributen más o menos en función de un dato tan aparentemente ajeno a los principios tributarios —y a su voluntad— como es la fecha de acuerdo de despido o cese, producidos estos dentro del mismo periodo de renta, acotado temporalmente.

(...)

Cabe añadir, para finalizar, que el contraste con el artículo 10.2 de la LGT, aun prescindiendo de los expresados problemas de jerarquía entre leyes, tampoco arrojaría, por vía interpretativa, un resultado contrario, toda vez que, aun admitiendo el valor rector, dogmático o primordial de la LGT como norma de cabecera, en la locución salvo que se disponga lo contrario que contiene su artículo no hay exigencia de disposición formal o solemne, bastando con que sea explícita, esto es, que se disponga en ella el efecto retroactivo, lo que bien o mal, es exigencia que ha quedado satisfecha, en tanto la Ley 26/2014 dispone lo contrario, conclusión inducida de lo expuesto, por más que derive tal previsión de un juego un tanto confuso del sentido jurídico propio de las disposicio-

nes transitorias y finales de una norma, que da lugar, en todo caso, a un déficit de claridad o previsibilidad plena que, sin embargo, consideramos que carece de suficiente fuerza como para movernos a plantear cuestión de inconstitucionalidad».

Presunciones en el ámbito tributario

Como sistema general probatorio que rige en nuestro ordenamiento jurídico, la carga de llevar la destrucción de la presunción de inocencia le corresponde a la figura del acusador, y el acusado habrá de desvirtuar la acusación con las mismas armas jurídicas, ateniéndose ambos a lo preceptuado en el artículo 105 de la Ley General Tributaria:

«1. En los procedimientos de aplicación de los tributos quien haga valer su derecho deberá probar los hechos constitutivos del mismo.

2. Los obligados tributarios cumplirán su deber de probar si designan de modo concreto los elementos de prueba en poder de la Administración tributaria».

JURISPRUDENCIA

Sentencia del Tribunal Supremo n.º 513/2022, de 3 de mayo, ECLI:ES:TS:2022:1682

«A este respecto, hemos de recordar que conforme a las reglas procesales distributivas de la carga probatoria contenidas en el artículo 105.1 de la LGT 58/2003, tanto en los procedimientos tributarios como en los de resolución de las reclamaciones o recursos quien haga valer su derecho debe probar el hecho o los hechos normalmente constitutivos del mismo —hechos determinantes de sus pretensiones—, tratándose con ello de aplicar en los procedimientos tributarios los principios generales en materia de distribución y de carga de la prueba ya reiteradamente proclamados por la jurisprudencia contenciosa administrativa en el sentido que le compete en todo caso a cada parte la carga de la prueba de los hechos determinantes de su pretensión (STS, Sala 3ª de 22 de enero de 2000), recogidos asimismo actualmente en el orden procesal con carácter general por el artículo 217 de la vigente Ley 1/2000, de Enjuiciamiento Civil (antes por el artículo 1214 del Código Civil), aunque la exigencia a cada parte de probar el supuesto de hecho determinante de la norma que invoca a su favor puede verse matizada, e incluso alterada, en ciertos casos aplicando criterios de razonabilidad, normalidad y facilidad probatorias —artículo 217.7 de la LEC— regla procesal que permite desplazar en determinados supuestos el onus probandi a quien se encuentra en una mejor disposición de acreditar el hecho o hechos controvertidos».

Es de obligado análisis para el tratamiento de las presunciones en materia tributaria, la lectura del artículo 108 de la Ley General Tributaria, que las materializa de la siguiente manera:

«1. Las presunciones establecidas por las normas tributarias pueden destruirse mediante prueba en contrario, excepto en los casos en que una norma con rango de ley expresamente lo prohíba.

2. Para que las presunciones no establecidas por las normas sean admisibles como medio de prueba, es indispensable que entre el hecho demostrado y aquel que se trate de deducir haya un enlace preciso y directo según las reglas del criterio humano.

3. La Administración tributaria podrá considerar como titular de cualquier bien, derecho, empresa, servicio, actividad, explotación o función a quien figure como tal en un registro fiscal o en otros de carácter público, salvo prueba en contrario.

4. Los datos y elementos de hecho consignados en las autoliquidaciones, declaraciones, comunicaciones y demás documentos presentados por los obligados tributarios se presumen ciertos para ellos y sólo podrán rectificarse por los mismos mediante prueba en contrario.

Los datos incluidos en declaraciones o contestaciones a requerimientos en cumplimiento de la obligación de suministro de información recogida en los artículos 93 y 94 de esta ley que vayan a ser utilizados en la regularización de la situación tributaria de otros obligados se presumen ciertos, pero deberán ser contrastados de acuerdo con lo dispuesto en esta sección cuando el obligado tributario alegue la inexactitud o falsedad de los mismos. Para ello podrá exigirse al declarante que ratifique y aporte prueba de los datos relativos a terceros incluidos en las declaraciones presentadas.

5. En el caso de obligaciones tributarias con periodos de liquidación inferior al año, se podrá realizar una distribución lineal de la cuota anual que resulte entre los periodos de liquidación correspondientes cuando la Administración Tributaria no pueda, en base a la información obrante en su poder, atribuirla a un periodo de liquidación concreto conforme a la normativa reguladora del tributo, y el obligado tributario, requerido expresamente a tal efecto, no justifique que procede un reparto temporal diferente».

El Tribunal Supremo en su reiterada jurisprudencia (por ejemplo, STS n.º 867/2020, de 24 de junio, ECLI:ES:TS:2020:2219) ha sentado los requisitos de las presunciones en una triple base conceptual:

- **Hecho demostrado.**
- **Hecho deducido del primero.**
- **Nexo lógico entre ambos.**

El propio artículo 108.2 de la LGT define el nexo lógico entre el hecho demostrado y el hecho deducido como «un enlace preciso y directo según las reglas del criterio humano».

Destacamos aquí la sentencia dictada por la **Audiencia Nacional n.º 306/2026, de 30 de junio, ECLI:ES:AN:2016:2702** en la que dispone acerca de la prueba de las presunciones, sus requisitos:

«Expuesto lo anterior, debemos reseñar la doctrina del T.S. sobre alguna de las cuestiones hoy planteadas:

a) Así, respecto de la prueba de presunciones, y de que su utilización no constituye una inversión de la carga de la prueba, se ha pronunciado la STS de 12 de mayo de 2012, RC 3729/2009, en su FJ2 que, además, establece respecto de su posible aplicación lo siguiente:

"Nuestra doctrina reiterada sostiene que la válida utilización de esa clase de prueba requiere la concurrencia de los siguientes requisitos: (a) que aparezcan acreditados los hechos constitutivos del indicio o hecho base;

(b) que exista una relación lógica entre tales hechos y la consecuencia extraída; y (c) que esté presente el razonamiento deductivo que lleva al resultado de considerar probado el presupuesto fáctico contemplado en la norma para la aplicación de su consecuencia jurídica, como exige de manera expresa el artículo 386.1, párrafo segundo, de la Ley 1/2000, de 7 de enero, de Enjuiciamiento civil (BOE de 8 de enero) Ley de Enjuiciamiento Civil, al señalar que «en la sentencia en la que se aplique el párrafo anterior (las presunciones judiciales) deberá incluir el razonamiento en virtud del cual el tribunal ha establecido la presunción». Dicho, en otros términos, la prueba de presunciones consta de un elemento o dato objetivo, que es el constituido por el hecho base que ha de estar suficientemente acreditado, del que parte la inferencia, esto es, la operación lógica que lleva al hecho consecuencia, que será tanto más rectamente entendida cuanto más coherente y razonable aparezca el camino de la inferencia. Puede hablarse, en tal sentido, de rechazo de la incoherencia, de la irrazonabilidad y de la arbitrariedad, que operan como límites a la admisibilidad de la presunción como prueba [véanse, por todas, las sentencias emanadas de esta misma Sección el 10 de noviembre de 2011 (casación 331/09, FJ 6 °) y 17 de noviembre de 2011 (casación 3979/07, FJ 3°)]".

Igualmente la STS de 17 de febrero de 2014, FJ3, se pronuncia sobre dicha prueba, ratificada por otros extremos que se desprendan del expediente».

CUESTIÓN

Una ordenanza fiscal municipal reguladora de una tasa establece una presunción en la definición del hecho imponible. ¿Puede la ordenanza fiscal establecer este tipo de presunciones?

Si. El artículo 108.1 de la Ley General Tributaria establece que las presunciones establecidas por las normas tributarias pueden destruirse mediante prueba en contrario, excepto en los casos en que una norma con rango de ley expresamente lo prohíba. Por tanto, mientras la presunción de la ordenanza fiscal no sea «iuris et de iure» y, por tanto, permita prueba en contra, será válida.

3.2. Infracción por no presentación correcta de declaraciones tributarias

¿En qué consiste la infracción tributaria del art. 192 de la Ley General Tributaria?

Establece el artículo 192 de la LGT que «constituye infracción tributaria incumplir la obligación de presentar de forma completa y correcta las declaraciones o documentos necesarios, incluidos los relacionados con las obligaciones aduaneras, para que la Administración tributaria pueda practicar la adecuada liquidación de aquellos tributos que no se exigen por el procedimiento de autoliquidación, salvo que se regularice con arreglo al artículo 27 de esta ley».

JURISPRUDENCIA

Sentencia del Tribunal Supremo n.º 34/2022, de 19 de enero, ECLI:ES:TS:2022:163

«Este Tribunal Supremo se ha pronunciado en variadas ocasiones sobre el bien jurídico protegido en las infracciones tributarias formales. Con carácter general hemos indicado que "Es evidente que todo el sistema sancionador tributario obedece a la salvaguarda del deber de contribuir al sostenimiento de los gastos públicos de acuerdo con la capacidad económica de los obligados tributarios (art. 31.1 CE)", aunque a continuación se ha matizado que cada infracción tributaria persigue la tutela de un bien jurídico directo e inmediato, señalando que "Resulta, así, posible afirmar, por ejemplo, que mientras que las infracciones de los arts. 191, 192, y 193 de la LGT tienen por finalidad la protección directa del interés patrimonial de la Hacienda Pública, otros comportamientos resultan tipificados y sancionados por entrañar actuaciones falsarias o mendaces que alteran la realidad jurídica de forma perjudicial para la Administración tributaria (...)"».

Calificación de la infracción tributaria por incumplir la obligación de presentar de forma completa y correcta declaraciones o documentos necesarios para practicar liquidaciones

Establece el citado precepto que dicha infracción podrá ser leve, grave o muy grave:

Infracción leve

La infracción tributaria será considerada como **leve** cuando la base de la sanción sea **inferior o igual a 3.000 euros** o, en el caso de que sea superior, **no exista ocultación**.

> **A TENER EN CUENTA.** La citada infracción **no será leve**, independientemente de la cuantía de la base de la sanción, en los supuestos de:
>
> - Utilización de facturas, justificantes o documentos falsos o falseados, aunque ello no sea constitutivo de medio fraudulento.
>
> - Incidencia de la llevanza incorrecta de los libros o registros **superior al 10 por ciento de la base de la sanción.**

La sanción que conlleva la infracción de tipo leve consistirá en una **multa pecuniaria proporcional del 50 %**.

Infracción grave

Para que una infracción tributaria sea apreciada como grave, la base de la sanción ha de ser **superior a 3.000 euros y debe existir ocultación**. Además, también será grave, con independencia de la cuantía de la base de la sanción, en los supuestos que se citan:

- Utilización de facturas, justificantes o documentos falsos o falseados, sin que ello sea constitutivo de medio fraudulento.

- Cuando la incidencia de la llevanza incorrecta de los libros o registros represente un porcentaje **superior al 10 por ciento e inferior o igual al 50 por ciento de la base de la sanción.**

Si se utilizasen **medios fraudulentos** supondría la calificación de la infracción **en todo caso** como **muy grave.**

La sanción por infracción grave consiste en una **multa pecuniaria proporcional del 50 %,** que se gradúa incrementando el porcentaje mínimo en base a criterios de comisión repetida de infracciones tributarias y de perjuicio económico para la Hacienda Pública.

| Infracción muy grave

Como se ha expuesto con anterioridad, la infracción será considerada como **muy grave** en el supuesto de que se hubiesen empleado medios fraudulentos.

La sanción que supone dicha infracción muy grave consiste en una **multa pecuniaria proporcional del 100 al 150 %,** la cual se graduará incrementando el porcentaje mínimo de acuerdo con los criterios de comisión repetida de infracciones tributarias y de perjuicio económico para la Hacienda pública.

RESOLUCIÓN RELEVANTE

Sentencia del Tribunal Superior de Justicia de Madrid n.º 894/2023, de 11 de octubre, ECLI:ES:TSJM:2023:11304

«A este respecto, el artículo 192 LGT no solo tipifica la conducta infractora, sino que también establece la sanción de forma clara, señalando que la base de la sanción será la diferencia entre la cuantía que resulte de la adecuada liquidación del tributo y la que hubiera procedido de acuerdo con los datos declarados y, en el supuesto de que sea calificada como grave, como es el caso al ser la base de la sanción superior a 3.000 euros y existir ocultación, la sanción consistirá en multa pecuniaria proporcional del 50 al 100 por ciento y se graduará incrementando el porcentaje mínimo conforme a los criterios de comisión repetida de infracciones tributarias y de perjuicio económico para la Hacienda Pública, con los incrementos porcentuales previstos para cada caso en los párrafos a) y b) del apartado 1 del artículo 187 de la ley.

En el régimen sancionador regulado por la LGT, el perjuicio económico viene determinado por un porcentaje que resulta de multiplicar por 100 el cociente entre la base de la sanción (88.425,58 euros) y la cuantía total que hubiera debido ingresarse por la adecuada declaración del tributo (88.467,71 euros). Dado que arroja un porcentaje de 99,95 por 100, corresponde incrementar el porcentaje mínimo de sanción para infracciones graves en un 25 por 100 (artículo 187, LGT). No siendo de aplicación en este supuesto el criterio de graduación de sanciones tributarias por comisión repetida de infracciones tributarias. Por lo tanto por la infracción tributaria grave cometida, el porcentaje de sanción aplicable sobre la base de la sanción es del 75% (50% de porcentaje mínimo de sanción + 25% por perjuicio económico para la Hacienda Pública)».

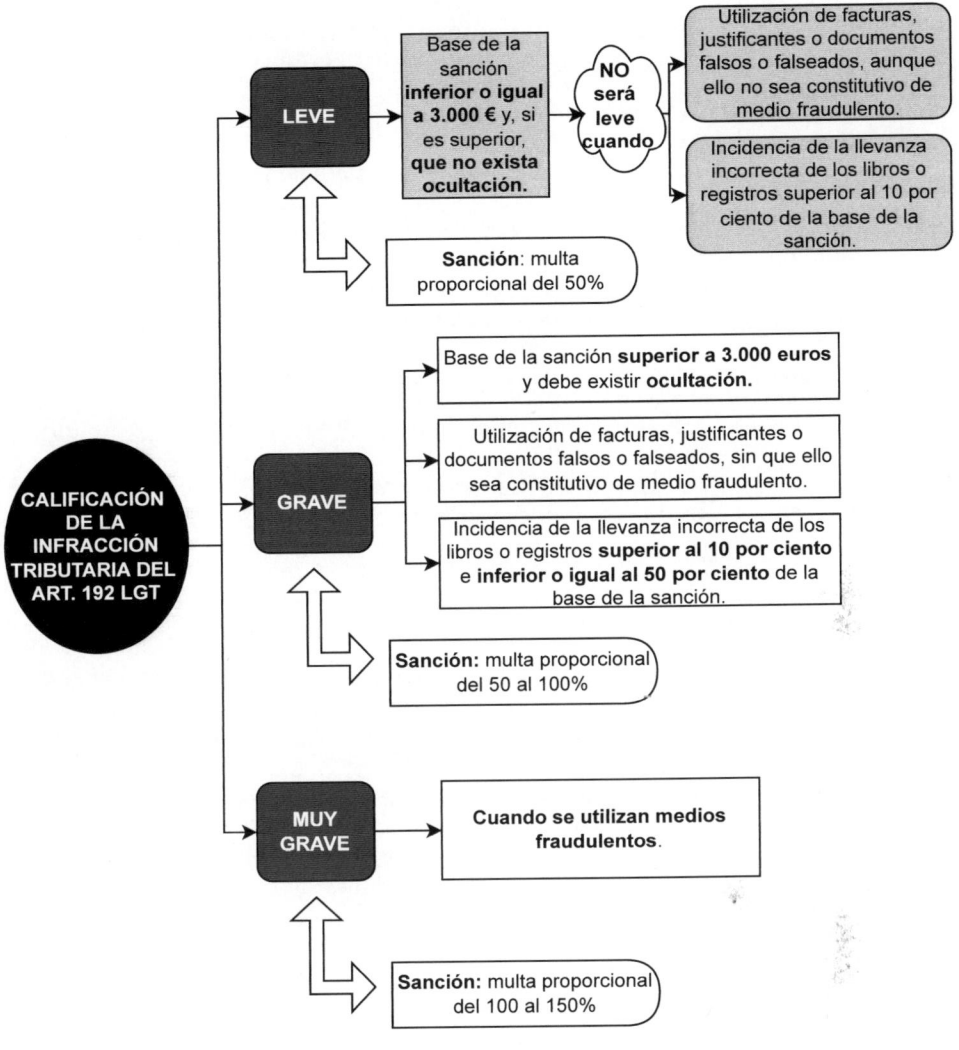

3.3. Infracción por obtener indebidamente devoluciones

¿En qué consiste la infracción del art. 193 de la LGT?

El artículo 193 de la Ley General Tributaria es claro al establecer que «constituye infracción tributaria obtener indebidamente devoluciones derivadas de la normativa de cada tributo». Este precepto está vinculado en gran medida al artículo 305 del Código Penal, que reza lo siguiente:

> «El que, por acción u omisión, defraude a la Hacienda Pública estatal, autonómica, foral o local, eludiendo el pago de tributos, cantidades retenidas o que se hubieran debido retener o ingresos a cuenta, obteniendo indebidamente devoluciones o disfrutando beneficios fiscales de la misma forma, siempre que la cuantía de la cuota defraudada, el importe no ingresado de las retenciones o ingresos a cuenta o de las devoluciones o beneficios fiscales indebidamente obtenidos o disfrutados exceda de ciento veinte mil euros será castigado con la pena de prisión de uno a cinco años y multa del tanto al séxtuplo de la citada cuantía, salvo que hubiere regularizado su situación tributaria en los términos del apartado 4 del presente artículo».

A tenor de lo dispuesto en dicho artículo, este tipo infractor es análogo al delito contra la Hacienda pública por obtener indebidamente devoluciones tributarias, pero para que exista delito la conducta del obligado tributario debe ser dolosa y el importe no ingresado superar los 120.000 euros.

A TENER EN CUENTA. Cuando concurre la falta de ingreso y la obtención indebida de devoluciones no se sanciona por esta infracción, sino unitariamente por la infracción por falta de ingreso (art. 191.5 de la LGT).

Si el obligado tributario obtiene una devolución indebida, puede regularizar voluntariamente su situación tributaria reintegrando su importe antes de ser requerido por la Administración tributaria. Aunque el tipo de esta infracción no menciona la regularización voluntaria extemporánea como un supuesto de exclusión de la sanción, a diferencia de lo que sucede con las infracciones consistentes en dejar de ingresar la deuda que debería resultar de una autoliquidación (art. 191 de la LGT) y en incumplir la obligación de presentar de forma completa y correcta una declaración necesaria para que la Administración pueda girar liquidación (art. 192 de la LGT), una interpretación sistemática (arts. 27 y 179.3 de la LGT) permite entender aplicable dicha exoneración también para esta infracción.

> **JURISPRUDENCIA**
>
> **Sentencia del Tribunal Supremo n.º 447/2021, de 25 de marzo, ECLI:ES:TS:2021:1369**
>
> *«(...) interesa recordar que, a diferencia de lo que sucede en nuestras infracciones tributarias de los arts. 191, 192 y 193 de la LGT, en el ámbito penal la falsificación de facturas o su utilización no opera como una agravante del delito fiscal. La relación existente entre los arts. 392 y 305 del CP es por ello, y según afirmamos, muy semejante a la que constituye el objeto de nuestro enjuiciamiento.*
>
> *5. Esto sentado, interesa llamar la atención sobre el hecho de que la doctrina penalista considera —y lo hace unánimemente— que la relación existente entre las falsedades documentales tipificadas en el art. 392 CP —a las que califica a estos efectos de instrumentales...— y el delito fiscal del art. 305 CP (cualquiera que sea la acción u omisión que dé lugar a su comisión) es de concurso ideal medial de delitos. De esta forma, en lo que atañe al concurso del delito contra la Hacienda Pública con otros delitos, lo admiten expresamente con los delitos de falsedades instrumentales*

llevadas a cabo para conseguir el fraude. Y ello por cuanto que resulta perfectamente posible la comisión del tipo del art. 305 CP sin que medie una falsedad documental del art. 392 CP y viceversa.

A mayor abundamiento, entienden los penalistas que confirma inequívocamente esta conclusión la interpretación a sensu contrario del párrafo 3° del apdo. 4 del art. 305 CP (y de la Disposición adicional segunda de la LO 6/1995) que, en relación con la regularización tributaria, establece, expresamente, lo siguiente: "La regularización por el obligado tributario de su situación tributaria impedirá que se le persiga por las posibles irregularidades contables u otras falsedades instrumentales que, exclusivamente en relación a la deuda tributaria objeto de regularización, el mismo pudiera haber cometido con carácter previo a la regularización de su situación tributaria". En la exégesis de este párrafo se interpreta generalizadamente que se hacía necesario excluir expresamente la responsabilidad por la falsedad documental en los casos de regularización del delito fiscal porque, de no establecerlo expresamente el legislador, se podría penar autónomamente la falsedad instrumental, argumento que, asimismo, valida la existencia en estos casos de un concurso de delitos y no de normas».

Calificación de la infracción tributaria por obtener indebidamente devoluciones

Infracción leve

La infracción tributaria será **leve** cuando la base de la sanción sea inferior o igual a 3.000 euros o, siendo superior, no exista ocultación.

La infracción **no será leve**, cualquiera que sea la cuantía de la base de la sanción, en los siguientes supuestos:

– Cuando se hayan utilizado facturas, justificantes o documentos falsos o falseados, aunque ello no sea constitutivo de medio fraudulento.

– Cuando la incidencia de la llevanza incorrecta de los libros o registros represente un porcentaje superior al 10 % de la base de la sanción.

La sanción por infracción leve consistirá en **multa pecuniaria proporcional** del **50 %**.

Infracción grave

La infracción será **grave** cuando la base de la sanción sea superior a 3.000 euros y exista ocultación.

La infracción también será grave, cualquiera que sea la cuantía de la base de la sanción, en los siguientes supuestos:

– Cuando se hayan utilizado facturas, justificantes o documentos falsos o falseados, sin que ello sea constitutivo de medio fraudulento.

– Cuando la incidencia de la llevanza incorrecta de los libros o registros represente un porcentaje superior al 10 % e inferior o igual al 50 % de la base de la sanción.

La utilización de **medios fraudulentos** determinará que la infracción sea calificada en todo caso como **muy grave**.

La sanción por infracción grave consistirá en **multa pecuniaria proporcional** del **50 al 100 %** y se graduará incrementando el porcentaje mínimo conforme a los criterios de comisión repetida de infracciones tributarias y de perjuicio económico para la Hacienda pública, con los incrementos porcentuales previstos para cada caso en los párrafos a) y b) del apartado 1 del art. 187 de la LGT.

| Infracción muy grave

La infracción será **muy grave** cuando se hubieran utilizado medios fraudulentos.

La sanción por infracción muy grave consistirá en **multa pecuniaria proporcional** del **100 al 150 %** y se graduará incrementando el porcentaje mínimo conforme a los criterios de comisión repetida de infracciones tributarias y de perjuicio económico para la Hacienda pública, con los incrementos porcentuales previstos para cada caso en los párrafos a) y b) del art. 187.1 de la LGT.

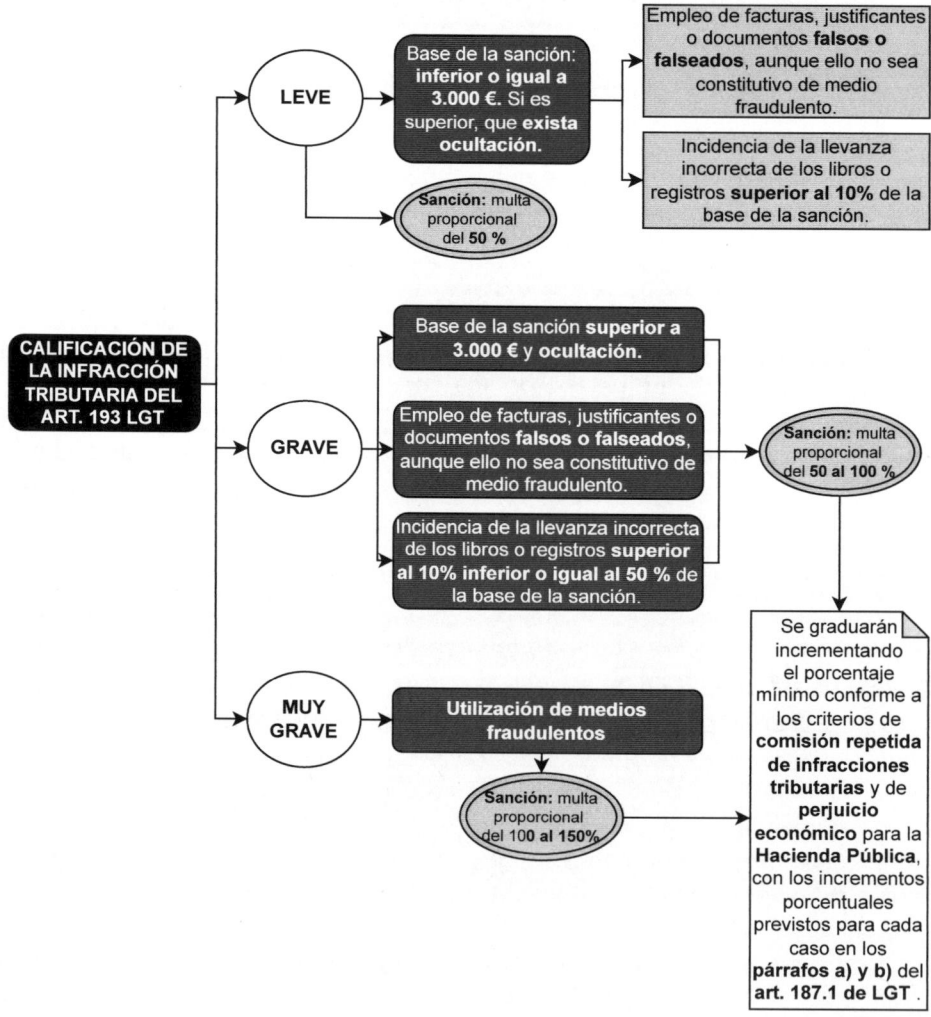

3.4. Infracción por solicitud indebida de devoluciones, beneficios o incentivos fiscales

¿En qué consiste la infracción tributaria del artículo 194 de la LGT?

Para la apreciación de esta infracción se requiere lo siguiente:

- Que se haya solicitado indebidamente devoluciones derivadas de la normativa de cada tributo.
- Que incluya datos falsos u omita «datos relevantes». Este último es un concepto jurídico indeterminado cuya apreciación en el caso concreto debe motivar el órgano instructor.
- Que no se haya obtenido la devolución solicitada. Esta infracción es incompatible con la infracción consistente en obtener indebidamente devoluciones (art. 193 de la LGT), de forma que en caso de obtener la devolución la infracción por solicitar indebidamente la devolución queda absorbido, como acto preparatorio, en el tipo de la infracción por obtener dicha devolución.

Pues bien, el artículo 194 de la Ley General Tributaria estipula en su primer apartado que «constituye infracción tributaria solicitar indebidamente devoluciones derivadas de la normativa de cada tributo mediante la omisión de datos relevantes o la inclusión de datos falsos en autoliquidaciones, comunicaciones de datos o solicitudes, sin que las devoluciones se hayan obtenido».

Las solicitudes de devolución, de acuerdo con la normativa propia del tributo de que se trate, se efectúan en autoliquidaciones, comunicaciones de datos o solicitudes. En estos casos, no se impone sanción alguna por la infracción consistente en presentar incorrectamente declaraciones o autoliquidaciones sin que se produzca perjuicio económico (art. 199 de la LGT), sino solo por la infracción consistente en solicitar indebidamente devoluciones (art. 194 de la LGT). Si el obligado tributario presenta una declaración complementaria o sustitutiva correcta fuera de plazo sin requerimiento previo de la Administración no se produce la infracción consistente en solicitar indebidamente devoluciones, sino la infracción consistente en no presentar en plazo declaraciones o autoliquidaciones sin que se produzca perjuicio económico (art. 198.2 de la LGT). Este supuesto se trata como si no se hubiera llegado a presentar la declaración o autoliquidación inicial.

Esta infracción se califica como **grave**. Asimismo, la misma se sanciona con una multa pecuniaria proporcional del 15 % sobre la base de la sanción, que es la cantidad indebidamente solicitada.

Las reducciones aplicables, en su caso, son las siguientes (art. 188 de la LGT):

- Reducción por acuerdo o conformidad (del 65 % y 30 %, respectivamente).

- Reducción por ingreso de la sanción en periodo voluntario sin impugnación de la liquidación ni de la sanción, del 25 % sobre el importe de la sanción ya reducido por conformidad, en caso de que concurran ambos motivos de reducción.

En este caso, no pueden imponerse sanciones accesorias no pecuniarias porque ello requeriría que se hubiese empleado el criterio de graduación de comisión repetida de infracciones tributarias y, como hemos apuntado, la sanción por la infracción consistente en la solicitud indebida de devoluciones es una multa pecuniaria proporcional de porcentaje fijo no susceptible de graduación.

Infracción por solicitar indebidamente beneficios o incentivos fiscales

Esta infracción se regula en el apartado segundo del artículo 194 de la LGT y consiste en solicitar indebidamente beneficios o incentivos fiscales mediante la omisión de datos relevantes o la inclusión de datos falsos siempre que, como consecuencia de dicha conducta, no proceda imponer al mismo sujeto sanción por alguna de las siguientes infracciones:

- Dejar de ingresar en plazo la totalidad o parte de la deuda tributaria que debiera resultar de una autoliquidación (art. 191 de la LGT).

- Incumplir la obligación de presentar de forma completa y correcta las declaraciones o documentos necesarios para que la Administración tributaria practique liquidaciones (art. 192 de la LGT).

- Solicitar indebidamente devoluciones derivadas de la normativa de cada tributo (art. 194.1 de la LGT).

- Determinar o acreditar improcedentemente partidas positivas o negativas o créditos tributarios aparentes (art. 195 de la LGT).

La aplicación indebida de beneficios o incentivos fiscales normalmente da lugar para el propio obligado tributario a un menor ingreso, ya sea en la misma declaración o en otra futura, lo que ya está tipificado como otras infracciones que causan perjuicio económico a la Hacienda pública.

La presentación de una declaración o autoliquidación extemporánea sin requerimiento previo de la Administración en la que se rectifiquen las inexactitudes, omisiones o falsedades determina que no pueda imponerse sanción por la infracción consistente en solicitar indebidamente beneficios o incentivos fiscales, pero aquella conducta será constitutiva de la infracción consistente en presentar extemporáneamente declaraciones sin causar perjuicio económico (art. 198.2 de la LGT).

El tipo de esta infracción requiere expresamente que medie bien la omisión de datos relevantes o bien la inclusión de datos falsos en autoliquidaciones, comunicaciones de datos o solicitudes. Por ello, la ocultación de datos se incluye dentro del tipo.

Esta infracción se calificará como **grave**.

La sanción correspondiente es una multa pecuniaria fija de 300 euros, que puede reducirse en un 25 % en caso de ingreso de la misma en periodo voluntario, siempre que no se impugnen ni la sanción ni la liquidación de la que aquella deriva.

JURISPRUDENCIA

Sentencia del Tribunal Supremo n.º 1177/2020, de 17 de septiembre, ECLI:ES:TS:2020:2871

«No es irrelevante que la propia conducta descrita en el artículo 194 LGT consista, literalmente en "...solicitar indebidamente devoluciones derivadas de la normativa de cada tributo mediante la omisión de datos relevantes ola inclusión de datos falsos en autoliquidaciones, comunicaciones de datos o solicitudes, sin que las devoluciones se hayan obtenido', de donde resulta que, para esta infracción, la acción tipificada incorpora normativamente la inclusión de datos falsos como medio comisivo.

4.- También cabe destacar que el propio artículo 194.2 LGT señala que: '[A]simismo, constituye infracción tributaria solicitar indebidamente beneficios o incentivos fiscales mediante la omisión de datos relevantes o la inclusión de datos falsos siempre que, como consecuencia de dicha conducta, no proceda imponer al mismo sujeto sanción por alguna de las infracciones previstas en los artículos 191, 192 ó 195 de esta ley, o en el primer apartado de este artículo".

Tal precepto vincula de modo evidente e inseparable las conductas del artículo 194 y las de los artículos 191, 192 y 195 LGT, pues el precepto prevé la consecuencia sancionadora para el doble caso de que la acción se castigue sola o cuando lo sea en concurrencia con las demás previstas en los preceptos que se mencionan.

5.- Tal compatibilidad, además, es expresamente salvada en el artículo 180.2 LGT. Podría pensarse que tal previsión normativa, al hacer compatibles ambas sanciones, excluye la presencia del non bis in idem, pues cabe interpretar que prevé un caso sui generis de concurso real de infracciones —ya que promulga un principio contrario al del 180.1 LGT—. Sin embargo, también puede admitirse la idea opuesta de que tal compatibilidad —o posible concurrencia— se fundamenta en los efectos de la conducta, que en primer término es única. Y siéndolo, no da cabida a que la concurrencia se haga presente en el momento de la derivación de la responsabilidad».

RESOLUCIÓN RELEVANTE

Sentencia de la Audiencia Nacional n.º 9/2016, de 21 de diciembre de 2015, ECLI:ES:AN:2015:4533

«El art. 194.1 LGT dispone que "1. Constituye infracción tributaria solicitar indebidamente devoluciones derivadas de la normativa de cada tributo mediante la omisión de datos relevantes o la inclusión de datos falsos en autoliquidaciones, comunicaciones de datos o solicitudes, sin que las devoluciones se hayan obtenido".

La existencia de culpabilidad debe aparecer debidamente fundada en la resolución administrativa sancionadora, de tal forma que, desde la perspectiva de los artículos 24.2 y 25.1 de la Constitución española, lo que debe analizarse es si la resolución administrativa sancionadora contenía una argumentación suficiente acerca del elemento subjetivo del tipo infractor. Ni los Tribunales Económico-Administrativos ni los Tribunales contencioso-administrativos pueden subsanar la falta de motivación de la culpabilidad en el acuerdo sancionador, porque es al órgano competente para sancionar a quien corresponde motivar la imposición de la sanción. Pueden verse, en este sentido, las SSTS de 20 de diciembre de 2013 (RC 1537/2010, FJ 4 º) y 10 de diciembre de 2012 (RC 563/2010, FJ 3º, y 4320/2011, FJ 4º).

En este caso, el acuerdo de imposición de sanción explica que la conducta del obligado tributario es subsumible en el mencionado tipo toda vez que el obligado tributario utilizó facturas cuya realidad no ha acreditado para solicitar una mayor de-volución, deduciéndose indebidamente la cantidad de 350.208,00 euros».

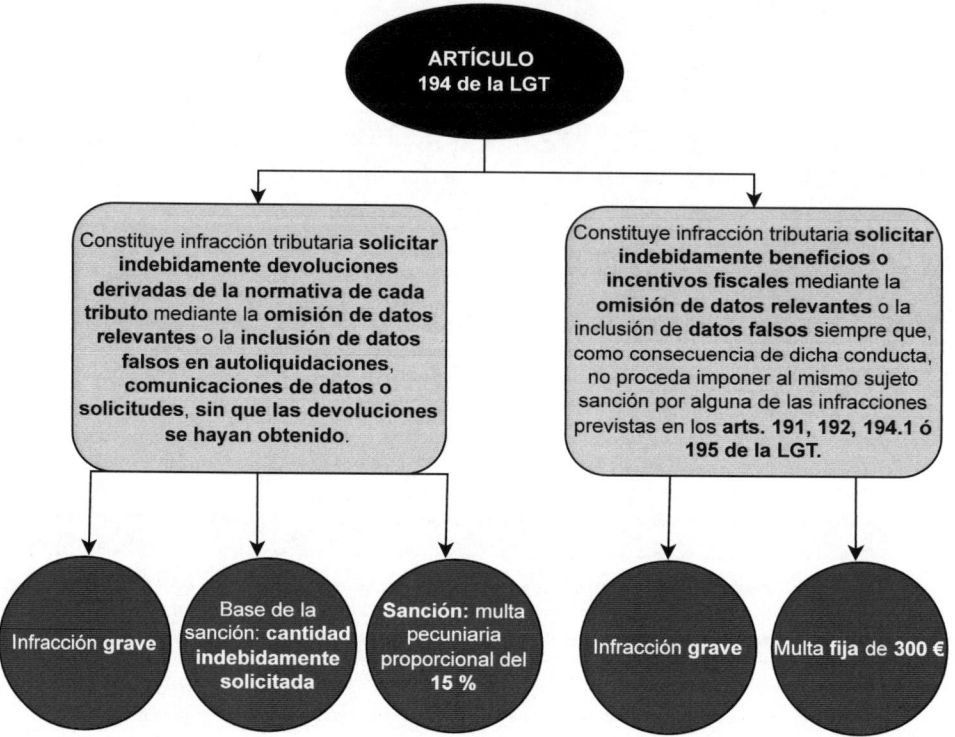

3.5. Infracción por determinar o acreditar improcedentemente partidas positivas o negativas

Infracción tributaria por determinar o acreditar improcedentemente partidas positivas o negativas o créditos tributarios aparentes

En el artículo 195 de la LGT se tipifican dos infracciones de peligro, cons-titutivas de actos preparatorios para que en futuras declaraciones, propias o de terceros, se ingrese menos cuota de la que realmente les correspondería.

La **primera infracción**, recogida en el párrafo primero del artículo 195.1 de la LGT, **consiste en determinar o acreditar improcedentemente partidas positivas o negativas o créditos tributarios a compensar o deducir en la base o en la cuota de declaraciones futuras, propias o de terceros.**

La **segunda infracción**, recogida en el párrafo segundo del artículo 195.1 de la LGT, **consiste en declarar incorrectamente la renta neta, las cuotas repercutidas, las cantidades o cuotas a deducir o los incentivos fiscales de un período impositivo sin que se produzca falta de ingreso u obtención indebida de devoluciones por haberse compensado en un procedimiento de comprobación o investigación cantidades pendientes de compensación, deducción o aplicación.**

La infracción recogida en este artículo se encamina a castigar conductas que suponen la preparación de una elusión posterior, que puede finalmente llegar o no a producirse. En el caso de que la elusión posterior se produzca, esta sanción se deducirá de la sanción posterior, en el porcentaje que corresponda, para evitar una duplicidad de la sanción.

En consecuencia, esta infracción se comete aunque el perjuicio económico para la Administración no llegue a producirse, es decir, se sanciona la mera puesta en peligro del ingreso para el erario público.

RESOLUCIÓN RELEVANTE

Auto del Tribunal Supremo, rec. 2453/2022, de 20 de octubre, ECLI:ES:TS:2022:14260A

«En este sentido, dijimos en la sentencia de 22 de septiembre de 2011 (rec. 4289/2009, ECLI:ES:TS:2011:5949), FJ 5º, que "el art. 195.1 de la LGT tipifica un comportamiento que no causa un daño directo e inmediato para la recaudación, sino que prepara de manera decisiva un perjuicio económico futuro, de manera que las compensaciones o deducciones improcedentes que se practiquen en la declaración del periodo impositivo darán lugar a las infracciones previstas en los arts. 191 de la LGT (dejar de ingresar en plazo en un tributo autoliquidable), 193 de la LGT (obtener indebidamente una devolución del Tesoro Público) o 194.1 de la LGT (solicitar indebidamente una devolución sin que ésta se llegue a obtener), pero no al tipo infractor que analizamos [Sentencia de 26 de julio de 1997 (rec. de apelación núm. 8558/1991), FD Segundo]. Constituye, en definitiva, una infracción de peligro, que se perfecciona con independencia de que se llegue o no a producir una falta de ingreso o una salida de caja del Tesoro Público en el futuro como consecuencia de la aplicación de las cantidades indebidamente determinadas o acreditadas [Sentencia de 27 de enero de 2003 (rec. cas. núm. 420/1998), FD Séptimo]".

Por su parte, señalamos en la sentencia de 17 de septiembre de 2020 (rec. 325/2019, ECLI:ES:TS:2020:2871), FJ 5º, que estos injustos típicos "consisten —al igual que todos los previstos en el Capítulo III del Título IV de la LGT— en el incumplimiento de obligaciones tributarias y se orientan, en última instancia, a la salvaguarda (bien jurídico mediato o indirecto) del deber de contribuir al sostenimiento de los gastos públicos establecido en el art. 31.1 CE". Pero, particularmente, son "infracciones [que] se inscriben en lo que la doctrina tributarista ha venido calificando de tipos infractores 'de peligro' (los comportamientos tipificados no causan un perjuicio económico directo o inmediato, pero podrían haberlo causado si no se hubiera producido una intervención de la Administración tendente a corregirlo) y protegen directamente (bien jurídico inmediato o directo) el interés patrimonial de la Hacienda Pública".

(...)

Como podemos observar, aunque la perfección de las infracciones no exija un daño económico inmediato en la Hacienda Pública, la configuración legal de las mismas no es ajena al potencial perjuicio que las conductas sancionadas pueden producir. En efecto, tanto el artículo 194.1 como el 195.1 de la LGT prevén un método de cuantificación de la sanción que consiste en la aplicación de un porcentaje (15 por ciento) sobre la base de la sanción que, respectivamente, se corresponde con el importe de la devolución indebidamente solicitada y las cantidades improcedentemente determinadas o acreditadas. De ello cabe colegir la existencia de una relación entre el importe de la sanción y el peligro patrimonial generado que constituye el fundamento de la infracción.

Y si bien, con carácter general, el importe de las devoluciones derivadas de la normativa del tributo y los créditos fiscales determinados o acreditados vendrán a responder, en efecto, al citado potencial perjuicio económico, pueden darse situaciones en las que ello no sea así. Al contrario, podría suceder que la conducta sancionada y, en principio, típica, no resultase apta para proyectar el potencial daño sobre los intereses económicos públicos que el tipo infractor pretende proteger, todo ello a la vista del conjunto de circunstancias concurrentes y con independencia de la eventual actuación administrativa.

Así podría plantearse, como sucede en el supuesto del presente recurso de casación, en los casos en los que, aun habiéndose determinado créditos fiscales y solicitado devoluciones que, en aplicación de la normativa del tributo (IVA), no resultaban procedentes, concurre al mismo tiempo a favor del infractor un derecho a obtener una devolución por ingresos indebidos que trae causa de las mismas conductas que han motivado la imposición de las sanciones, de modo que no se evidencia, al menos con igual claridad, la existencia del peligro patrimonial que, en definitiva, pretenden castigar los tipos infractores de los artículos concernidos.

Y, en estos casos, cabe cuestionarse cómo debe realizarse el cálculo del importe de la sanción y, en particular, si la base de la sanción debe cuantificarse exclusivamente teniendo en consideración los importes de la devolución indebidamente solicitadas o cantidades determinadas o acreditadas improcedentemente o si, por el contrario, dichos importes deben quedar minorados por el importe de la devolución —por ingresos indebidos— que trae causa de la misma conducta sancionada y que pone de relieve una modulación del potencial perjuicio económico concurrente en el caso».

|| Infracción del párrafo primero del artículo 195.1 de la LGT

El tipo pretende sancionar a aquellos contribuyentes que en declaraciones futuras dejarán de ingresar menos cuota, declarando improcedentemente, en la actual, bases imponibles negativas o créditos tributarios aparentes, siendo compatible esta infracción con la de dejar de ingresar, si bien se reduce a posteriori en la parte proporcional.

La base de la sanción será el importe de las cantidades indebidamente determinadas o acreditadas.

En el supuesto de que existan bases imponibles negativas pendientes de compensar de períodos anteriores, como consecuencia de un aumento de las bases imponibles positivas regularizado por la Administración, el sujeto pasivo puede proponer una distinta compensación de las bases imponibles negativas de la efectuada en sus autoliquidaciones. Sin embargo, una vez iniciado el procedimiento de comprobación o investigación el contribuyente ya no puede modificar, mediante declaración complementaria, las compensaciones realizadas en otro ejercicio para poder aplicarlas en el ejercicio comprobado, puesto que ello podría alterar la calificación de la infracción.

|| Infracción del párrafo segundo del artículo 195.1 de la LGT

Este tipo de infracción hace referencia solamente a las declaraciones incorrectas sin que se produzca falta de ingreso u obtención indebida de devoluciones, no haciendo referencia la solicitud indebida de devoluciones del artículo 194 de la LGT.

La base de la sanción será el importe de las cantidades indebidamente determinadas o acreditadas, es decir, el incremento de la renta neta o de las cuotas repercutidas, o la minoración de las cantidades o cuotas a deducir o de los incentivos fiscales, del período impositivo.

Esta **infracción puede concurrir con las de los artículos 191, 192 y 193 de la LGT lo que origina cierta dificultad para el cálculo de la base**, por lo que será necesario acudir al artículo 13 del RGRST que procederemos a detallar a continuación.

- En el caso en el que la aplicación de cantidades pendientes solo se haya llevado a cabo en la base del tributo, la base de la sanción consistirá en el **incremento de la renta neta sancionable que hubiese sido objeto de compensación.**

- En el caso en que la aplicación de cantidades pendientes solamente se hubiese llevado a cabo en la cuota del tributo o en la cantidad a ingresar, la base de la sanción será determinada a partir de la **multiplicación de las cantidades que hubiesen sido objeto de compensación o deducción en la cuota o cantidad a ingresar por el resultado, redondeando en dos decimales,** de un **coeficiente en el que figure** lo siguiente:

  - En el **numerador,** la renta neta sancionable declarada de manera incorrecta.

  - En el **denominador,** la diferencia entre la cuota íntegra regularizada y la declarada inicialmente.

- En el caso en que la aplicación de cantidades pendientes se lleve a cabo tanto en la base como en la cuota del tributo o cantidad a ingresar, la base de la sanción será la **suma de las cantidades que resulten de lo dispuesto en los puntos anteriores,** calculadas en ese orden.

> **A TENER EN CUENTA.** Para determinar el incremento de la renta neta sancionable que constituye la base de la sanción determinada por la multiplicación anteriormente explicada, será necesario, en primer lugar, restar de la totalidad del incremento de renta neta sancionable, aquella parte que haya sido compensada en la base del tributo con cantidades pendientes de compensación.

Puede darse el supuesto de que se declare de manera incorrecta tanto la renta neta del periodo como las cantidades a deducir o los incentivos fiscales de dicho periodo. En este caso, la base de la sanción puede calcularse atendiendo a dos circunstancias:

– En caso de que solamente se hayan aplicado cantidades pendientes de compensación en la cuota del tributo o en la cantidad a ingresar, dicha compensación deberá imputarse de forma **proporcional tanto al incremento de renta neta sancionable como a las cantidades o incentivos fiscales declarados incorrectamente en la cuota**, a efectos de determinar la parte de la base de la sanción que es correspondiente a cada una de ellas.

Las mencionadas imputaciones serán efectuadas en función de los coeficientes que se determinan al multiplicar por 100 el resultante de las fracciones procedentes según las partidas regularizadas, cuyo numerador, dependiendo del caso, será:

• El resultado de multiplicar el incremento de renta neta sancionable por el tipo de gravamen del impuesto, si dicho incremento se produce en la parte de la base gravada por un tipo proporcional.

• El resultado de multiplicar el incremento de renta neta sancionable por el tipo medio de gravamen resultante de la aplicación de la tarifa, en caso de que dicho complemento se produzca en la parte de la base que está gravada por una tarifa.

• Los incrementos sancionables realizados directamente en la cuota del impuesto.

En estos tres supuestos, el denominador incluirá la suma del resultado de multiplicar todos los incrementos que se hayan regularizado en la base imponible o liquidable por el tipo de gravamen del tributo, si dichos incrementos se producen en la parte de la base gravada por un tipo proporcional, o si se producen en la parte gravada por una tarifa, por el tipo medio de gravamen resultante de su aplicación, y a mayores los incrementos que fueron realizados directamente en la cuota del tributo.

> **A TENER EN CUENTA.** Los mencionados coeficientes serán expresados **redondeados con dos decimales**.

Una vez que se determinen las imputaciones que correspondan, las relativas al incremento de renta neta en base se sancionarán de acuerdo con lo dispuesto en el punto segundo de este apartado, y aquellas relativas a las cantidades o incentivos fiscales declarados incorrectamente en la cuota o cantidad a ingresar se sancionarán conforme a lo expuesto en el punto tercero anteriormente explicado.

- En caso de que se hayan aplicado cantidades pendientes de compensación o reducción en la base del tributo y cantidades pendientes de compensación, deducción en la cuota del tributo o en la cantidad a ingresar, se aplicará:

  • Si la aplicación de cantidades pendientes sólo se ha llevado a cabo en la base del tributo, la base de la sanción será el incremento de renta neta sancionable que hubiese sido objeto de compensación.

  • Lo dispuesto en el punto inmediatamente anterior.

|| Régimen sancionador común a ambas infracciones

La sanción consistirá en multa pecuniaria proporcional del 15 % si se trata de partidas a compensar o deducir en la base imponible, o del 50 % si se trata de partidas a deducir en la cuota o de créditos tributarios aparentes.

> **RESOLUCIÓN ADMINISTRATIVA**
>
> **Resolución del Tribunal Económico Administrativo Central n.º 5076/2023, de 30 de octubre de 2023**
>
> **Asunto: Concurrencia de las acciones del artículo 195.1 de la LGT**
>
> *«Las infracciones de los párrafos 1º y 2º del art. 195.1 LGT no son alternativas sino independientes, pues tipifican conductas del obligado distintas; de suerte que, cuando se aprecie la concurrencia de ambas con ocasión de una única declaración o autoliquidación, el obligado habrá cometido dos infracciones distintas, que darán lugar a dos sanciones diferentes en los términos previstos en el art. 195 LGT. Unificación de criterio.*
>
> *(...)*
>
> *En conclusión, la apreciación de las dos infracciones y el cálculo de sus bases de sanción permiten sancionar la totalidad de los ajustes practicados en el procedimiento inspector, finalidad última del régimen de infracciones y sanciones previsto en la LGT de 2003, siempre que se aprecie el necesario elemento subjetivo o de culpabilidad en las conductas concurrentes.*
>
> *La complementariedad de las infracciones de los párrafos 1º y 2º del artículo 195.1 LGT siempre ha resultado una cuestión pacífica, como prueba la frecuencia con la que se han apreciado los dos tipos infractores en un mismo ejercicio (vid. por ejemplo la SAN 1491/2023, de 15 de marzo (rec. nº 450/2019), FD 1º.5). Además, este criterio de la compatibilidad de ambas infracciones no ha sido controvertido para los Tribunales: hay casos de concurrencia de infracciones de los párrafos 1º y 2º LGT en un mismo ejercicio en el que las sanciones han sido confirmadas (vid. RTEAC de 22/02/2021 (rec. nº 00-07407- 2020), FD 7º); y otros en los que, a pesar de su anulación, ésta no se produce por la incorrecta tipificación de las infracciones sino por la presencia de otras circunstancias como la inexistencia de culpabilidad (vid. SAN 5856/2022, de 31 de octubre (rec. nº 449/2019), FD 1º y 10º).*
>
> *TERCERO.- De acuerdo con lo expuesto, este Centro Directivo solicita del Tribunal Económico Administrativo Central que estime el presente recurso extraordinario conforme a lo expuesto en los Fundamentos de Derecho anteriores, y se fije doctrina declarando el siguiente criterio:*
>
> *"Las infracciones tipificadas en los párrafos 1º y 2º del artículo 195.1 LGT no son alternativas sino complementarias, pues captan el desvalor de distintas conductas del contribuyente. Cuando se aprecie la concurrencia de ambas con ocasión de una única*

*declaración o autoliquidación, el contribuyente habrá cometido **dos infracciones distintas que darán lugar a dos sanciones diferentes** en los términos previstos en el artículo 195 LGT"».*

|| **Deducción de la parte proporcional de la sanción procedente**

Las sanciones impuestas conforme a lo previsto en este artículo serán deducibles en la parte proporcional correspondiente de las que pudieran proceder por las infracciones cometidas ulteriormente por el mismo sujeto infractor como consecuencia de la compensación o deducción de los conceptos aludidos, sin que el importe a deducir pueda exceder de la sanción correspondiente a dichas infracciones.

JURISPRUDENCIA

Sentencia del Tribunal Supremo, rec. 4925/2008, de 8 de marzo de 2012, ECLI:ES:TS:2012:1743

«Por lo que respecta a la inexistencia de perjuicio económico alguno a la Administración ni presente ni futuro al no ser previsible, a la vista de las declaraciones presentadas hasta el cierre de la Sucursal en el año 2000, que los perjuicios económicos se produjeran, como causa que impediría la comisión de la infracción tipificada en el artículo 79.d) de la LGT 1963 (en la Resolución sancionadora así como la audiencia Nacional se refiere a la letra c), ya que hasta la reforma de la LGT operada por la Ley 25/1995, de 20 de julio, en dicho apartado se contemplaba la conducta consistente en determinar o acreditar improcedentemente partidas positivas o negativas o créditos del impuesto a deducir o compensar en la base o en la cuota de declaraciones futuras propias o de terceros), este argumento tampoco puede prosperar, pues como declara la Sentencia de esta Sala de 16 de junio de 2011 (recurso de casación núm.. 5802/2008) el bien jurídico protegido en el artículo se lesiona, no con la causación del efectivo daño a la Hacienda Pública, sino con la conducta preordenada a la causación de ese perjuicio o potencialmente causante del mismo, siendo la finalidad perseguida la de evitar el comportamiento que no da lugar a un inmediato resultado de daño, sino que es preparatorio de la elusión a consumar en un momento posterior, razón por la que resulta irrelevantes las circunstancias en las que en las que se encontraba la entidad recurrente tanto en el momento de la comisión de la infracción como de las previsibles a la vista de las declaraciones presentadas hasta el cierre de la Sucursal en el año 2000».

3.6. Infracciones tributarias por imputación incorrecta o falta de imputación

Infracciones tributarias de los artículos 196 y 197 de la Ley General Tributaria

|| **Infracción tributaria por imputar incorrectamente o no imputar bases imponibles, rentas o resultados por las entidades sometidas a un régimen de imputación de rentas**

El artículo 196 de la LGT establece que «constituye infracción tributaria imputar incorrectamente o no imputar bases imponibles o resultados a los socios o miembros por las entidades sometidas a un régimen de imputación de rentas. Esta acción u omisión no constituirá infracción por la parte de las bases o resultados que hubiese dado lugar a la imposición de una sanción a la entidad sometida al régimen de imputación de rentas por la comisión de las infracciones de los artículos 191, 192 ó 193 de esta ley».

Es una infracción que tiene la calificación de **grave**. La base de la sanción será el **importe de las cantidades no imputadas.** Para el supuesto de cantidades imputadas incorrectamente, la base de la sanción será **el importe que resulte de sumar las diferencias con signo positivo, sin compensación con las diferencias negativas, entre las cantidades que debieron imputarse a cada socio o miembro y las que se imputaron a cada uno de ellos.**

La sanción consistirá en una **multa pecuniaria proporcional del 40 %.**

RESOLUCIÓN RELEVANTE

Sentencia de la Audiencia Nacional, rec. 551/2020, de 23 de noviembre de 2022, ECLI:ES:AN:2022:5590

«(...) la conducta concreta por la que se ha sancionado al contribuyente ha consistido en la deducción de unos gastos ficticios facturados por los subcontratistas (como se comprueba en la p. 29 del acuerdo sancionador), la deducción improcedente de los gastos generales o de compensación a la UTE a partir de 2011 (p. 30), los gastos por suplidos del personal (p. 32) y la deducción improcedente de gastos de relaciones públicas, viajes y operaciones con terceros (p. 32).

Pues bien, en todos estos casos nos encontramos en el momento de la determinación de la base imponible, no en el de la imputación a los socios o miembros de la UTE.

Esta diferenciación conceptual, a la vista de la redacción del tipo del art. 196 de la LGT y de las exigencias impuestas por los principios en materia sancionadora anteriormente aludidos, resulta relevante y así ha venido a declararlo esta Sala en el precedente constituido por la sentencia de 6 de marzo de 2019 (ROJ: SAN 792/2019, FJ 4), que se expresa así:

"En cuanto a la tipificación de la infracción, ya hemos señalado que el artículo 196 de la LGT, tipifica como infracción imputar incorrectamente o no imputar bases imponibles o resultados a los socios o miembros por las entidades sometidas a un régimen de imputación de rentas.

Teniendo en cuenta que hemos apreciado falta de motivación de la culpabilidad, en cuanto a la conducta consistente en deducir de los gastos contabilizados como consecuencia de la asignación del resultado de la FJDUTE a la FDJ, esta infracción y su correspondiente sanción deben ser anuladas, por lo que no es de aplicación precepto citado.

La deducción del gasto 'Farmacia' y el ajuste extracontable de las contribuciones empresariales a seguros colectivos que instrumentan compromisos por pensiones, no responden a imputación de bases imponibles o resultados entre socios, sino a determinación de la base imponible, por lo que no es de aplicación el artículo 196 de la LGT.

De lo expuesto resulta la estimación del recurso, pues, por las razones anteriores, la sanción objeto de autos es contraria a Derecho".

Elementales exigencias de unidad de doctrina y seguridad jurídica exigen reiterar la conclusión que se extrajo en la citada sentencia.

El motivo se estima, anulándose la sanción, con los efectos legales inherentes a esta declaración».

|| **Infracción tributaria por imputar incorrectamente deducciones, bonificaciones y pagos a cuenta por las entidades sometidas a un régimen de imputación de rentas**

Señala el artículo 197 de la LGT que «constituye infracción tributaria imputar incorrectamente deducciones, bonificaciones y pagos a cuenta a los socios o miembros por las entidades sometidas al régimen de imputación de rentas. Esta acción no constituirá infracción por parte de las cantidades incorrectamente imputadas a los socios o partícipes que hubiese dado lugar a la imposición de una sanción a la entidad sometida a un régimen de imputación de rentas por la comisión de las infracciones de los artículos 191, 192 ó 193 de la LGT».

Esta infracción tendrá la consideración de **grave**, siendo la **base de la sanción** el **importe que resulte de sumar las diferencias con signo positivo**, sin compensación con las diferencias negativas, **entre las cantidades que debieron imputarse a cada socio miembro y las que se imputaron a cada uno de ellos.**

La sanción consistirá en una multa pecuniaria proporcional del **75 %**.

3.7. Infracción por no presentar en plazo autoliquidaciones o declaraciones tributarias

Infracción del artículo 198 de la Ley General Tributaria

A tenor de lo dispuesto en el apartado 1 del artículo 198 de la LGT:

> «1. Constituye infracción tributaria no presentar en plazo autoliquidaciones o declaraciones, así como los documentos relacionados con las obligaciones aduaneras, siempre que no se haya producido o no se pueda producir perjuicio económico a la Hacienda Pública.
> La infracción prevista en este apartado será **leve**.
> (...)».

|| **Situaciones que dan lugar a la infracción tributaria de no presentar en plazo autoliquidaciones o declaraciones sin que se produzca perjuicio económico, por incumplir la obligación de comunicar el domicilio fiscal o por incumplir las condiciones de determinadas autorizaciones**

Las situaciones que determinan la comisión de una infracción tributaria por no presentar una autoliquidación o declaración tributaria son las siguientes:

1. **No presentar en plazo** autoliquidaciones o declaraciones (negativo, a devolver o a compensar), sin que se produzca ni se pueda producir perjuicio económico.

2. No presentar en plazo **declaraciones censales**, o la comunicación de la **designación de representante** de personas o entidades.

3. No presentar en plazo declaraciones exigidas con carácter general en cumplimiento de la obligación de **suministro de información**.

4. No presentar en plazo declaraciones o documentos relacionados con las **obligaciones aduaneras**, cuando no determine el nacimiento de una deuda aduanera.

5. Incumplir la obligación de comunicar el **cambio fiscal** o el cambio de éste por las personas físicas que no realicen actividades económicas.

6. Incumplimiento de las condiciones establecidas en las autorizaciones que pueda conceder una **autoridad aduanera** o de las condiciones a que quedan sujetas las mercancías por aplicación de la normativa aduanera.

|| Sanciones relacionadas con las infracciones

En orden correlativo al apartado anterior, las sanciones a imponer serán las siguientes:

1. Infracción leve: multa pecuniaria fija de **200 euros**.

2. Infracción leve: multa pecuniaria fija de **400 euros**.

3. Infracción leve: multa pecuniaria fija de **20 euros** por cada dato o conjunto de datos referidos a una misma persona o entidad que hubiera debido incluirse en la declaración con un **mínimo** de **300 euros** y un **máximo** de **20.000 euros**.

4. Infracción leve: multa pecuniaria proporcional del uno por 1.000 del valor de las mercancías a las que las declaraciones y documentos se refieran, con un **mínimo de 100 euros** y un **máximo de 6.000 euros**. El importe mínimo se elevará a **600 euros** cuando la falta de presentación en plazo se refiera a la declaración sumaria de entrada.

5. Infracción leve: multa pecuniaria fija de **100 euros**.

6. Infracción leve: multa pecuniaria fija de **200 euros**.

ARTÍCULO 198 DE LA LEY GENERAL TRIBUTARIA

SITUACIONES QUE DAN LUGAR A LA INFRACCIÓN	SANCIONES RELACIONADAS CON LAS INFRACCIONES
No presentar en plazo autoliquidaciones o declaraciones (negativo, a devolver o a compensar), sin que se produzca ni se pueda producir perjuicio económico a la Hacienda Pública.	**Infracción leve: multa** pecuniaria **fija de 200 €**
No presentar en plazo **declaraciones censales**, o la comunicación de la **designación de representante** de personas o entidades.	**Infracción leve: multa** pecuniaria **fija de 400 €**
No presentar en plazo declaraciones exigidas con carácter general en cumplimiento de la obligación de **suministro de información.**	**Infracción leve: multa** pecuniaria **fija de 20 €** por cada dato o conjunto de datos referidos a una misma persona o entidad que hubiera debido incluirse en la declaración. **Mínimo: 300 € Máximo: 20.000 €**
No presentar en plazo declaraciones o documentos relacionados con las **obligaciones aduaneras,** cuando no determine el nacimiento de una deuda aduanera.	**Infracción leve: multa** pecuniaria **proporcional del 1 por 1.000** del valor de las mercancías a las que las declaraciones o documentos se refieran. **Mínimo: 100 € Máximo: 6.000 €** El importe mínimo se eleva a **600 €** cuando la falta de presentación en plazo se refiera a la declaración sumaria de entrada **(1).**
Incumplir la obligación de comunicar el cambio fiscal o el cambio de éste por las personas físicas que no realicen actividades económicas.	**Infracción leve: multa** pecuniaria **fija de 100 €**
Incumplimiento de las condiciones establecidas en las autorizaciones que pueda conceder una **autoridad aduanera** o de las condiciones a las que quedan sujetas las mercancías por aplicación de la normativa aduanera.	**Infracción leve: multa** pecuniaria **fija de 200 €**

(1) Artículo 127 del Reglamento (UE) n.º 952/2013 del Parlamento Europeo y del Consejo, de 9 de octubre de 2013, por el que se establece el código aduanero de la Unión.

Especialidades respecto de la autoliquidaciones o declaraciones presentadas fuera del período de pago sin requerimiento previo

Si las autoliquidaciones o declaraciones se presentan fuera de plazo sin requerimiento previo de la Administración tributaria, la sanción y tanto el límite mínimo como el máximo serán la mitad de los previstos en el apartado anterior.

Si se hubieran presentado en plazo autoliquidaciones o declaraciones in-completas, inexactas o con datos falsos y posteriormente se presentara fuera de plazo sin requerimiento previo una autoliquidación o declaración comple-mentaria o sustitutiva de las anteriores, no se producirá la infracción a que se refiere el artículo 194 ó 199 de la LGT en relación con las autoliquidaciones o declaraciones presentadas en plazo y se impondrá la sanción que resulte de la aplicación de este apartado respecto de lo declarado fuera de plazo.

|| **Especialidades respecto de la autoliquidaciones o declaraciones presentadas fuera del período de pago con requerimiento previo**

Si se hubieran realizado requerimientos, la sanción será compatible con la establecida para la resistencia, obstrucción, excusa o negativa a las ac-tuaciones de la Administración tributaria en el artículo 203 de la LGT por la desatención de los requerimientos realizados.

JURISPRUDENCIA

Sentencia del Tribunal Supremo n.º 1579/2020, de 23 de noviembre, ECLI:ES:TS:2020:4438

Delimitación del concepto de «requerimiento previo» a efectos del artículo 27 de la LGT.

«"Fácilmente se observa que el apartado 1 del artículo 27 de la Ley General Tributaria de 2003, a diferencia del artículo 61.3 de la Ley homónima de 1963, aclara lo que debe entenderse, a estos efectos, por requerimiento previo y lo hace en términos amplísimos: 'cualquier actuación administrativa realizada con conocimiento formal del obligado tribu-tario conducente al reconocimiento, regularización, comprobación, inspección, asegura-miento o liquidación de la deuda tributaria'".

(...)

Pues bien, ciñéndonos al asunto debatido, debemos responder a la cuestión con inte-rés casacional manifestando que el concepto de requerimiento previo ha de entenderse en sentido amplio. Es posible excluir el recargo por presentación extemporánea previsto en el artículo 27 LGT cuando, a pesar de no mediar requerimiento previo en sentido estric-to, la presentación extemporánea de la autoliquidación puede haber sido inducida por el conocimiento de hechos relevantes reflejados en un Acta de conformidad relativa a un de-terminado ejercicio de un Impuesto, suscrita con anterioridad a la presentación de dichas autoliquidaciones correspondientes a determinados periodos de un ejercicio anterior de mismo impuesto. En esas condiciones se puede considerar que se han realizado actuacio-nes administrativas conducentes a la regularización o aseguramiento de la liquidación de la deuda tributaria En cambio, no se excluye dicho recargo cuando las autoliquidaciones extemporáneas se presentaron antes de la suscripción del Acta de conformidad en la que se documentan las actuaciones inspectoras referidas a un ejercicio anterior».

RESOLUCIÓN ADMINISTRATIVA

Resolución Vinculante del Tribunal Económico Administrativo Central n.º 22/2017, de 21 de septiembre de 2017

Asunto: Interpretación del tipo sancionador que se regula en el artículo 198 de la Ley General Tributaria.

«A pesar de las menciones que realiza el artículo 27 de la LGT, o también el artículo 2 del Real Decreto 2063/2004 por el que se aprueba el Reglamento General de Ré-

gimen Sancionador Tributario, sobre lo que se considera como requerimiento previo, no existe en nuestro ordenamiento una relación tasada de las actuaciones administrativas que tienen la consideración de requerimiento previo, sino que se describen de modo genérico en atención a su finalidad teniendo tal carácter las actuaciones administrativas dirigidas a garantizar el cumplimiento de las obligaciones tributarias o a su comprobación, si bien, el inicio de un procedimiento de comprobación se encuentra entre las actuaciones administrativas consideradas como requerimiento previo a estos efectos o que impiden que la regularización tenga carácter de voluntaria.

(...)

El TEAR considera que no existe responsabilidad por la presentación de la declaración informativa presentada fuera de plazo porque no incorporaba datos nuevos sino que corregía los anteriormente presentados. Si se pone en relación el artículo 198.2 LGT con el artículo 14 del Reglamento General de Régimen Sancionador Tributario, señala que, con el fin de aclarar que se entiende por datos nuevos, no se considerarán como tales los declarados correctamente en la declaración original, delimitación negativa que implica que constituye infracción tributaria tanto la inclusión de datos en campos vacíos de la declaración original como la corrección de los mismos, en este último caso, porque no habían sido declarados correctamente en la declaración original.

(...)

La correcta interpretación del artículo 198.2 de la LGT en relación con lo establecido en el artículo 179.3 LGT, es que cuando se ha presentado una declaración incompleta o inexacta en plazo —como en este caso con el modelo 340— y posteriormente fuera de plazo y sin requerimiento previo se presenta una declaración sustitutiva de la anterior, no se produce la infracción tipificada en el 199 LGT, en relación con la declaración que se presentó en plazo; pero sí procederá la sanción que resulte de la aplicación de este apartado 2 del artículo 198. Por lo tanto, aunque la segunda declaración presentada del 340 no contenga datos nuevos, según lo que señala el artículo 198 LGT y que completa el artículo 14 del RGST, el hecho de presentarla es indicativo de que hubo incorrecciones en la primera y ello es lo que motiva su presentación, corregir los defectos advertidos en la anterior; pues bien, el obligado tributario no incurrirá en ninguna responsabilidad por los presentados correctamente en plazo en la primera declaración y puesto que la sustitutiva ha sido presentada voluntariamente, solamente procederá la sanción por los datos corregidos, es decir, por el diferencial presentado fuera de plazo».

3.8. Infracciones tributarias que no causan perjuicio económico

¿Cuáles son las infracciones tributarias que no causan perjuicio económico a la Hacienda pública?

Las infracciones tributarias que no ocasionan un perjuicio económico a la Hacienda pública son las que siguen:

- No presentación en plazo o presentación incorrecta de declaraciones o autoliquidaciones sin perjuicio económico distintas de las informativas (arts. 198 y 199 de la LGT).

- No presentación en plazo o presentación incorrecta de declaraciones informativas (arts. 198 y 199 de la LGT).

- Falta de atención de requerimientos individualizados (arts. 199 y 203 de la LGT).

- Resistencia, obstrucción, excusa o negativa a las actuaciones de la Administración tributaria distintas de la falta de atención de requerimientos (art. 203 de la LGT).

- Incumplimiento de obligaciones contables y de registro (art. 200 de la LGT).

- Incumplimiento de obligaciones de facturación o documentación (art. 201 de la LGT).

- Incumplimiento de las obligaciones de utilización del NIF (art. 202 de la LGT).

- Incumplimiento del deber de sigilo exigido a los retenedores y a los obligados a realizar ingresos a cuenta (art. 204 de la LGT).

- Incumplimiento de la obligación de comunicar correctamente los datos al pagador de rentas sometidas a retención o ingreso a cuenta (art. 205 de la LGT).

- Incumplimiento de la obligación de entregar el certificado de retenciones o ingresos a cuenta (art. 206 de la LGT).

Si la declaración o autoliquidación no presentada o presentada de forma incorrecta conlleva un ingreso, devolución o acreditación de créditos tributarios ya se sanciona por los art. 191 de la LGT y siguientes. Por ello, **el tipo de estas infracciones solo incluye aquellas declaraciones o autoliquidaciones que no producen perjuicio económico**. En esta situación podemos distinguir dos grandes grupos:

- Declaraciones que no pueden producir perjuicio económico directo a la Hacienda pública. Así, por ejemplo, las declaraciones informativas, las declaraciones censales y las declaraciones relativas a la comunicación de la designación de representante cuando así lo establezca la normativa.

- Declaraciones y autoliquidaciones que no han producido perjuicio económico directo en el caso concreto, aunque fuera susceptible de producirlo en otros casos.

Los arts. 198 y 199 de la LGT se refieren, entre otras, específicamente a las declaraciones exigidas con carácter general en cumplimiento de las obligaciones de suministro de información recogidos en los artículos 93 y 94 de la LGT, que son las llamadas declaraciones informativas.

RESOLUCIÓN RELEVANTE

Sentencia del Tribunal Superior de Justicia de Andalucía n.º 1229/2009, de 13 de octubre, ECLI:ES:TSJAND:2009:12824

«Se recurre la resolución del TEARA recaída en la reclamación 41/1353/2005 interpuesta contra la sanción impuesta por la Agencia Estatal de la Administración Tributaria por la comisión de una infracción tributaria leve tipificad en el art. 198 1º

pfo. Último de la L.G.T. 58/2003, consistente en no presentar en plazo las declaracio-
nes exigidas con carácter general en cumplimiento de la obligación de suministro de
información recogida en los arts. 93 y 94 de dicha Ley, al presentar fuera de plazo,
previo requerimiento de la administración, la declaración resumen anual de operacio-
nes con terceros.

La actora alega en primer lugar que la no presentación de la declaración se debió
a un fallo de carácter informático. Pero sin perjuicio de la ausencia de pruebas al res-
pecto lo cierto es que un mínimo cuidado hubiese evitado lo sucedido, de ser cierto
que efectivamente ocurrió como se dice en la demanda.

Por lo tanto y aunque sea a título de mera imprudencia, el elemento de la culpabi-
lidad asiste en el caso objeto de estudio».

Entre las declaraciones informativas más destacadas se encuentran las declaraciones anuales de operaciones con terceras personas (modelo 347) y las declaraciones anuales de retenciones del trabajo (modelo 190). Las declaraciones informativas se distinguen de las demás declaraciones sin perjuicio económico en que se sancionan en función de los datos incorrectos de la declaración, y no por la declaración en sí.

Las situaciones que se pueden plantear en relación con la presentación de declaraciones o autoliquidaciones que no causan perjuicio económico a la Hacienda Pública son las siguientes:

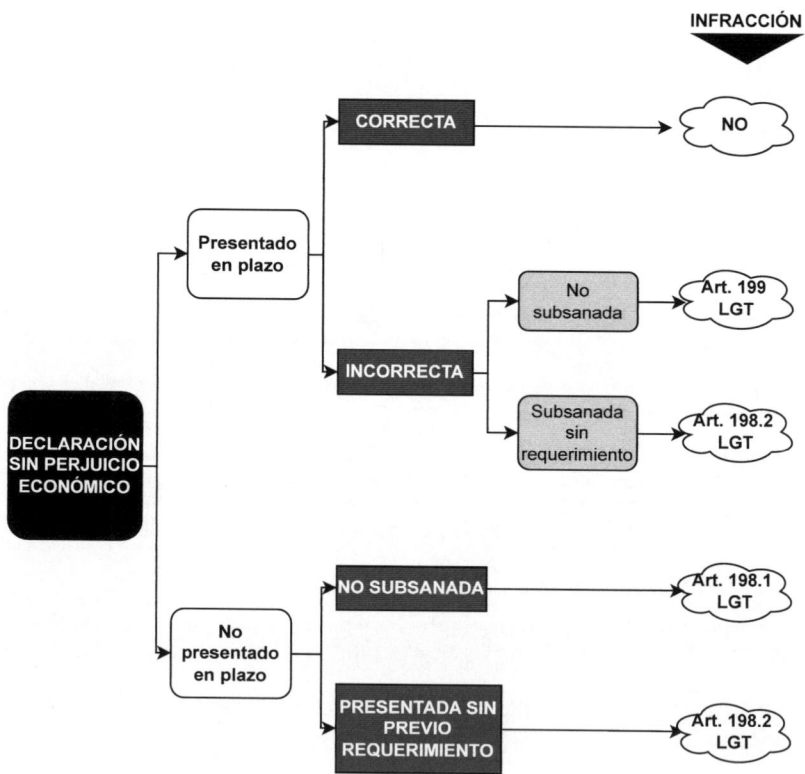

Infracción tributaria del artículo 199 de la Ley General Tributaria

El mencionado precepto establece que «constituye infracción tributaria presentar de forma incompleta, inexacta o con datos falsos autoliquidaciones o declaraciones, así como los documentos relacionados con las obligaciones aduaneras, siempre que no se haya producido o no se pueda producir perjuicio económico a la Hacienda Pública, o contestaciones a requerimientos individualizados de información».

Asimismo señala que también será constituyente de infracción tributaria la presentación de las autoliquidaciones, declaraciones, documentos relacionados con las obligaciones aduaneras u otros documentos con trascendencia tributaria mediante medios que no sean los electrónicos, informáticos y telemáticos en aquellos casos en los que fuese obligatorio realizarlo a través de los mismos.

Las infracciones que prevé este artículo 199 de la LGT serán **graves** y se sancionarán según lo expuesto a continuación:

- En el supuesto de que se presenten autoliquidaciones o declaraciones de forma incompleta, inexacta o con datos falsos, la sanción consistirá en una **multa pecuniaria fija de 150 euros**.

  - Si son presentadas autoliquidaciones, declaraciones u otros documentos con trascendencia tributaria por medios distintos a los electrónicos, informáticos y telemáticos cuando exista obligación de hacerlo por esos medios, la sanción consistirá en una **multa pecuniaria fija de 250 euros**.

- En caso de que se presenten declaraciones censales incompletas, inexactas o con datos falsos, la sanción consistirá en una **multa pecuniaria fija de 250 euros**.

- Si se trata de requerimientos individualizados o de declaraciones exigidas con carácter general en cumplimiento de la obligación de suministro de información que se recoge en los arts. 93 y 94 de la LGT, que **no tengan por objeto** datos expresados en magnitudes monetarias y que hayan sido contestados o presentadas de forma incompleta, inexacta o con datos falsos, la sanción será una **multa pecuniaria fija de 200 euros por cada dato o conjunto de datos referidos a una misma persona o entidad omitido, inexacto o falso**.

  - La sanción será de **100 euros** por cada dato o conjunto de datos referidos a una misma persona o entidad **cuando la declaración haya sido presentada por medios distintos a los electrónicos, informáticos y telemáticos y exista obligación de hacerlo a través de los citados medios**. El mínimo será de **250 euros**. Esta sanción se graduará **incrementando** la cuantía resultante **en un 100 %** en el caso de comisión repetida de infracciones tributarias.

- Si se trata de requerimientos individualizados o de declaraciones exigidas con carácter general en cumplimiento de la obligación de suministro de información recogida en los arts. 93 y 94 de la LGT, que tengan por objeto datos expresados en magnitudes monetarias y hayan sido contestados o presentadas de forma incompleta, inexacta o con datos falsos, la sanción consistirá en una **multa pecuniaria proporcional de hasta el 2 % del importe de las operaciones no declaradas o declaradas incorrectamente**. El mínimo será de 500 euros. Esta sanción, al igual que en el punto anterior, también será graduada **incrementando** la cuantía resultante **en un 100 % en el caso de comisión repetida de infracciones tributarias**.

- Si el importe de las operaciones no declaradas o declaradas incorrectamente representa un porcentaje **superior** a:

  » **10 %** del importe de las operaciones que debieron declararse: sanción de **multa pecuniaria proporcional del 0,5 %** del importe de las operaciones no declaradas o declaradas incorrectamente.

  » **25 %** del importe de las operaciones que debieron declararse: sanción de **multa pecuniaria proporcional del 1 %** del importe de las operaciones no declaradas o declaradas incorrectamente.

  » **50 %** del importe de las operaciones que debieron declararse: sanción de **multa pecuniaria proporcional del 1,5 %** del importe de las operaciones no declaradas o declaradas incorrectamente.

  » **75 %** del importe de las operaciones que debieron declararse: sanción de **multa pecuniaria proporcional del 2 %** del importe de las operaciones no declaradas o declaradas incorrectamente.

> **A TENER EN CUENTA.** Si el porcentaje es **inferior al 10 %**, se impondrá una **multa pecuniaria fija de 500 euros**.

- Si las operaciones fueron declaradas por medios distintos a los electrónicos, informáticos y telemáticos existiendo una obligación de presentarlas mediante esos medios, la sanción será del **1%** del importe de dichas operaciones, con un mínimo de **250 euros**.

- En caso de tratarse de declaraciones y documentos que estén relacionados con las formalidades aduaneras presentados de forma incompleta, inexacta o con datos falsos, cuando no determinen el nacimiento de una deuda aduanera, la sanción va a consistir en una **multa pecuniaria proporcional del 1 por 1.000** del valor de las mercancías a las que las declaraciones y documentos se refieran, con un **mínimo de 100 euros** y un **máximo de 6.000 euros**.

Si las declaraciones y documentos relacionados con las formalidades aduaneras se presentan por medios distintos a los electrónicos, informáticos y telemáticos cuando exista obligación de hacerlo por dichos medios, la sanción consistirá en **multa pecuniaria fija** de **250 euros**.

Con todo, el **importe mínimo de 100 euros** citado anteriormente se verá incrementado a **600 euros** cuando la presentación incompleta, inexacta o con datos falsos se refiera a la declaración sumaria a la que hace alusión el artículo 127 del Reglamento (UE) n.º 952/2013, del Parlamento Europeo y del

Consejo, de 9 de octubre de 2013, por el que se establece el código aduanero de la Unión.

«1. Las mercancías introducidas en el territorio aduanero de la Unión deberán ser objeto de una declaración sumaria de entrada.

2. Se dispensará de la obligación mencionada en el párrafo primero a) a los medios de transporte y las mercancías que se hallen en ellos que se limiten a atravesar las aguas territoriales o el espacio aéreo del territorio aduanero de la Unión sin efectuar ninguna parada en el mismo, y b) en otros casos en los que resulte debidamente justificado por el tipo de mercancías o de tráfico o así lo exijan los acuerdos internacionales existentes.

3. La declaración sumaria de entrada será presentada a la aduana de primera entrada, dentro de un plazo determinado, antes de que las mercancías sean introducidas en el territorio aduanero de la Unión Las autoridades aduaneras podrán autorizar que la declaración sumaria de entrada se presente en otra aduana, siempre que esta comunique inmediatamente a la aduana de primera entrada o ponga a su disposición por vía electrónica los datos necesarios.

4. El transportista presentará la declaración sumaria de entrada. Sin perjuicio de las obligaciones del transportista, la declaración sumaria de entrada podrá ser presentada por una de las siguientes personas;

a) el importador o consignatario, o cualquier otra persona en cuyo nombre o por cuya cuenta actúe el transportista;

b) cualquier persona que esté en condiciones de presentar o de disponer que se presenten las mercancías de que se trate ante la aduana de entrada.

5. La declaración sumaria de entrada contendrá los datos necesarios para el análisis de riesgos a efectos de seguridad y protección.

6. En casos específicos, cuando no puedan obtenerse todos los datos a que se refiere el apartado 5 de las personas contempladas en el apartado 4, podrá requerirse a otras personas que dispongan de esos datos, y de los derechos correspondientes para facilitarlos, que los proporcionen.

7. Las autoridades aduaneras podrán aceptar que se utilicen, para presentar una declaración sumaria de entrada, sistemas de información comercial, portuaria o relativa al transporte, siempre que dichos sistemas contengan los datos necesarios a efectos de esa declaración y que dichos datos estén disponibles dentro de un plazo determinado antes de que las mercancías sean introducidas en el territorio aduanero de la Unión.

8. Las autoridades aduaneras podrán aceptar, en vez de la presentación de una declaración sumaria de entrada, la presentación de una notificación y el acceso a los datos de la declaración sumaria de entrada en el sistema informático del operador económico».

CUESTIÓN

¿Constituye infracción del artículo 199 de la LGT no identificar a los clientes?

El incumplimiento de identificar a los clientes en las facturas, poniendo expresiones como clientes varios, o clientes caja, constituye infracción tributaria tipificada en el artículo 199 de la LGT, sin que quepa entender que existen datos falsos o falseados en dichas facturas. Esta conducta infractora resulta compatible con las siguientes infracciones:

- Incumplimiento de las obligaciones de información del modelo 347 (artículo 199 de la LGT).

- Incumplimiento de las obligaciones registrales (artículo 200 de la LGT).

RESOLUCIÓN RELEVANTE

Auto del Tribunal Supremo, rec. 1481/2019, de 25 de febrero de 2021, ECLI:ES:TS:2021:2129A

«Artículo 199 LGT: "Infracción tributaria por presentar incorrectamente autoliquidaciones o declaraciones sin que se produzca perjuicio económico o contestaciones a requerimientos individualizados de información".

Esta infracción se antoja similar a la que es objeto de controversia y a continuación veremos cómo la sanción resulta, en cambio, totalmente desproporcionada con aquélla.

En su apartado 1 se establece que las infracciones en él reguladas serán "graves". La misma apreciación se establece en el artículo 203.2 LGT en cuanto a la infracción por obstrucción, negativa, etc. Acto seguido se establecen en los siguientes apartados (2 al 4) los importes de las sanciones, que oscilan entre 150 y 250 euros, o en algún caso 200 euros por cada dato o conjunto de datos omitido, inexacto o falso.

El apartado 5 se refiere a los requerimientos individualizados o de declaraciones exigidas con carácter general en cumplimiento de la obligación de suministro de información recogida en los artículos 93 y 94 LGT, que tengan por objeto datos expresados en magnitudes monetarias y hayan sido contestados o presentadas de forma incompleta, inexacta, o con datos falsos, en cuyo caso la sanción consistirá en multa pecuniaria proporcional de hasta el 2 por ciento del importe de las operaciones no declaradas o declaradas incorrectamente, con un mínimo de 500 euros.

En el caso concreto, aparte de introducir el término "hasta", preposición que esta parte considera relevante pues el legislador parece contemplar la posibilidad, con esa referencia, de que es necesario motivar el importe a sancionar entre el mínimo y el máximo establecido en la norma, establece unos criterios de graduación. Así, señala que "Si el importe de las operaciones no declaradas o declaradas incorrectamente representa un porcentaje superior al 10, 25, 50 o 75 por ciento del importe de las operaciones que debieron declararse, la sanción consistirá en multa pecuniaria proporcional del 0,5, 1, 1,5 o 2 por ciento del importe de las operaciones no declaradas o declaradas incorrectamente, respectivamente. En caso de que el porcentaje sea inferior al 10 por ciento, se impondrá multa pecuniaria fija de 500 euros".

Es decir, la sanción se gradúa teniendo en cuenta la relevancia material del incumplimiento (operaciones no declaradas) y su magnitud.

Por su parte, el apartado 7, relativo a declaraciones y documentos relacionados con las formalidades aduaneras presentados de forma incompleta, inexacta o con datos falsos, cuando no determinen el nacimiento de una deuda aduanera, establece una sanción consistente en multa pecuniaria proporcional del uno por 1.000 del valor de las mercancías a las que las declaraciones y documentos se refieran, con un mínimo de 100 euros y un máximo de 6.000 euros.

Nuevamente, los importes de las sanciones son sensiblemente inferiores a las contempladas en el precepto al que el presente escrito se refiere y están vinculadas a las magnitudes económicas correspondientes».

3.9. Infracción tributaria por incumplir obligaciones contables y registrales

Infracción tributaria por incumplimiento de obligaciones contables y registrales

La infracción que prevé el artículo 200 de la Ley General Tributaria tendrá la consideración de **grave** y su sanción consistirá en una **multa pecuniaria fija de 150 €, salvo que sea de aplicación** otra en función de los distintos incumplimientos, los cuales se procederá a explicar a continuación.

Pues bien, el mencionado artículo 200 de la LGT contiene una lista no cerrada de posibles incumplimientos con sus respectivas sanciones, que son los siguientes:

– La inexactitud u omisión de operaciones en la contabilidad o en los libros y registros exigidos por las normas tributarias.

  • Se sancionará con una **multa pecuniaria proporcional** del 1 % de los cargos, abonos o anotaciones omitidos, inexactos, falseados o recogidos en cuentas con significado distinto del que les corresponda, con un **mínimo de 150 euros** y un **máximo de 6.000 euros**.

– La utilización de cuentas con significado distinto del que les corresponda, según su naturaleza, que dificulte la comprobación de la situación tributaria del obligado.

  • Será sancionado con una multa **pecuniaria proporcional** del 1 % de los cargos, abonos o anotaciones omitidos, inexactos, falseados o recogidos en cuentas con significado distinto del que les corresponda, con un **mínimo de 150 euros** y un **máximo de 6.000 euros**.

– El incumplimiento de la obligación de llevar o conservar la contabilidad, los libros y registros establecidos por las normas tributarias, los programas y archivos informáticos que les sirvan de soporte y los sistemas de codificación utilizados.

  • La sanción consistirá en una **multa pecuniaria proporcional** del 1 % de la cifra de negocios del sujeto infractor en el ejercicio al que se refiere la infracción, con un mínimo **de 600 euros**.

– La llevanza de contabilidades distintas referidas a una misma actividad y ejercicio económico que dificulten el conocimiento de la verdadera situación del obligado tributario.

  • Este incumplimiento se sancionará con una **multa pecuniaria fija de 600 euros** por cada uno de los ejercicios económicos a los que alcance dicha llevanza.

– El retraso en más de cuatro meses en la llevanza de la contabilidad o de los libros y registros establecidos por las normas tributarias.

- Se sancionará con una **multa pecuniaria fija de 300 euros.**

– La utilización de libros y registros sin haber sido diligenciados o habilitados por la Administración cuando la normativa tributaria o aduanera exija dicho requisito.

- Será sancionado con una **multa pecuniaria fija de 300 euros**.

– El retraso en la obligación de llevar los Libros Registro a través de la Sede electrónica de la Agencia Estatal de Administración Tributaria mediante el suministro de los registros de facturación en los términos establecidos reglamentariamente.

- Este incumplimiento se sancionará con una **multa pecuniaria proporcional de un 0,5 %** del importe de la factura objeto del registro, con un mínimo trimestral de 300 euros y un máximo de 6.000 euros.

INFRACCIÓN TRIBUTARIA DEL ART. 200 DE LA LGT

Inexactitud u omisión de operaciones en la contabilidad o en los libros y registros exigidos por las normas tributarias. / **Utilización de cuentas con significado distinto del que les corresponda,** según su naturaleza, que dificulte la comprobación de la situación tributaria del obligado.	**Multa pecuniaria proporcional del 1 %** de los cargos, abonos o anotaciones omitidos, inexactos, falseados o recogidos en cuentas con significado distinto del que les corresponda. **Mínimo: 150 €** **Máximo: 6.000 €**
Incumplimiento de la obligación de llevar o conservar la contabilidad, los libros y registros establecidos por las normas tributarias, programas y archivos informáticos que sirvan de soporte, y sistemas de codificación empleados.	**Multa pecuniaria proporcional del 1%** de la cifra de negocios del sujeto infractor en el ejercicio al que se refiere la infracción. **Mínimo: 600 €**
Llevanza de contabilidades distintas referidas a una misma actividad y ejercicio económico que dificulten el conocimiento de la verdadera situación del obligado tributario.	**Multa pecuniaria fija de 600 €** por cada uno de los ejercicios económicos a los que alcance dicha llevanza.
Retraso en más de 4 meses en la llevanza de la contabilidad o de los libros y registros establecidos por las normas tributarias.	**Multa pecuniaria fija de 300 €**
Utilización de libros y registros sin haber sido diligenciados o habilitados por la Administración cuando la normativa tributaria o aduanera lo exija.	**Multa pecuniaria fija de 300 €**
Retraso en la obligación de llevar los Libros Registro a través de la Sede electrónica de la Agencia Estatal de Administración Tributaria mediante el suministro de los registros de facturación.	**Multa pecuniaria proporcional del 0,5 %** del importe de la factura objeto del registro. **Mínimo trimestral: 300 €** **Máximo: 6.000 €**

En cuanto a la responsabilidad administrativa por dicha infracción que prevé el artículo 200 de la LGT, es interesante mencionar el artículo 16.4 del RGRST que establece que:

«4. No se incurrirá en responsabilidad administrativa por la infracción prevista en el artículo 200 de la Ley 58/2003, de 17 de diciembre, General Tributaria, relativa al incumplimiento de obligaciones contables y registrales, cuando deba imponerse al mismo sujeto infractor una sanción por alguna de las infracciones previstas en los artículos 191 a 197 como consecuencia de la incorrecta declaración o autoliquidación de las operaciones a las que se refiera el incumplimiento contable o registral».

RESOLUCIÓN RELEVANTE

Sentencia de la Audiencia Nacional, rec. 349/2017, de 4 de diciembre de 2020, ECLI:ES:AN:2020:3749

«La Sanción se impuso por el hecho tipificado en el artículo 200. 1 LGT.

1. Se sorprende la demanda (y nosotros también) que no se le sancionara por la infracción prevista en el artículo 191.1, por dejar de ingresar parte de la deuda tributaria del ejercicio 2006; pero esto no vicia de nulidad la sanción efectivamente impuesta, como tampoco que no sancionara por las mismas deficiencias o falsedades contables el ejercicio 2007, que también llama la atención a la entidad recurrente. Probablemente de esta aparente contradicción, que no se ha explicado ni por el TEAC, ni por la Abogacía del Estado, dimane la también sorprendente calificación de la resolución sancionadora como "infracción sin perjuicio económico"; pero estas circunstancias, reiteramos, no suponen que la sanción efectivamente impuesta adolezca de ser contraria a derecho.

2. El material probatorio del que resultan los elementos, objetivos y subjetivos, constitutivos de la infracción se extrajo del acuerdo de liquidación, que puso fin a las actuaciones de comprobación e investigación (artículo 210.2 LGT, 2003); en definitiva, los hechos sancionados son las anomalías contables derivadas de los hechos expuestos en el acta A02 72246414.

De ese material probatorio hablan los fundamentos anteriores y resumidamente es el siguiente: los datos declarados por el obligado por el IS de los ejercicios 2006 y 2007 son coincidentes con los que figuran en las cuentas oficiales depositadas en el Registro Mercantil; en el año 2006, esta contabilidad oficial no refleja la realidad de la actividad financiera del mismo, ya sus cuentas bancarias registran abonos y cargo millonarios, con origen y destino en otras empresas del Grupo, mientras que de sus declaraciones se desprende que no ejerce actividad, y su cifra de negocios es 0; para poder justificar los movimientos de sus cuentas bancarias producidos en 2006, aportó (el 4/10/2011) una contabilidad de estos años, en la que se incorporó un gran número de cuentas (sumadas arrojan en el debe y en el haber un total de más de 21 millones de euros) que no figuraban ni n los libros oficiales depositados, ni en sus declaraciones del IS.

En lo demás, nos remitimos a los hechos probados descritos en el antecedente de hecho tercero de la resolución sancionadora, que no han resultado desvirtuados por las alegaciones de la demanda, y que pueden resumirse diciendo que:

"...Ha incumplido su deber de llevar correctamente su contabilidad, no registrando los movimientos de sus cuentas bancarias, omisión que ha intentado ocultar ante esta Inspección mediante la aportación de una contabilidad distinta a la depositada en el Registro Mercantil", calificando la resolución la conducta, como reveladora de

un cierto menosprecio hacia la Hacienda Pública, omitiendo de forma voluntaria y consciente el registro de las operaciones que motivan los ingresos y cargos en sus cuentas bancarias.

3. En el análisis de los elementos objetivos de la infracción, la antijuricidad y la tipicidad, la resolución sancionadora concluye que de tal material probatorio se pone de manifiesto (hecho probado) 'que la contabilidad del 2006 presenta anomalías sustanciales que resultan de la llevanza incorrecta de la misma, por omisión de asientos con origen en la contabilización de los movimientos en sus cuentas bancarias', lo que constituye la infracción tributaria por el incumplimiento de las obligaciones contables, al haber omitido la contabilización de las operaciones.

4. Nuevamente la demanda tacha de incoherente esta tipificación, por el hecho de no haber sancionado el perjuicio económico derivado de la liquidación, por dejar de ingresar, —en esto consideramos que tiene razón la demanda, aunque vaya en perjuicio propio—, pero el perjuicio económico es irrelevante para la definición del tipo; y no haber sancionado la infracción prevista en el artículo 203 LGT, por resistencia, obstrucción, excusa o negativa a las actuaciones de la Administración tributaria, —que también le sorprende a la demanda—, cuando la resolución se refiere a estos medios obstaculizadores, lo que, aunque resulte incomprensible, no por ello vicia de nulidad la sanción impuesta, que cumple todas las condiciones, objetivas y subjetivas de la infracción.

5. Y de ellos (los hechos probados) deduce los elementos objetivos de la infracción, tipificada y descrita en el artículo 200.1 LGT, no siendo necesario explicar por qué, porque se contiene explícitamente en la resolución sancionadora. Nada, por tanto que oponer a la descripción del tipo de la infracción y a la subsunción de los hechos probados en el mismo, que no ha merecido casi ningún comentario de la demanda, más allá de las constantes contradicciones e incoherencias que aprecia, alguna de las cuales compartimos, pero son irrelevantes...».

3.10. Infracción tributaria por incumplir obligaciones de facturación o documentación

Infracción tributaria por incumplir obligaciones de facturación o documentación

El artículo 201.1 de la Ley General Tributaria establece que «constituye infracción tributaria el incumplimiento de las obligaciones de facturación, entre otras, la de expedición, remisión, rectificación y conservación de facturas, justificantes o documentos sustitutivos».

Esta infracción está íntimamente vinculada con la obligación que tienen los empresarios y profesionales de expedir y entregar factura u otros justificantes por las operaciones que realicen en el desarrollo de su actividad, así como a conservar copia o matriz de aquellos, regulada en el Real Decreto 1619/2012, de 30 de noviembre, por el que se aprueba el Reglamento por el que se regulan las citadas obligaciones de facturación, estando constituido el bien jurídico protegido por la correcta información de la realidad de las transacciones económicas a través de la documentación fidedigna que se dirige a la Administración tributaria.

Esta es la única **infracción contemplada en la LGT que utiliza el criterio de graduación de incumplimiento sustancial** de la obligación de facturación o documentación.

Esta infracción podrá ser catalogada como leve, grave o muy grave:

|| Infracción leve

La infracción tributaria prevista en el art. 201.4 de la LGT tendrá la consideración de **leve** cuando exista un incumplimiento de las obligaciones relativas a la correcta expedición o utilización de los documentos exigidos por la normativa de los impuestos especiales, salvo que se constituya como una infracción que esté tipificada en la ley reguladora de dichos impuestos.

Se sancionará con una **multa pecuniaria de 150 euros** por cada documento incorrectamente expedido o utilizado.

|| Infracción grave

Esta infracción será considerada **grave** (art. 201.2 de la LGT) en las siguientes situaciones:

- Cuando se incumplan los requisitos exigidos por la normativa reguladora de la obligación de facturación relativos a la expedición, remisión, rectificación y conservación de facturas o documentos sustitutivos. La sanción será del 1 % del importe conjunto de las operaciones que hayan originado la infracción.

- Cuando el incumplimiento consista en la falta de expedición o en la falta de conservación de facturas, justificantes o documentos sustitutivos. La sanción será del 2 % del importe del conjunto de las operaciones que hayan originado la infracción. Cuando no sea posible conocer el importe de las operaciones a que se refiere la infracción, la sanción será de 300 euros por cada operación respecto de la que no se haya emitido o conservado la correspondiente factura o documento.

|| Infracción muy grave

Se considerará la infracción como **muy grave** (art. 201.3 de la LGT) cuando el incumplimiento consista en la expedición de facturas o documentos sustitutivos con datos falsos o falseados. La sanción será una multa pecuniaria proporcional del 75 % del importe del conjunto de las operaciones que hayan originado la infracción.

JURISPRUDENCIA

Sentencia del Tribunal Supremo n.º 1410/2023, de 13 de noviembre, ECLI:ES:TS:2023:4727

Fija criterio sobre el inicio del plazo de prescripción para las sanciones tributarias del artículo 201.3 de la LGT

Resuelve el recurso de casación interpuesto por la abogacía del Estado acerca de «determinar cuál el dies a quo del plazo de prescripción para imponer sanciones tributarias por la comisión de la infracción del artículo 201.3 LGT, en aquellos supuestos en los que las operaciones que originan la infracción, esto es, la expedición de facturas o documentos sustitutivos con datos falsos o falseados, tengan lugar a lo largo de diversos periodos impositivos o liquidatorios. En particular, aclarar si el término inicial del plazo se sitúa en la fecha en la que se expide la última factura o documento, si ha de determinarse en atención a los distintos periodos impositivos o liquidatorios del impuesto respecto de los que se aprecia la conducta infractora o, finalmente, si debe fijarse de otro modo».

El Alto Tribunal haciendo referencia a la doctrina fijada por la *STS, rec. n.º 7905/2020, de 19 de enero de 2022, ECLI:ES:TS:2023:4727*:

> *«(...) procede fijar como doctrina legal que en los supuestos del art. 201 para determinar la cuantía de las reclamaciones económico-administrativas a los efectos de interponer el recurso de alzada ordinario, debe estarse a los distintos períodos de liquidación del impuesto, respecto de los que se aprecia la conducta sancionada», concluye señalando que «debe ser que el dies a quo del plazo de prescripción para imponer sanciones tributarias por la comisión de la infracción del artículo 201.3 LGT, en aquellos supuestos en los que las operaciones que originan la infracción, esto es, la expedición de facturas o documentos sustitutivos con datos falsos o falseados, tengan lugar a lo largo de diversos periodos impositivos o de liquidación, se sitúa de forma autónoma para cada tributo y periodo impositivo o de liquidación».*

A TENER EN CUENTA. Todas estas sanciones previstas a lo largo del artículo 201 de la LGT se graduarán incrementando la cuantía resultante en un 100 % si se produce el incumplimiento sustancial de las obligaciones anteriores. (Art. 201.5 de la LGT).

JURISPRUDENCIA

Sentencia del Tribunal Constitucional n.º 146/2015, de 25 de junio, ECLI:ES:TC:2015:146

«Pues bien, dentro de las posibles interpretaciones del precepto y desde la limitada perspectiva de nuestro control, como señalan tanto el Ministerio Fiscal como el Abogado del Estado, la subsunción de la conducta consistente en expedir facturas falsas dentro de la modalidad agravada de la infracción controvertida relativa a la expedición de facturas con datos falsos o falseados, no puede considerarse que violente los términos del precepto aplicado, ni desde la perspectiva literal, ni desde el punto metodológico, ni, en fin, desde el prisma axiológico, pues, como señalan uno y otro, una factura falsa, por no responder a realidad alguna, no es sino una factura con todos sus datos falsos.

Debe rechazarse, en consecuencia, que la subsunción en el art. 201.3 LGT de los hechos descritos haya vulnerado el derecho del recurrente a la legalidad penal y sancionadora (art. 25.1 CE), como también debe rechazarse que el art. 201.3 LGT plantee problema alguno de constitucionalidad en la medida que, como hemos visto, la inclusión dentro del tipo agravado de la conducta consistente en la emisión de facturas falsas respeta las pautas metodológicas y axiológicas de interpretación del precepto».

Sentencia del Tribunal Supremo n.º 447/2021, de 25 de marzo, ECLI:ES:TS:2021:1369

«" (...) el art. 201 LGT trata de garantizar el respeto a las obligaciones de facturación tal como se regulan en el ordenamiento tributario" (pág. 11); y (v) "[p]uede existir una relación entre ambos tipos de infracciones cuando la factura falsa se utiliza para justificar los importes consignados en la autoliquidación", circunstancia que "puede

revelar que en algunos casos la infracción del art. 201 LGT tiene carácter instrumental respecto de otras infracciones, como las de los artículos 194 y 195 LGT, pero ni siempre será así, ni ello conduce a identificar el fundamento de unas y otras" (pág. 11).

(...)

En este sentido se pronunció nuestro Tribunal Constitucional en la STC 146/2015, de 25 de junio, en la que en la resolución de un recurso de amparo interpuesto por una supuesta vulneración del derecho a la legalidad penal y sancionadora (art. 25.1 CE), el Pleno de dicho órgano aludió —y lo hizo expresamente— al bien jurídico protegido por el tipo infractor del artículo 201 LGT en los siguientes términos: "desde un punto de vista metodológico, el hecho de atribuir el incumplimiento de la obligación de facturar, a los efectos de subsumir esa conducta en el tipo infractor del art. 201 LGT, a quien se le niega con carácter previo la realidad de las operaciones facturadas, no incurre en quiebra lógica. Resulta lógico entender que el bien jurídico protegido que subyace al tipo infractor citado reside en la correcta información de la realidad de las transacciones económicas a través de la documentación fidedigna que se dirige a la administración tributaria. Información necesaria para que la administración referida pueda cumplir adecuadamente su función de gestión de los diferentes tributos. Por ello, si las obligaciones de veracidad en la emisión de las facturas, en cuanto a los datos económicos relevantes, requieren que la información refleje fielmente la realidad de lo que se documenta, no puede considerarse incoherente concluir que quien emite una factura falsa por falta de correspondencia total con la realidad, incumple asimismo aquella obligación de fidelidad a la verdad de los datos contenidos en aquella factura. La subsunción en el tipo infractor del art. 201.1 de la conducta consistente en simular haber llevado a cabo concretas operaciones económicas, totalmente ficticias, afecta de lleno a ese legítimo interés de la Administración pública que tutela el citado precepto, cifrado en el deber de los obligados tributarios de suministrarle información veraz a efectos de la correcta gestión de los tributos correspondientes" (FJ 3). Y, en idénticos términos, volvió a pronunciarse la Sala Primera del Tribunal Constitucional en la posterior STC 150/2015, de 6 de julio, FJ 3».

3.11. Infracción tributaria por sistemas informáticos de doble contabilidad o registro

Infracción tributaria por fabricación, producción, comercialización y tenencia de sistemas informáticos que no cumplan las especificaciones exigidas por la normativa aplicable

Una de las modificaciones introducida por la Ley 11/2021, de 9 de julio, de medidas de prevención y lucha contra el fraude fiscal ha sido la inclusión de un nuevo artículo 201 bis en la LGT. Este artículo se encuadra dentro del capítulo III del título IV de la LGT que desarrolla la clasificación de las infracciones y sanciones en el ámbito tributario. Veamos en qué consiste esta nueva infracción tributaria que contempla este nuevo artículo vigente desde el 11/10/2021.

|| Clasificación de la infracción

Dispone el nuevo artículo 201 bis de la LGT que constituye infracción tributaria:

> «La **fabricación, producción y comercialización** de sistemas y programas informáticos o electrónicos que soporten los procesos contables, de facturación o de gestión por parte de las personas o entidades que desarrollen actividades económicas, cuando concurra cualquiera de las siguientes circunstancias:
>
> a) permitan llevar contabilidades distintas en los términos del artículo 200.1.d) de esta Ley;
>
> b) permitan no reflejar, total o parcialmente, la anotación de transacciones realizadas;
>
> c) permitan registrar transacciones distintas a las anotaciones realizadas;
>
> d) permitan alterar transacciones ya registradas incumpliendo la normativa aplicable;
>
> e) no cumplan con las especificaciones técnicas que garanticen la integridad, conservación, accesibilidad, legibilidad, trazabilidad e inalterabilidad de los registros, así como su legibilidad por parte de los órganos competentes de la Administración Tributaria, en los términos del artículo 29.2.j) de esta Ley;
>
> f) no se certifiquen, estando obligado a ello por disposición reglamentaria, los sistemas fabricados, producidos o comercializados».

Los programas a los que hace referencia son aquellos que, empleados habitualmente en cajas registradoras y TPVs, emiten un *ticket* al usuario o cliente del servicio pero el ingreso no queda registrado. Es decir, estamos aquí antes una verdadera «caja **B**» que puede ser fácilmente manipulable a gusto del empresario ya que este tipo de programas permiten determinar un umbral de facturación a partir del cual dejan de registrar los ingresos o activarse o desactivarse en segundos.

Asimismo, también dispone el apartado segundo del citado precepto, lo siguiente:

> «2. Constituye infracción tributaria la **tenencia** de los sistemas o programas informáticos o electrónicos que no se ajusten a lo establecido en el artículo 29.2.j) de esta Ley, cuando los mismos no estén debidamente certificados teniendo que estarlo por disposición reglamentaria o cuando se hayan alterado o modificado los dispositivos certificados.
>
> La misma persona o entidad que haya sido sancionada conforme al apartado anterior no podrá ser sancionada por lo dispuesto en este apartado».

Por tanto, se muestra **incompatible** la imposición de la doble sanción recogida en este artículo.

|| Calificación de la sanción

Las infracciones ahora mencionadas tendrán siempre la calificación de **graves** y se castigarán con los siguientes importes:

- En la **fabricación, producción y comercialización** de sistemas y programas informáticos o electrónicos: multa pecuniaria fija de 150.000

euros, por cada ejercicio económico en el que se hayan producido ventas y por cada tipo distinto de sistema o programa informático o electrónico que sea objeto de la infracción.

No obstante, las infracciones de la letra f) se sancionarán con multa pecuniaria fija de 1.000 euros por cada sistema o programa comercializado en el que se produzca la falta del certificado.

— En la **tenencia** de los sistemas o programas informáticos o electrónicos: multa pecuniaria fija de 50.000 euros por cada ejercicio, cuando se trate de la infracción por la tenencia de sistemas o programas informáticos o electrónicos que no estén debidamente certificados, teniendo que estarlo por disposición reglamentaria, o se hayan alterado o modificado los dispositivos certificados.

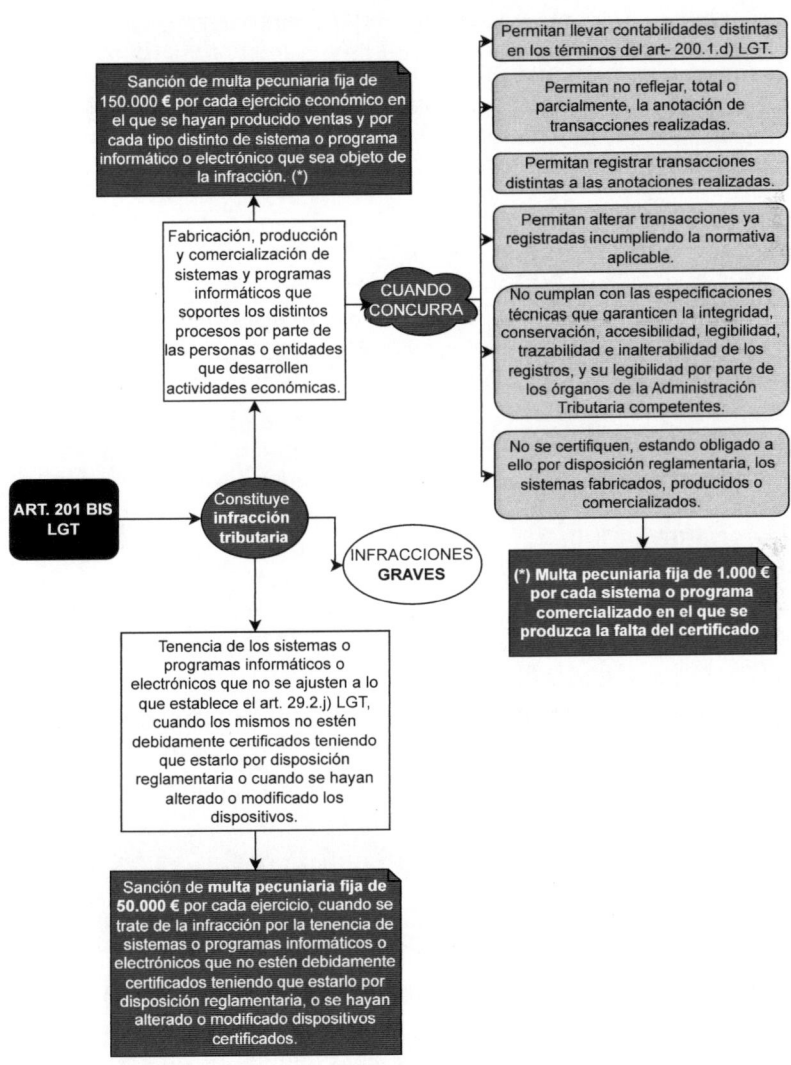

3.12. Infracción tributaria por incumplir las obligaciones relativas a la utilización y a la solicitud del número de identificación fiscal o de otros números o códigos

Infracción tributaria por incumplir las obligaciones relativas a la utilización y a la solicitud del número de identificación fiscal o de otros números o códigos

El tipo infractor del artículo 202 de la LGT incluye supuestos ya sancionados en la normativa anterior, relacionados con el número de identificación fiscal, y otros supuestos como incumplimientos relacionados con otros números o códigos establecidos por la normativa tributaria o aduanera. Además de una referencia expresa al incumplimiento de los deberes que específicamente incumben a las entidades de crédito en relación con la utilización del número de identificación fiscal en las cuentas u operaciones o en el libramiento o abono de los cheques al portador.

Este tipo infractor contiene dos infracciones, pues sanciona tanto el incumplimiento de las obligaciones relativas a la utilización del número de identificación fiscal, como la comunicación de datos falsos o falseados en relación al mismo.

Así pues, el mencionado precepto estipula que constituirá infracción tributaria el incumplimiento de las obligaciones que son relativas a la utilización del número de identificación fiscal y de otros números o códigos que establezca la normativa tributaria o aduanera.

Por otra parte, también señala que constituye infracción tributaria el comunicar datos falsos o falseados en las solicitudes de número de identificación fiscal provisional o definitivo.

Incumplimiento del deber de utilización del número de identificación fiscal

Como hemos señalado, este incumplimiento constituye una **infracción leve**, la cual será sancionada con una **multa pecuniaria fija de 150 euros**.

Sin embargo, esta infracción pasará a tener consideración de **grave** cuando se trate de un incumplimiento de los deberes que específicamente atañen a las entidades de crédito en relación con el empleo del número de identificación fiscal en las cuentas u operaciones o en el libramiento o abono de los cheques al portador. Esta infracción considerada como grave se sancionará con una **multa pecuniaria proporcional del 5 %** de las cantidades indebidamente abonadas o cargadas, o del importe de la operación o depósito que debería haberse cancelado, con un **mínimo de 1.000 euros**.

Asimismo, el incumplimiento de los deberes que atañen a la utilización del número de identificación fiscal en el libramiento o abono de los cheques al portador se sancionará con una **multa pecuniaria proporcional del 5 %** del valor facial de efecto, con un **mínimo de 1.000 euros.**

RESOLUCIÓN RELEVANTE

Sentencia del Tribunal Superior de Justicia de Castilla La-Mancha n.º 56/2021, de 8 de marzo, ECLI:ES:TSJCLM

«De la letra del artículo 202.2 LGT únicamente pude inferirse cabalmente que establece "respecto de la persona o entidad que hubiera sido objeto del procedimiento" iniciado mediante declaración o de un procedimiento de verificación de datos, comprobación limitada o inspección, un plazo máximo para iniciar el procedimiento sancionador el de "tres meses desde que se hubiese notificado o se entendiese notificada la correspondiente liquidación o resolución", que esta Sala y Sección ya ha dicho que es de caducidad [por ejemplo, sentencia núm. 1049/2016, de 9 de marzo (RCA núm. 2307/2014), FJ 1º; y sentencia núm. 2378/2015, de 25 de mayo (RCA núm. 3149/2013), FJ 3º]. Nada más ni nada menos.

Pero extraer de ahí la conclusión de que es la notificación de la liquidación o resolución el límite mínimo para iniciar el procedimiento sancionador es, sin lugar a dudas, forzar —incluso "retorcer", innovar, inventar— el texto de la norma, haciéndole decir lo que clarísimamente no dice. Ni la interpretación gramatical, ni ninguno de los otros criterios hermenéuticos permiten alcanzar esa convicción».

|| Comunicación de datos falsos o falseados

Como se expuso con anterioridad, también constituye infracción tributaria comunicar datos falsos o falseados en las solicitudes de número de identificación fiscal provisional o definitivo. Esta es una infracción que tiene la consideración de **muy grave** y conlleva una sanción consistente en una **multa pecuniaria fija de 30.000 euros.**

3.13. Infracción tributaria por resistencia, obstrucción, excusa o negativa a las actuaciones de la Administración tributaria

Infracción tributaria del artículo 203 de la Ley General Tributaria

El artículo 203 de la LGT establece que «constituye infracción tributaria la resistencia, obstrucción, excusa o negativa a las actuaciones de la Administración tributaria», entendiéndose que esta circunstancia se produce cuando el sujeto infractor, debidamente notificado al efecto, ha realizado actuaciones que son tendentes a dilatar, entorpecer o impedir las actuaciones de la Administración tributaria en lo relativo al cumplimiento de sus obligaciones.

El mencionado precepto considera que son constituyentes de resistencia, obstrucción, excusa o negativa a las actuaciones de la Administración tributaria las conductas que siguen:

- No facilitar el examen de documentos, informes, antecedentes, libros, registros, ficheros, facturas, justificantes y asientos de contabilidad principal o auxiliar, programas y archivos informáticos, sistemas operativos y de control y cualquier otro dato que tenga trascendencia tributaria.

- No atender algún requerimiento debidamente notificado.

- La incomparecencia, salvo causa justificada, en el lugar y tiempo que se hubiera señalado.

- Negar o impedir indebidamente la entrada o permanencia en fincas o locales a los funcionarios de la Administración tributaria o el reconocimiento de locales, máquinas, instalaciones y explotaciones relacionados con las obligaciones tributarias.

- Las coacciones a los funcionarios de la Administración tributaria.

Esta infracción que se explica tiene la consideración de **grave**, y la sanción correspondiente a la misma es una **multa pecuniaria fija de 150 euros, salvo** que sea aplicable lo dispuesto en los próximos puntos.

En el supuesto en el que la resistencia, obstrucción, excusa o negativa a la actuación de la Administración tributaria consista en, en el plazo concedido, desatender requerimientos diferentes a los que se procederá a exponer con posterioridad, la sanción consistirá en una multa pecuniaria fija de:

- 150 euros si se ha incumplido **por primera vez** un requerimiento.

- 300 euros si se ha incumplido **por segunda vez** el requerimiento.

- 600 euros si se ha incumplido **por tercera vez** el requerimiento.

Para el caso en que la resistencia, obstrucción, excusa o negativa a la actuación de la Administración tributaria se refiera a:

- Aportación o examen de documentos, libros, ficheros, facturas, justificantes y asientos de contabilidad principal o auxiliar, programas, sistemas operativos y de control.

- Incumplimiento por personas o entidades que realicen actividades económicas del deber de comparecer, de facilitar la entrada o permanencia en fincas y locales, o el reconocimiento de elementos o instalaciones, o del deber de aportar datos, informes o antecedentes con trascendencia tributaria, según lo establecido en los arts. 93 y 94 de la LGT.

La sanción tributaria consistirá en:

- **Multa pecuniaria fija de 300 euros** si no se comparece o no se facilita la actuación administrativa o la información exigida en el plazo concedido en el **primer requerimiento** notificado al efecto.

- **Multa pecuniaria fija de 1.500 euros** si no se comparece o no se facilita la actuación administrativa o la información exigida en el plazo concedido en el **segundo requerimiento** notificado al efecto.

- **Multa pecuniaria proporcional de hasta el 2 %** de la cifra de negocios del sujeto infractor en el año natural anterior a aquél en que se produjo la infracción, con un **mínimo de 10.000 euros** y un **máximo de 400.000 euros,** cuando no se haya comparecido o no se haya facilitado la actuación administrativa o la información exigida en el plazo concedido en el **tercer requerimiento** notificado al efecto.

Si el importe de las operaciones a las que se refiere el requerimiento no atendido representa un porcentaje superior a:

- El **10 %** del importe de las operaciones que debieron declararse: sanción consistente en **multa pecuniaria proporcional del 0,5 %** del importe de la cifra de negocios.

- El **25 %** del importe de las operaciones que debieron declararse: sanción consistente en **multa pecuniaria proporcional del 1 %** del importe de la cifra de negocios.

- El **50 %** del importe de las operaciones que debieron declararse: sanción consistente en **multa pecuniaria proporcional del 1,5 %** del importe de la cifra de negocios.

- El **75 %** del importe de las operaciones que debieron declararse: sanción consistente en **multa pecuniaria proporcional del 2 %** del importe de la cifra de negocios.

En caso de los requerimientos que se refieran a la información que deben contener las declaraciones exigidas con carácter general en cumplimiento de la obligación de suministro de información que recogen los arts. 93 y 94 de la LGT, la sanción consistirá en una **multa pecuniaria proporcional de hasta el 3 %** de la cifra de negocios del sujeto infractor en el año natural a aquél en que se produjo la infracción, con un **mínimo de 15.000 euros** y un **máximo de 600.000 euros.**

Si el importe de las operaciones a que se refiere el requerimiento no atendido representa un porcentaje superior a:

- El **10 %** del importe de las operaciones que debieron declararse: sanción consistente en **multa pecuniaria proporcional del 1 %** del importe de la cifra de negocios.

- El **25 %** del importe de las operaciones que debieron declararse: sanción consistente en **multa pecuniaria proporcional del 1,5 %** del importe de la cifra de negocios.

- El **50 %** del importe de las operaciones que debieron declararse: sanción consistente en **multa pecuniaria proporcional del 2 %** del importe de la cifra de negocios.

- El **75 %** del importe de las operaciones que debieron declararse: sanción consistente en **multa pecuniaria proporcional del 3 %** del importe de la cifra de negocios.

CUESTIONES

1. ¿Qué ocurre en el supuesto en el que se desconozca el importe de las operaciones o el requerimiento no se refiera a magnitudes monetarias?

En este supuesto, y a tenor de lo establecido en el artículo 203.5 de la LGT, se impondría el mínimo establecido en tal precepto.

2. Si se produce un total cumplimiento del requerimiento administrativo antes de que termine el procedimiento sancionador, ¿a cuánto asciende la sanción?

Según el artículo 203.5 de la Ley General Tributaria, la sanción ascendería en ese caso a 6.000 euros

JURISPRUDENCIA

Sentencia del Tribunal Supremo n.º 332/2022, de 16 de marzo, ECLI:ES:TS:2022:1041

«Concluye que, procede interpretar el art. 203.5.c) en el sentido de que los datos cuya falta de ratificación o aportación que en su caso pueden dar lugar a la comisión de la infracción tipificada en dicho artículo deben tener una determinada trascendencia tributaria en el sentido de que su falta de aportación o ratificación dificulte, impida o entorpezca gravemente la actuación de la Administración Tributaria. Como consecuencia de ello, entiende que la conducta de Confirel, (ratificación tardía de un dato que la Administración Tributaria ya tiene) no encaja en el supuesto recogido en el art. 203.5 de la LGT y, por lo tanto, no es constitutiva de ninguna infracción tributaria, por la que la sanción impuesta por la Administración Tributaria es totalmente contraria a Derecho.

Tras las anteriores alegaciones, terminó suplicando a la Sala que "dicte sentencia por la que casando y anulando la sentencia recurrida, se estime plenamente el recurso interpuesto en los términos interesados y resolviendo en los términos previstos en el Artículo 93 de la Ley 29/1998, de 13 de julio, reguladora de la Jurisdicción Contencioso-Administrativa".

Por su parte, el Sr. Abogado del Estado, en nombre y representación de la Administración General del Estado, por medio de escrito presentado con fecha 18 de mayo de 2021, formuló oposición al recurso de casación, manifestando que, la fijación de una sanción tributaria del art. 203.5, letra c), que la LGT establece en un porcentaje de hasta el 2% de la cifra de negocios del sujeto infractor, sin que pueda ser inferior a una cantidad mínima ni superar un importe máximo delimitado en la propia Ley, no permite al aplicador de la norma establecer una sanción pecuniaria dentro de estos límites máximo y mínimo, atendiendo al examen de la conducta y de la culpabilidad del expedientado, esto es, graduando proporcionalmente la sanción, ya que la cifra de negocios es el único elemento que ha de tomarse en consideración para cuantificar la sanción, aplicando sobre el mismo el porcentaje fijado en el precepto, sin perjuicio de aplicar los límites mínimo y máximo. Dicha infracción, tipificada en el art. 203.5.c) de la Ley 58/2003, de 17 de diciembre, General Tributaria, no exige que los datos o antecedentes requeridos por la Administración tributaria sean de tal trascendencia que su no aportación por el obligado tributario dilate, entorpezca o impida la actuación administrativa y es suficiente que puedan considerarse de trascendencia tributaria conforme a los criterios generales que resultan del art. 93 de la Ley General Tributaria.

(...)

En respuesta a los interrogantes que plantea el auto de admisión, consideramos procedente la siguiente jurisprudencia:

1) El artículo 203.5.c) de la LGT no nos suscita dudas sobre su inconstitucionalidad, interpretado en el sentido de que habilita a la Administración sancionadora y a los Tribunales de Justicia a utilizar un margen de apreciación entre 10.000 y 400.000 euros, en que no solo se tome en consideración la cifra de negocios del sujeto incumplidor —ajeno, aquí, al titular de la información con relevancia fiscal—, sino también la gravedad intrínseca de la conducta y la individualización del elemento subjetivo y su intensidad, sea por dolo o culpa.

(...)

Los términos del art. 203.5) de la LGT son claros respecto de la exigencia de trascendencia tributaria de acuerdo con lo dispuesto en los arts. 93 y 94 de la LGT. Pretende la parte recurrente una interpretación del art. 203.5 de la LGT, en el sentido de que "los datos cuya falta de ratificación o aportación que en su caso pueden dar lugar a la comisión de la infracción tipificada en dicho artículo deben tener una determinada trascendencia tributaria en el sentido de que su falta de aportación o ratificación dificulte, impida o entorpezca gravemente la actuación de la Administración Tributaria". Sobre el concepto jurídico indeterminado de trascendencia tributaria en relación con los arts. 93 y 94 de la LGT, existe una abundantísima jurisprudencia que resulta suficiente para dar respuesta a la cuestión con interés casacional, sin necesidad de añadir el plus que pretende la parte recurrente de que en el ámbito sancionador se delimite dicho concepto con referencia a una concreta actuación de la Administración tributaria que se vea gravemente dificultada, impedida o entorpecida por la falta de ratificación o aportación de los datos requeridos».

A continuación, se expondrán las sanciones correspondientes para el caso en que el obligado tributario sea objeto de un **procedimiento de inspección** y haya cometido las siguientes infracciones, anteriormente mencionadas:

– No facilitar el examen de documentos, informes, antecedentes, libros, registros, ficheros, facturas, justificantes y asientos de contabilidad principal o auxiliar, programas y archivos informáticos, sistemas operativos y de control y cualquier otro dato que tenga trascendencia tributaria.

– No atender algún requerimiento debidamente notificado.

– La incomparecencia, salvo causa justificada, en el lugar y tiempo que se hubiera señalado.

– Negar o impedir indebidamente la entrada o permanencia en fincas o locales a los funcionarios de la Administración tributaria o el reconocimiento de locales, máquinas, instalaciones y explotaciones relacionados con las obligaciones tributarias.

Pues bien, será sancionado como sigue:

Cuando el incumplimiento lo realicen personas o entidades que no desarrollen actividades económicas:

– **Multa pecuniaria fija de 1.000 euros** en caso de que no comparezca o no se facilite la actuación administrativa o la información exigida en el plazo concedido en el primer requerimiento notificado al efecto.

– **Multa pecuniaria fija de 5.000 euros** en caso de que no comparezca o no se facilite la actuación administrativa o la información exigida en el plazo concedido en el **segundo requerimiento** notificado al efecto.

– En caso de que no comparezca o no se facilite la actuación administrativa o la información exigida en el plazo concedido en el **tercer requerimiento** notificado al efecto, la sanción consistirá:

• Si el incumplimiento **se refiere** a magnitudes monetarias conocidas, en una **multa pecuniaria proporcional de la mitad del importe** de las operaciones requeridas y no contestadas, con un **mínimo de 10.000 euros** y un **máximo de 100.000 euros**.

- Si el incumplimiento **no se refiere** a magnitudes monetarias o no se conoce el importe de las operaciones requeridas, en una **multa pecuniaria proporcional del 0,5 %** del importe total de la base imponible del impuesto personal que grava la renta del sujeto infractor que corresponda al último ejercicio cuyo plazo de declaración hubiese finalizado en el momento de comisión de una infracción, con un **mínimo de 10.000 euros** y un **máximo de 100.000 euros.**

Cuando el incumplimiento lo realicen personas o entidades que desarrollen actividades económicas:

- Si la infracción se refiere a la aportación o al examen de libros de contabilidad, registros fiscales, ficheros, programas, sistemas operativos y de control, o consista en el incumplimiento del deber de facilitar la entrada o permanencia en fincas y locales, o el reconocimiento de elementos o instalaciones, consistirá en una **multa pecuniaria proporcional del 2 %** de la cifra de negocios correspondiente al último ejercicio cuyo plazo de declaraciones hubiese finalizado en el momento de comisión de la infracción, con un **mínimo de 20.000 euros** y un **máximo de 600.000 euros.**

- Si la infracción se refiere a la falta de aportación de datos, informes, antecedentes, documentos, facturas u otros justificantes concretos:

  - **Multa pecuniaria fija de 3.000 euros** si no comparece o no se facilita la información exigida en el plazo concedido en el **primer requerimiento** notificado al efecto.

  - **Multa pecuniaria fija de 15.000 euros** si no comparece o no se facilita la información exigida en el plazo concedido en el **segundo requerimiento** notificado al efecto.

  - Si no comparece o no se facilita la información exigida en el plazo concedido en el **tercer requerimiento** notificado al efecto, la sanción consistirá:

    » Si el incumplimiento **se refiere** a magnitudes monetarias conocidas, en una **multa pecuniaria proporcional de la mitad** del importe de las operaciones requeridas y no contestadas, con un **mínimo de 20.000 euros** y un **máximo de 600.000 euros.**

    » Si el incumplimiento no **se refiere** a magnitudes monetarias o no se conociera el importe de las operaciones requeridas, la sanción será del **1 %** de la cifra de negocios correspondiente al último ejercicio cuyo plazo de declaración hubiese finalizado en el momento de la comisión de la infracción, con un **mínimo de 20.000 euros** y un **máximo de 600.000 euros.**

> **A TENER EN CUENTA**. En cualquiera de los supuestos contemplados en este punto, si el obligado tributario diese total cumplimiento al requerimiento administrativo antes de la finalización del procedimiento sancionador o, si es anterior, de la finalización del trámite de audiencia del procedimiento de inspección, el importe de la sanción será de la mitad de las cuantías anteriormente señaladas.

CUESTIÓN

¿La negativa a la exhibición de los libros de contabilidad en caso de inspección en el domicilio fiscal implica infracción del artículo 203 de la LGT?

De conformidad con lo dispuesto en el artículo 203.5 de la LGT, la negativa a exhibir los libros oficiales de contabilidad constituye resistencia a la Inspección, sancionada con multa de 300 euros en el primer requerimiento no atendido. Si la infracción se comete a partir del 31 de octubre de 2012 la sanción será del 2 % de la cifra de negocios, con un mínimo de 20.000 euros y un máximo de 600.000 euros.

Todo lo expuesto será de aplicación en el supuesto en que la resistencia, obstrucción, excusa o negativa se refiera a **actuaciones en España de funcionarios extranjeros** que se realicen en el marco de la **asistencia mutua**.

Asimismo, cuando la resistencia, obstrucción, excusa o negativa sea relativa al quebrantamiento de las medidas cautelares adoptadas conforme a lo establecido en los arts. 146, 162 y 210 de la LGT, la sanción consistirá en una **multa pecuniaria proporcional del 2 %** de la cifra de negocios del sujeto infractor en el año natural anterior a aquel en el que se produjo la infracción, con un **mínimo de 3.000 euros**.

RESOLUCIÓN RELEVANTE

Sentencia del Tribunal Superior de Justicia de Cataluña n.º 159/2022, de 24 de enero, ECLI:ES:TSJCAT:2022:369

«La infracción se produce o consuma desde la plena realización del tipo en todos sus elementos. Como el artículo 203.1.b) de la Ley 58/2003 considera resistencia, obstrucción, excusa o negativa a la actuación de la Administración tributaria el no atender a "algún requerimiento", el primer incumplimiento ya supone la plena realización del tipo. Por consiguiente, el incumplimiento de un único requerimiento ya constituye una infracción y puede ser objeto de sanción, sin que sea necesario realizar tres requerimientos para que se considere resistencia. Los ulteriores requerimientos son meras reiteraciones con la finalidad de apremiar su cumplimiento al suponer una mayor agravación del importe de la sanción a imponer. El número de requerimientos no influye, pues, en la producción o consumación de la infracción, sino que solamente incide en la cuantificación de la sanción a imponer. Por tanto, la infracción se entiende cometida el 22 de abril de 2015.

A mayor abundamiento, no resulta posible interpretar que la infracción se consuma en el tercer requerimiento, ya que esto supondría que no existe infracción por resistencia si no se llegan a efectuar los tres requerimientos que son desatendidos, cuando la norma tipifica como infracción y sanciona por la desatención de un requerimiento. Tampoco resulta posible interpretar que el momento de la consumación va cambiando en función del número de requerimientos, ya que supondría considerar que la consumación se produce en función de una circunstancia ajena al sujeto infractor, como que la Administración decida o no decida efectuar una reiteración del requerimiento».

3.14. Infracción tributaria por incumplir el deber de sigilo exigido a los retenedores y a los obligados a realizar ingresos a cuenta

Infracción tributaria por incumplir el deber de sigilo exigido a los retenedores y a los obligados a realizar ingresos a cuenta

El tipo infractor del artículo 204 de la LGT consiste en el incumplimiento del deber de sigilo que el artículo 95 de la LGT exige a retenedores y obligados a realizar ingresos a cuenta. Dicha sanción será considerada **grave**.

– La sanción consistirá en una **multa pecuniaria fija de 300 euros** por cada dato o conjunto de datos referidos a una misma persona o entidad que hubiera sido comunicado indebidamente.

– La sanción **se graduará incrementando** la cuantía anterior **en el 100 %** si existe comisión repetida de la infracción.

La infracción contemplada en este artículo de la LGT es consecuencia del deber de sigilo. Dicho deber establece que los retenedores y obligados a realizar ingresos a cuenta sólo podrán utilizar los datos, informes o antecedentes relativos a otros obligados tributarios para el correcto cumplimiento y efectiva aplicación de la obligación de realizar pagos a cuenta. Dichos datos deberán ser comunicados a la Administración tributaria en los casos previstos en la normativa propia de cada tributo. Los referidos datos, informes o antecedentes tienen carácter reservado y los retenedores y obligados a realizar ingresos a cuenta quedan sujetos al más estricto y completo sigilo respecto de ellos.

> **A TENER EN CUENTA.** El artículo 95 de la LGT establece en su apartado primero que «los datos, informes o antecedentes obtenidos por la Administración tributaria en el desempeño de sus funciones tienen **carácter reservado** y sólo podrán ser utilizados para la efectiva aplicación de los tributos o recursos cuya gestión tenga encomendada y para la imposición de las sanciones que procedan, sin que puedan ser cedidos o comunicados a terceros».

3.15. Infracción tributaria por incumplir la obligación de comunicar correctamente datos al pagador de rentas sometidas a retención o ingreso a cuenta

Infracción tributaria del artículo 205 de la Ley General Tributaria

El citado precepto establece que «constituye infracción tributaria no comunicar datos o comunicar datos falsos, incompletos o inexactos al pagador de rentas sometidas a retención o ingreso a cuenta, cuando se deriven de ello retenciones o ingresos a cuenta inferiores a los procedentes».

Esta infracción puede ser calificada como leve o muy grave.

|| Infracción leve

Será considerada como leve cuando el obligado tributario **tenga la obligación** de presentar la autoliquidación donde se incluyan las rentas sujetas a retención o ingreso a cuenta. La base de la sanción consistirá en la **diferencia entre la retención o ingreso a cuenta procedente** y **la efectivamente practicada** durante el período de aplicación de los datos falsos, incompletos o inexactos.

La sanción se basará en una **multa pecuniaria proporcional del 35 %**.

|| Infracción muy grave

La infracción del art. 205 de la LGT tendrá la calificación de **muy grave** en el supuesto en que el obligado tributario **no tenga la obligación** de presentar autoliquidación que incluya las rentas que están sujetas a retención o ingreso a cuenta. La base de la sanción será la **diferencia entre la retención o ingreso a cuenta procedente** y **la efectivamente practicada** durante el período de aplicación de los datos falsos, incompletos o inexactos.

La sanción consistirá en una **multa pecuniaria proporcional del 150 %**.

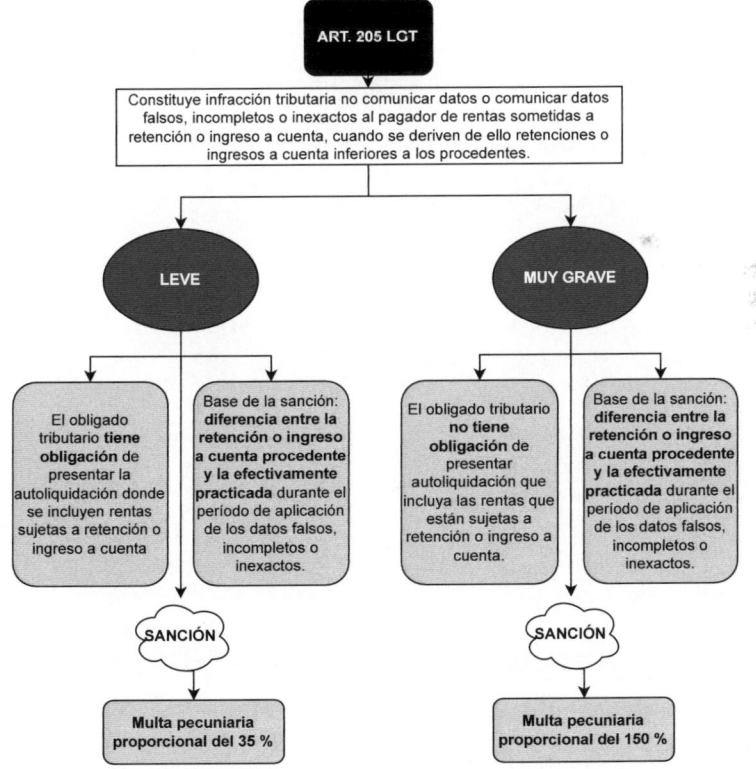

3.16. Infracción por incumplir la obligación de entregar el certificado de retenciones o ingresos a cuenta

Infracción por incumplir la obligación de entregar el certificado de retenciones o ingresos a cuenta

El artículo 206 de la Ley General Tributaria establece que «constituye infracción tributaria el incumplimiento de la obligación de entregar el certificado de retenciones o ingresos a cuenta practicados a los obligados tributarios perceptores de las rentas sujetas a retención o ingreso a cuenta».

Esta infracción es calificada como **leve** y la sanción consistirá en una **multa pecuniaria fija de 150 €**.

Es interesante traer a colación el artículo 19 del Reglamento general del régimen sancionador tributario. En base a este precepto, se entiende cometida la infracción «cuando los obligados tributarios que deban retener o ingresar a cuenta no pongan a disposición de los perceptores de las rentas sujetas a retención o ingreso a cuenta, antes de los plazos de presentación de las declaraciones, autoliquidaciones, comunicaciones de datos o solicitudes de devolución del tributo al que se refiera dicha retención o ingreso a cuenta, el certificado que deben expedir en favor de dichos perceptores, en los términos previstos en la normativa reguladora del tributo».

> **JURISPRUDENCIA**
>
> **Sentencia del Tribunal Constitucional n.º 239/1988, de 14 de diciembre, ECLI:ES:TC:1988:239**
>
> *«Las citadas infracciones que con base en el art. 25.1 de la Constitución denuncia el recurrente, están referidas a la potestad sancionadora de la Administración y su análisis resulta innecesario en el presente caso, por faltar el presupuesto sancionador que sirve de base a las exigencias constitucionales del citado precepto. Los postulados del art. 25.1 de la Constitución no pueden extenderse a ámbitos que no sean los específicos del ilícito penal o administrativo, siendo improcedente su aplicación extensiva o analógica como resulta de las SSTC 73/1982, de 2 de diciembre; 69/1983, de 26 de julio, y 96/1988, de 26 de mayo, a supuestos distintos o a actos, por su mera condición de ser restrictivos de derechos, si no representan el efectivo ejercicio del ius puniendi del Estado o no tienen un verdadero sentido sancionador, como es el caso de las multas coercitivas, previstas como medio de ejecución forzosa de los actos administrativos por los arts. 104 c) y 107 de la Ley de Procedimiento Administrativo (LPA).*
>
> *En dicha clase de multas, cuya independencia de la sanción queda reflejada en el párrafo 2 del indicado art. 107 de la LPA no se impone una obligación de pago con un fin represivo o retributivo por la realización de una conducta que se considere administrativamente ilícita, cuya adecuada previsión normativa desde las exigencias constitucionales del derecho a la legalidad en materia sancionadora pueda cuestio-*

narse, sino que consiste en una medida de constreñimiento económico, adoptada previo el oportuno apercibimiento, reiterada en lapsos de tiempo y tendente a obtener la acomodación de un comportamiento obstativo del destinatario del acto a lo dispuesto en la decisión administrativa previa. No se inscriben, por tanto, estas multas en el ejercicio de la potestad administrativa sancionadora, sino en el de la autotutela ejecutiva de la Administración, previstas en nuestro ordenamiento jurídico con carácter general por el art. 102 de la LPA cuya constitucionalidad ha sido expresamente reconocida por este Tribunal (SSTC 22/1984, de 17 de febrero; 137/1985, de 17 de octubre, y 144/1987, de 23 de septiembre), y respecto de la que no cabe predicar el doble fundamento de la legalidad sancionadora del art. 25.1 C.E. a que se refiere la STC 101/1988, de 8 de junio, esto es: de la libertad (regla general de la licitud de lo no prohibido) y de seguridad jurídica (saber a qué atenerse), ya que, como se ha dicho, no se castiga una conducta realizada porque sea antijurídica, sino que se constriñe a la realización de una prestación o al cumplimiento de una obligación concreta previamente fijada por el acto administrativo que se trata de ejecutar, y mediando la oportuna conminación o apercibimiento.

Consecuentemente, el planteamiento de la suficiente cobertura legal en relación con las multas coercitivas, como respecto a los demás medios de ejecución forzosa del art. 104 de la LPA es únicamente reconducible al ámbito de la sumisión de la Administración a la ley en el marco del general principio de legalidad proclamado ciertamente en los arts. 9.3 y 103 de la Constitución, pero sin el carácter de un correlativo derecho fundamental susceptible de amparo, y como tal únicamente residenciable en sede judicial ante los órganos de la jurisdicción contencioso-administrativa, conforme a la función revisora que les atribuye el art. 106 C.E».

3.17. La infracción tributaria en supuestos de conflicto en la aplicación de la norma

Infracción en supuestos de conflicto en la aparición de la norma tributaria

La Ley 34/2015, de reforma parcial de la LGT, modificó el régimen jurídico de la figura del conflicto en la aplicación de la norma, en el sentido de permitir que sea sancionable en determinados casos, adecuando así dicho régimen a la doctrina jurisprudencial que no excluye la voluntad defraudatoria.

|| Artículo 206 bis de la Ley General Tributaria

El tipo infractor del artículo 206 bis de la LGT consiste en el incumplimiento de las obligaciones tributarias mediante la realización de actos o negocios cuya regularización se hubiese efectuado mediante la aplicación de lo dispuesto en el artículo 15 de la LGT y en la que hubiese resultado acreditada cualquiera de las siguientes situaciones:

    a) La falta de ingreso dentro del plazo establecido en la normativa de cada tributo de la totalidad o parte de la deuda tributaria.

b) La obtención indebida de una devolución derivada de la normativa de cada tributo.

c) La solicitud indebida de una devolución, beneficio o incentivo fiscal.

d) La determinación o acreditación improcedente de partidas positivas o negativas o créditos tributarios a compensar o deducir en la base o en la cuota de declaraciones futuras, propias o de terceros.

Según el artículo 15 de la LGT:

«Se entenderá que existe conflicto en la aplicación de la norma tributaria cuando se evite total o parcialmente la realización del hecho imponible o se minore la base o la deuda tributaria mediante actos o negocios en los que concurran las siguientes circunstancias:

a) Que, individualmente considerados o en su conjunto, sean notoriamente artificiosos o impropios para la consecución del resultado obtenido.

b) Que de su utilización no resulten efectos jurídicos o económicos relevantes, distintos del ahorro fiscal y de los efectos que se hubieran obtenido con los actos o negocios usuales o propios».

El tipo infractor del artículo 206 bis constituirá infracción tributaria **exclusivamente** cuando se acredite la **existencia de igualdad sustancial** entre el caso objeto de regularización y aquel o aquellos otros supuestos en los que se hubiera establecido criterio administrativo y éste hubiese sido hecho público para general conocimiento antes del inicio del plazo para la presentación de la correspondiente declaración o autoliquidación.

A estos efectos se entenderá por criterio administrativo el establecido por aplicación de lo dispuesto en el apartado 2 del artículo 15 de la LGT, cuyo tenor literal es el que sigue:

«2. Para que la Administración tributaria pueda declarar el conflicto en la aplicación de la norma tributaria será necesario el previo informe favorable de la Comisión consultiva a que se refiere el artículo 159 de esta ley».

La infracción tributaria prevista en el artículo 206 bis tendrá la consideración de **grave**. Asimismo, esta infracción se sancionará del siguiente modo:

- **Multa pecuniaria proporcional del 50 %** de la cuantía no ingresada en el supuesto del apartado a).

- **Multa pecuniaria proporcional del 50 %** la cantidad devuelta indebidamente en el supuesto del apartado b).

- **Multa pecuniaria proporcional del 15 %** de la cantidad indebidamente solicitada en el supuesto del apartado c).

- **Multa pecuniaria proporcional del 15 %** del importe de las cantidades indebidamente determinadas o acreditadas, si se trata de partidas a compensar o deducir en la base imponible, **o del 50 %** si se trata de partidas a deducir en la cuota o de créditos tributarios aparentes, en el supuesto del apartado d).

A TENER EN CUENTA. Las infracciones y sanciones reguladas en este artículo **serán incompatibles** con las que corresponderían por las reguladas en los artículos 191, 193, 194 y 195 de la LGT.

En los supuestos regulados en este artículo resultará de aplicación lo dispuesto en el artículo 188 de la Ley General Tributaria.

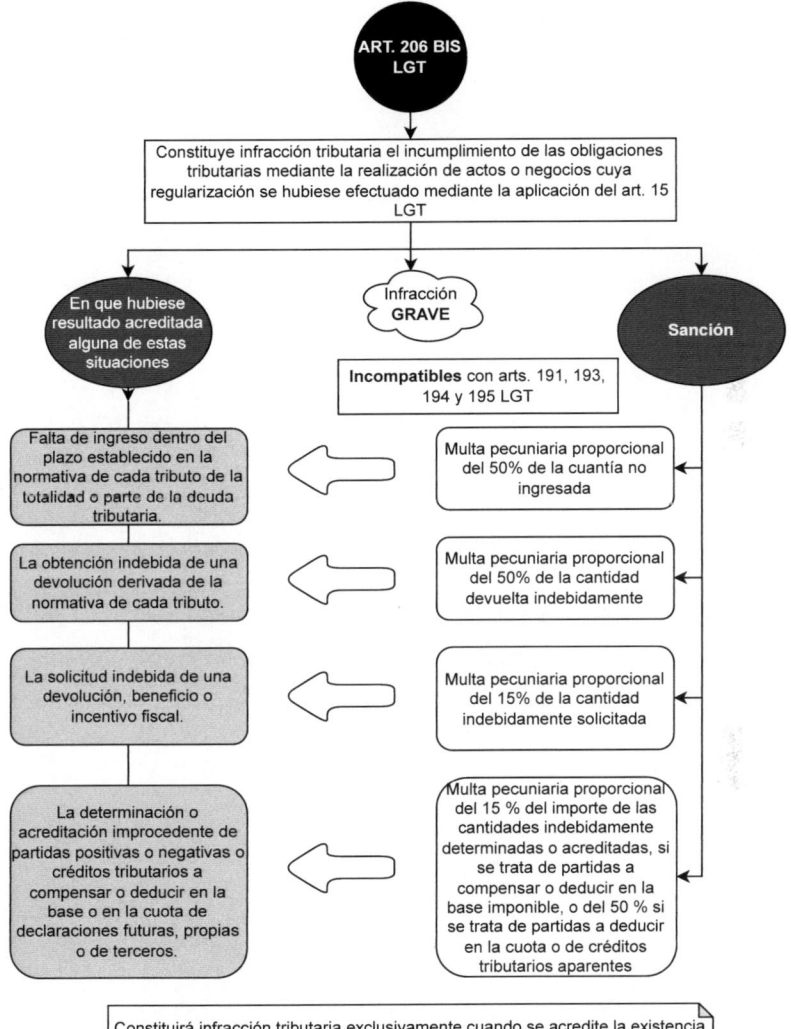

4.
LA OBLIGACIÓN DE INFORMACIÓN SOBRE BIENES Y DERECHOS SITUADOS EN EL EXTRANJERO

¿Qué información hay que declarar sobre los bienes situados en el extranjero?

La disposición adicional 18.ª, establece que los obligados tributarios deberán suministrar a la Administración tributaria, a través del modelo 720, conforme a lo dispuesto en los artículos 29 y 93 de la Ley General Tributaria y en los términos que reglamentariamente se establezcan, la siguiente información:

– **Información sobre las cuentas situadas en el extranjero** abiertas en entidades que se dediquen al tráfico bancario o crediticio de las que sean titulares o beneficiarios o en las que figuren como autorizados o de alguna otra forma ostenten poder de disposición.

– **Información de cualesquiera títulos, activos, valores o derechos representativos del capital social, fondos propios o patrimonio de todo tipo de entidades, o de la cesión a terceros de capitales propios**, de los que sean titulares y que se encuentren depositados o situados en el extranjero, así como de los seguros de vida o invalidez de los que sean tomadores y de las rentas vitalicias o temporales de las que sean beneficiarios como consecuencia de la entrega de un capital en dinero, bienes muebles o inmuebles, contratados con entidades establecidas en el extranjero.

– **Información sobre los bienes inmuebles y derechos** sobre bienes inmuebles de su titularidad situados en el extranjero.

– **Información sobre las monedas virtuales situadas en el extranjero** de las que se sea titular, o respecto de las cuales se tenga la condición de beneficiario o autorizado o de alguna otra forma se ostente poder de disposición, custodiadas por personas o entidades que proporcionan servicios para salvaguardar claves criptográficas privadas en nombre de terceros, para mantener, almacenar y transferir monedas virtuales.

Las obligaciones previstas en los párrafos anteriores se extenderán a quienes tengan la consideración de titulares reales de acuerdo con lo previsto en el apartado 2 del artículo 4 de la Ley 10/2010, de 28 de abril, de prevención del blanqueo de capitales y de la financiación del terrorismo.

> **A TENER EN CUENTA.** La información sobre monedas virtuales en el extranjero se realizará a través del modelo 721.

La referida disposición adicional también contemplaba una serie de sanciones pues el incumplimiento de las anteriores obligaciones eran infracciones muy graves. Hablamos en pasado ya que, desde el 11 de marzo de 2022, fecha de entrada en vigor de la reforma operada por la Ley 5/2022, de 9 de marzo, **se deroga** completamente el régimen de infracciones y sanciones contenido en el apartado segundo de esta disposición adicional 18.ª, **quedando, por tanto, sin un régimen sancionador específico y sometiéndose al régimen general de infracciones y sanciones** establecido en los artículos 198 y 199 de la LGT.

Esta modificación trajo causa de la sentencia del **TJUE en el asunto C-788/19, de 27 de enero de 2022, ECLI:EU:C:2022:55,** que determinó que determinados aspectos del régimen jurídico asociado a la obligación de declaración de bienes y derechos en el extranjero (modelo 720) incurrían en incumplimiento de la normativa europea, y por ello se hizo necesario modificar dicho régimen jurídico para adecuarlo a la legalidad europea a través de la reforma realizada por la Ley 5/2022, de 9 de marzo.

El TJUE entendió que el incumplimiento de las obligaciones contenidas en la disposición adicional 18.ª de la LGT sancionaba el incumplimiento de meras obligaciones declarativas o puramente formales derivadas de la posesión por el contribuyente de bienes o derechos en el extranjero mediante la imposición de multas de cuantía fija muy elevadas, pues se aplicaban a cada dato o conjunto de datos, así el TJUE señaló:

> «De lo anterior se desprende asimismo que el importe de estas multas pecuniarias fijas no guarda proporción alguna con el importe de las impuestas a los contribuyentes en virtud de los artículos 198 y 199 de la LGT, que resultan comparables puesto que sancionan el incumplimiento de obligaciones análogas a las previstas en la disposición adicional decimoctava de la LGT.
>
> Estas características bastan para demostrar que las multas pecuniarias fijas previstas por dicha disposición establecen una restricción desproporcionada de la libre circulación de capitales.
>
> Habida cuenta del conjunto de las consideraciones anteriores, procede declarar que el Reino de España ha incumplido las obligaciones que le incumben en virtud de los artículos 63 TFUE y 40 del Acuerdo EEE:
>
> - al disponer que el incumplimiento o el cumplimiento imperfecto o extemporáneo de la obligación informativa relativa a los bienes y derechos situados en el extranjero tiene como consecuencia la imposición de las rentas no declaradas correspondientes al valor de esos activos como "ganancias patrimoniales no justificadas" sin posibilidad, en la práctica, de ampararse en la prescripción;

- al sancionar el incumplimiento o el cumplimiento imperfecto o extemporáneo de la obligación informativa relativa a los bienes y derechos situados en el extranjero con una multa proporcional del 150 % del impuesto calculado sobre las cantidades correspondientes al valor de dichos bienes o derechos, que puede acumularse con multas de cuantía fija, y

- al sancionar el incumplimiento o el cumplimiento imperfecto o extemporáneo de la obligación informativa relativa a los bienes y derechos situados en el extranjero con multas de cuantía fija cuyo importe no guarda proporción alguna con las sanciones previstas para infracciones similares en un contexto puramente nacional y cuyo importe total no está limitado».

Por su parte, el **Tribunal Supremo a través de su sentencia n.º 522/2024, de 22 de marzo, ECLI:ES:TS:2024:1710,** estableció al respecto, pero en relación con la regulación contenida en la Norma Foral Tributaria de Gipuzkoa, la siguiente **doctrina jurisprudencial**:

«Por consiguiente, debemos declarar como doctrina de interés casacional, de conformidad con lo resuelto por la STJU de 27 de enero de 2022 (asunto C-788/19), que el régimen sancionador establecido en la D.A. 11ª de la Norma Foral 2/2005, de 8 de marzo, General Tributaria del Territorio Histórico de Gipuzkoa, introducida por la Norma Foral 5/2013, de 17 de julio, de medidas de lucha contra el fraude fiscal, **de una sanción consistente en una multa pecuniaria fija por incumplimiento de la obligación de declarar bienes y derechos en el extranjero, vulnera las obligaciones que le incumben al Reino de España, en virtud de los artículos 63 TFUE y 40 del Acuerdo sobre el Espacio Económico Europeo, sobre libre circulación de capitales, dado que tales sanciones resultan desproporcionadas respecto a las sanciones previstas en un contexto puramente nacional**».

CUESTIONES

1. Si existe obligación de presentar el modelo 720 para informar sobre los puntos a), b) y c) de la D.A. 18.ª de la LGT y no se presenta esa declaración, ¿cuál es el régimen sancionador aplicable por no presentar el modelo 720?, ¿las sanciones se aplican de forma independiente para cada una de esas obligaciones de información?

Como señala la AEAT en el apartado de preguntas frecuentes acerca de este modelo:

«El régimen sancionador aplicable para la declaración informativa (Modelo 720) es el régimen general establecido en los artículos 198 y 199 de la Ley 58/2003, de 17 de diciembre, General Tributaria. Su desarrollo reglamentario se contiene en los artículos 14 y 15 del Real Decreto 2063/2004, de 15 de octubre, por el que se aprueba el Reglamento General del Régimen Sancionador Tributario.

Dichos artículos (tanto en la Ley como en el Reglamento) regulan respectivamente la infracción tributaria por no presentar en plazo autoliquidaciones o declaraciones sin que se produzca perjuicio económico para la Hacienda Pública, y la infracción tributaria por presentar incorrectamente autoliquidaciones o declaraciones sin que se produzca perjuicio económico para la Hacienda Pública.

Estas sanciones se aplican de forma independiente para cada una de las tres obligaciones de información contenidas en la declaración informativa modelo 720, al constituir cada una de ellas una obligación de información distinta.

> *Para este caso en concreto, ante la falta de presentación de la declaración informativa (Modelo 720) sería de aplicación la infracción tributaria por no presentar en plazo autoliquidaciones o declaraciones sin que se produzca perjuicio económico para la Hacienda Pública (regulada en los artículos 198 LGT y 14 del Reglamento General del Régimen Sancionador Tributario)».*

2. Si un obligado tributario tiene que presentar el modelo 720 y lo presenta con información incompleta, inexacta o falsa, ¿cuál será la sanción correspondiente?

Como señala la AEAT en el apartado de preguntas frecuentes acerca de este modelo:

> *«En este caso, resulta de aplicación el artículo 199 LGT y 15 del Reglamento General del Régimen Sancionador Tributario, que regulan la infracción tributaria por presentar incorrectamente autoliquidaciones o declaraciones sin perjuicio económico para la Hacienda Pública.*
>
> *Este régimen de infracciones y sanciones se establece de forma independiente para cada una de las tres obligaciones de información.*
>
> *Habrá que estar a lo dispuesto en los artículos 42 bis, 42 ter y 54 bis del RGAT, que recogen cada una de las tres obligaciones de información contenidas en la declaración informativa (modelo 720) y establecen asimismo la definición relativa a los conceptos: "dato" y "conjunto de datos" a efectos de la imposición de sanciones por la comisión de la infracción tributaria señalada».*

A TENER EN CUENTA. Estas preguntas y respuestas han sido planteadas de conformidad con lo dispuesto en la web de la Agencia Tributaria, apartado de preguntas frecuentes sobre el modelo 720 (actualizadas a abril de 2024).

5.
EXTINCIÓN DE LA RESPONSABILIDAD DERIVADA DE LAS INFRACCIONES TRIBUTARIAS

¿Cuándo se extingue la responsabilidad derivada de infracciones tributarias?

|| Fallecimiento del sujeto infractor

El artículo 189.1 de la LGT establece que la responsabilidad derivada de las infracciones tributarias se extinguirá por el fallecimiento del sujeto infractor, frente a ello, el artículo 190.1 de la LGT dispone que la responsabilidad derivada de las infracciones tributarias se extinguirá «(...) por el fallecimiento del sujeto infractor y por el transcurso del plazo de prescripción para imponer las correspondientes sanciones».

Si bien, el artículo 189 de la LGT se refiere a la responsabilidad derivada de las infracciones tributarias y al sujeto infractor, mientras que por su parte el artículo 190 del mismo texto legal se refiere a las sanciones tributarias y obligados a satisfacer las mismas, **por tanto, los efectos del fallecimiento no son los mismos dependiendo de si se ha dictado o no el acuerdo sancionador.**

Por tanto, para que la responsabilidad se extinga, la Administración tiene que dictar y notificar el acuerdo de imposición de la sanción antes del fallecimiento del infractor, ya que lo dispuesto en el artículo 189.1 de la LGT afecta al ejercicio de la potestad sancionadora reconocida por las leyes de la Administración.

Por su parte, será de aplicación el artículo 190.1 de la LGT **a los supuestos en los que el acuerdo sancionador ya ha sido dictado y notificado,** de tal forma que **su** ámbito **de aplicación se refiere a sanciones que ya han sido impuestas y notificadas, pero que aún no son firmes.**

A este respecto es altamente ilustrativa la **sentencia del Tribunal Supremo n.º 658/2020, de 3 de junio, ECLI:ES:TS:2020:1426:**

> «La aplicación de este último precepto conduce a que, producido el **fallecimiento de la Sra. Susana después del acuerdo de imposición de**

sanción, pero antes de su firmeza, debe constatarse la extinción de la sanción sin entrar a examinar la legalidad de un acto, el acuerdo sancionador, que resulta inexistente por mandato de la ley.

La interpretación expuesta resulta conforme con el principio de personalidad de la pena aplicable al ámbito sancionador como ha declarado el Tribunal Constitucional en su auto núm. 237/2012, de 11 de diciembre, entre otros, en el que señala:

"Sobre esta reflexión interesa subrayar que la responsabilidad subjetiva comporta como corolario la consagración del principio de personalidad de las penas o sanciones y en este sentido hemos afirmado que 'entre los principios informadores del orden penal se encuentra el principio de personalidad de la pena, protegido por el art. 25.1 de la norma fundamental (STC 254/1988, FJ 5), también formulado por este Tribunal como principio de la personalidad de la pena o sanción (STC 219/1988, FJ 3), denominación suficientemente reveladora de su aplicabilidad en el ámbito del Derecho administrativo sancionador'" (STC 146/1994, de 12 de mayo, FJ 4).

También la STC 60/2010, de 7 de octubre, FJ 4, sobre la aplicación del **principio de personalidad de las penas (o sanciones) ha declarado: "El principio de personalidad de las penas, que forma parte del de legalidad penal y se encuentra, por tanto, comprendido en el derecho reconocido en el artículo 25.1 CE** ", pues "implica que sólo se puede responder penalmente por los actos propios y no por los ajenos" (STC 125/2001, de 4 de junio, FJ 6)".

Conforme al principio de la personalidad de la sanción, las consecuencias de la infracción y, singularmente, la sanción no puede ser exigida más que a la persona que con su comportamiento han causado la lesión constitutiva de la infracción, de tal forma que, fallecida esta, se extingue la sanción por desaparecer el presupuesto subjetivo habilitante para su exigibilidad.

En último término, y a los fines ahora examinados, resulta relevante recordar los pronunciamientos de esta Sala en su sentencia de 9 de marzo de 2017, recaída en el recurso de casación 834/2016, en la que, examinando la posibilidad de exigir intereses suspensivos de una sanción a los herederos, declara:

"No cuestionándose que sólo el infractor es el que tiene que pagar la sanción, dado que se trata de una medida represiva a la que tiene que hacer frente como compensación de la comisión de una infracción, lo que nos lleva a la extinción de la responsabilidad derivada de las infracciones y de las sanciones tributarias por el fallecimiento del sujeto infractor (artículos 189 y 190), el problema a resolver es si este principio se extiende también a los intereses generados por la solicitud de suspensión, lo que ha de merecer una respuesta positiva en la línea que mantiene la sentencia recurrida, en cuanto traen causa de la propia sanción impuesta, lo que impide la posibilidad de la transmisión al heredero, aunque el art. 39.1 de la Ley 58/2003 no contempla la situación y se refiera solo a la sanción, sin que tampoco el art. 26. 2, c) de la ley 58/2003 nos pueda llevar a otra conclusión, en cuanto tiene en cuenta al sancionado, que no satisface el importe de la sanción, una vez vencido el plazo para su ingreso, debiendo estarse a las reglas específicas en el supuesto que hubiera sido objeto de recurso o reclamación, reglas que sólo pueden afectar al sancionado, no a sus herederos, toda vez que las consecuencias de una petición de suspensión, por el pago tardío, no pueden separarse de la propia sanción, y van asociados a la responsabilidad.

Otra interpretación nos llevaría a desconocer el principio de la personalidad de la pena, protegido por el art. 25.1 de la Constitución, que es de aplicación al Derecho Administrativo sancionador.

En definitiva, el carácter compensatorio del perjuicio económico causado a la Administración Tributaria como consecuencia de la suspensión de la sanción tiene sentido cuando quien paga los intereses de demora es el sujeto infractor, pero no si la persona que debe abonarlos es un tercero, en cuanto resulta totalmente ajeno a las causas del retraso"».

|| Prescripción

El **plazo de prescripción para imponer sanciones tributarias es de 4 años** de acuerdo con el artículo 189.2 de la LGT.

> **CUESTIÓN**
>
> **¿Cuál es el *dies a quo* a partir del cual habrá de contar el plazo de prescripción de 4 años?**
>
> El plazo comenzará a contarse desde el momento en que se cometieron las correspondientes infracciones (art. 189.2 de la LGT)

¿Hay alguna manera en la que se pueda interrumpir el plazo de prescripción?

Sí, la prescripción para imponer sanciones tributarias se interrumpirá:

- **Por cualquier acción de la Administración tributaria,** realizada con conocimiento formal del interesado, conducente a la imposición de la sanción tributaria.

   Las acciones administrativas conducentes a la regularización de la situación tributaria del obligado interrumpirán el plazo de prescripción para imponer las sanciones tributarias que puedan derivarse de dicha regularización.

- **Por la interposición de reclamaciones o recursos de cualquier clase,** por la remisión del tanto de culpa a la jurisdicción penal, así como por las actuaciones realizadas con conocimiento formal del obligado en el curso de dichos procedimientos.

> **A TENER EN CUENTA**. La prescripción se aplicará de oficio por la Administración tributaria, sin necesidad de que la invoque el interesado.

> **CUESTIONES**
>
> **1. ¿Las solicitudes de rectificación de autoliquidaciones en relación con la imposición de sanciones interrumpen el plazo de prescripción?**
>
> No, y así lo ha declarado en varias ocasiones el TEAC en los siguientes términos: «(...) podemos concluir que si bien cualquier acción administrativa conducente a la regularización de un tributo y ejercicio (así como los avatares de los recursos que puedan interponerse frente a la liquidación derivada de la misma) interrumpe la

prescripción respecto de la acción liquidatoria de dicho tributo y ejercicio, no ocurre así con la prescripción de la acción sancionadora, la cual, si bien puede verse interrumpida por las acciones administrativas tendentes a la regularización del tributo y ejercicio de que se trate, únicamente se verá interrumpida por aquéllas de las que derive la sanción cuya prescripción se está analizando». (Resolución del Tribunal Económico Administrativo Central n.º 1948/2011, de 5 de noviembre de 2013).

2. E ¿interrumpe la prescripción la actuación administrativa que se destina a regularizar la situación del obligado tributario con su conocimiento formal?

Sí, y a modo de ejemplo cabe citar la **resolución del Tribunal Económico Administrativo Central n.º 1948/2011, de 5 de noviembre de 2013**, que reza como sigue: «(...)como puede apreciarse, del examen conjunto de los citados preceptos se infiere que, conforme a la normativa vigente en el momento de autos, cualquier actuación administrativa que tenga por objeto la comprobación, aunque sea parcial, de una obligación tributaria (en este caso, el hecho imponible del Impuesto sobre Sociedades del ejercicio 1993) interrumpe la prescripción respecto de todos los elementos de la obligación tributaria [por emplear la expresión que aparece ahora en el art. 68.1.a) de la Ley 58/2003, de 17 de diciembre], y no únicamente en relación con aquellos que han sido objeto de investigación y, por ende, plasmados en el acta previa».

En el mismo sentido la **sentencia del Tribunal Supremo, rec. 18/2001, de 23 de mayo de 2006, ECLI:ES:TS:2006:5080**, «No cabe olvidar, por otro lado, que la Administración, además de las liquidaciones provisionales, efectuó un requerimiento al presentador de la documentación, con fecha 16 de Mayo de 1990, para que completase la documentación aportada, y que dicha actuación, según el art. 66.1a) de la Ley General Tributaria, también interrumpió el plazo de la prescripción, al ir dirigida a la comprobación y liquidación del Impuesto, no habiendo transcurrido desde esa fecha hasta la de la notificación del acto de comprobación el plazo (...)».

3. ¿Puede el juez aplicar de oficio la prescripción?

Si bien no hay una respuesta clara a esta cuestión, a tenor de lo manifestado por el Tribunal Supremo en el auto, rec. 4696/2023, de 3 de abril de 2024, ECLI:ES:TS:2024:3703A, puede entenderse que sí cabría esa posibilidad, ya que el citado auto señala que:

«En efecto, debe convenirse con la recurrente en que es posible apreciar la circunstancia descrita en el artículo 88.2.a) LJCA, pues si bien la sentencia no llega a concluir que exista prescripción respecto del deudor principal, es cierto que no atribuye ningún efecto interruptivo concreto a actuación alguna seguida en relación con aquél entre los años 2010 y 2016, supuesto análogo a otros en los que por otros órganos judiciales se ha apreciado la prescripción ante el deudor principal que resulta trasladable a los subrogados en su posición, verbigracia sentencia de la Sala de lo Contencioso-administrativo del Tribunal Superior de Justicia de la Comunidad Valenciana de 11 de marzo de 2008, recurso 3120/2006 (ECLI:ES:TSJCV:2008:1285), o de la Sala de lo Contencioso-administrativo de la Audiencia Nacional de 17 de octubre de 2014, recurso 14/2004 (ECLI:ES:AN:2014:4906). En concreto, en la primera de estas sentencias se concluye que, cuando hay un periodo de inactividad entre el último embargo y la declaración de fallido que permite apreciar el transcurso del plazo legal de prescripción aplicable para exigir el cobro de la deuda tributaria, plazo de cuatro años, debe apreciarse la prescripción, así como que, dado el carácter subsidiario de la obligación del responsable, si la acción frente al obligado principal de la deuda tributaria ha devenido prescrita, no es lógico sostener que dicha acción renace contra el responsable subsidiario con la declaración de fallido y el acto de derivación de responsabilidad».

6.
SANCIONES TRIBUTARIAS

¿Qué tipos de sanciones tributarias existen?

El artículo 185 de la LGT señala que las infracciones tributarias se sancionarán mediante la imposición de sanciones pecuniarias y, cuando proceda, de sanciones no pecuniarias de carácter accesorio.

Por lo que existen **dos tipos de sanciones:**

– La **pecuniaria**, que es cuantificable en dinero y supone la sanción principal. Una sanción pecuniaria conlleva el pago de una cantidad determinada de dinero por haberse concluido, tras el desarrollo de un expediente sancionador, que se ha cometido una infracción. Las sanciones pecuniarias podrán consistir en una multa fija o en una cantidad proporcional al perjuicio sufrido por la Administración por la comisión de la infracción.

– La **no pecuniaria o accesoria**, que se puede imponer en determinadas situaciones y que no constituye una obligación de pago, sino una pérdida de derechos. Ejemplos de sanciones accesorias son, por ejemplo, la prohibición a un contribuyente de aplicar ciertos incentivos fiscales durante un periodo determinado o, entre otras, la imposibilidad de contratar obras o servicios con la Administración Pública durante un tiempo establecido.

La imposición de cualquiera de ellas parte del inicio y comunicación de un procedimiento sancionador.

6.1. Criterios de graduación de las sanciones tributarias

¿Cuáles son los criterios de graduación de las sanciones tributarias?

Los criterios de graduación de las sanciones tributarias se recogen en el artículo 187 de la LGT. Son aplicables simultáneamente.

Las sanciones tributarias se graduarán exclusivamente conforme a los siguientes criterios, en la medida en que resulten aplicables:

|| Comisión repetida de infracciones tributarias

Se entenderá producida esta circunstancia cuando el sujeto infractor hubiera sido sancionado por una infracción de la misma naturaleza, ya sea leve, grave o muy grave, en virtud de **resolución firme en vía administrativa dentro de los cuatro años anteriores a la comisión de la infracción.** De todas ellas, se computará como único antecedente la infracción cuya calificación haya resultado más grave.

> **A TENER EN CUENTA.** Se considera que son de la misma naturaleza las infracciones previstas en un mismo artículo del capítulo III del título IV de la LGT. No obstante, las infracciones recogidas en los artículos 191, 192 y 193 de la LGT se consideran de la misma naturaleza.

Cuando concurra esta circunstancia, la sanción mínima se incrementará en los siguientes porcentajes, **salvo que se establezca expresamente otra cosa:**

- **5 %** si hubiera sido sancionado por una infracción **leve.**
- **15 %** si hubiera sido sancionado por una infracción **grave.**
- **25 %** si hubiera sido sancionado por una infracción **muy grave.**

> **A TENER EN CUENTA.** Cuando se realicen actuaciones relativas a una determinada obligación tributaria, no constituirá antecedente la imposición de sanciones por infracciones de la misma naturaleza **derivadas de liquidaciones provisionales referidas a la misma obligación,** siendo de aplicación lo dispuesto en el artículo 3.3 de RGRST.

Por su parte, el **Tribunal Supremo en su sentencia n.º 1237/2022, de 4 de octubre, ECLI:ES:TS:2022:3558,** determina, en garantía del contribuyente, que **la firmeza en vía administrativa de una sanción tributaria a los efectos de aplicar, en una infracción posterior, el criterio de reincidencia del artículo 187.1.a) de la LGT debe ser el transcurso del plazo establecido en el artículo 240 de la LGT para considerar desestimada la reclamación por silencio administrativo.**

Entiende el Alto Tribunal que tomar en consideración a tales efectos la fecha en que se dicte la resolución expresa supondría dejar a la voluntad de la Administración el inicio del cómputo del plazo de cuatro años para la aplicación del criterio de graduación del artículo 187.1 de la LGT, transformando en una posición de ventaja lo que, en su origen, es un incumplimiento de un deber de la Administración.

Es más, señala que:

> «(...) la Administración no puede ampararse, sin quebrantar las más elementales exigencias de la buena fe, en que no se ha dictado resolución expresa en la reclamación, con el fin de prolongar el plazo de cuatro años para la aplicación de este criterio de graduación, incluso para rehabilitar este plazo una vez consumido».

Ahora bien, parece que la interpretación del Tribunal Supremo es contraria en este caso a la **finalidad del criterio de graduación**, que no es otra que **agravar aquellos supuestos que tengan una conexión temporal en la comisión de infracciones de la misma naturaleza** y que no podría admitirse con respecto a sanciones administrativas impuestas en un plazo superior a los 4 años establecidos por ley.

También su **criterio es contrario a la finalidad del artículo 240 de la LGT, que es la de garantizar el derecho del contribuyente a una buena administración** evitando que el dictado de las resoluciones de los tribunales económico-administrativos se retrase en el tiempo de manera excesiva.

Y es que, como ha señalado de manera reiterada el Tribunal Supremo, **el silencio administrativo es una ficción legal que busca posibilitar la impugnación por la falta de resolución de los procedimientos iniciados a instancia de parte o de oficio, en los términos de los artículos 24 y 25 de la LPAC,** o de los recursos administrativos. Así las cosas, si el silencio administrativo es, precisamente, una ficción creada en favor de los derechos e intereses de los administrados y no un medio de eludir su deber la administración, no podría interpretarse de tal modo que perjudique a quienes desea favorecer, como sucedería en el caso de que se partiera de la resolución expresa para el inicio del cómputo del plazo de cuatro años que permite aplicar el criterio de graduación de comisión repetida de infracción tributarias del artículo 187.1.a) de la LGT.

Además, indica que, **de lo contrario, podría vulnerarse el principio de *reformatio in peius*, si el obligado tributario pudiera resultar perjudicado por recurrir.** Y es que si, como en el caso planteado, el contribuyente sancionado no hubiera acudido al TEAR y hubiera dejado que adquiriesen firmeza las resoluciones sancionadoras o, incluso, si el TEAR hubiese resuelto en plazo la reclamación, el criterio de agravación de la sanción no se hubiera podido aplicar:

> «Lo que comportaría que el hecho de haber presentado reclamaciones económico administrativas en defensa de sus intereses habría determinado que pudiera tomarse en consideración dicho criterio y, por este motivo, agravar la cuantía de sanción».

|| Perjuicio económico para la Hacienda pública

El perjuicio económico se determinará por el porcentaje resultante de la relación existente entre **la base de la sanción** y la **cuantía total que hubiera debido ingresarse en la autoliquidación** o por la adecuada declaración del tributo o el importe de la devolución inicialmente obtenida.

Cuando esto ocurra, la sanción mínima se va a incrementar del siguiente modo:

- 10 % cuando el perjuicio económico sea superior al 10 % e inferior o igual al 25 %.
- 15 % cuando el perjuicio económico sea superior al 25 % e inferior o igual al 50 %.
- 20 % cuando el perjuicio económico sea superior al 50 % e inferior o igual al 75 %.

– 25 % Cuando el perjuicio económico sea superior al 75 %.

Asimismo, el **Tribunal Supremo a través de su sentencia n.º 462/2023, de 11 de abril, ECLI:ES:TS:2023:1641**, ha fijado el **criterio interpretativo** que ha de seguirse para calcular el porcentaje de perjuicio económico que se debe tener en cuenta a los efectos de la graduación de sanciones tributarias de conformidad con el artículo 187.1 b) de la LGT.

Así, tal criterio establece que, **de cara al cálculo del perjuicio económico para la graduación de sanciones previsto, debe utilizarse el concepto de cuota líquida, es decir, el que tome en consideración como parte de una deuda satisfecha, el importe de los pagos a cuenta, retenciones o pagos fraccionados**. Y añade que:

> «(...) no existe un concepto legal autónomo de qué sea el perjuicio económico, a efectos sancionadores (art. 187.2 LGT), que no tenga en cuenta el verdadero y real daño pecuniario ocasionado a la Hacienda pública, tomando en consideración el conjunto de obligaciones satisfechas, aun cuando no lo hayan sido en la autoliquidación del impuesto».

A TENER EN CUENTA. La citada STS n.º 462/2023, de 11 de abril contiene un voto particular formulado por dos de los magistrados que consideran que la conclusión alcanzada por la resolución no se ajusta a la letra del precepto ni lo querido por el legislador. Entienden que el criterio fijado desvirtúa el cálculo del real perjuicio económico, que solo debería tener en consideración el producido en el preciso momento de cometer la infracción: «dado que la autoliquidación del impuesto de sociedades es autónoma de la obligación tributaria relativa a presentar e ingresar los correspondientes pagos fraccionados, la cuantía a tener en consideración a los efectos de calcular el perjuicio económico vendrá dada, necesariamente, por la autoliquidación que se trate en cada caso específico».

Incumplimiento sustancial de la obligación de facturación o documentación

Se entenderá producida esta circunstancia cuando dicho incumplimiento afecte a más del 20 % del importe de las operaciones sujetas al deber de facturación en relación con el tributo y el período objeto de la comprobación o investigación. También cuando, como consecuencia de dicho incumplimiento, la Administración tributaria no pueda conocer el importe de las operaciones sujetas al deber de facturación.

A TENER EN CUENTA. Cuando nos encontremos en el supuesto del artículo 201.4 de la LGT «incumplimiento de las obligaciones relativas a la correcta expedición o utilización de los documentos de circulación exigidos por la normativa de los impuestos especiales, salvo que constituya infracción tipificada en la ley reguladora de dichos impuestos», se entenderá producida esta circunstancia cuando afecte a más del 20 % de los documentos de circulación expedidos o utilizados en el periodo objeto de comprobación o investigación.

Señala el artículo 6 del RGRST que cuando en un procedimiento de comprobación o investigación tenga por objeto varios tributos con periodos impositivos o de liquidación de diferente duración, la apreciación del criterio de incumplimiento sustancial de la obligación de facturación o documentación se realizará tomando en consideración cada uno de los períodos de menor duración.

|| Acuerdo o conformidad del interesado

Salvo que se requiera expresa, se entiende producida la conformidad, en los procedimientos de verificación de datos y comprobación limitada, siempre que de la liquidación resultante no sea objeto de recurso o reclamación económico-administrativa por el obligado tributario. En este caso la sanción se impondrá con la reducción correspondiente.

En los procedimientos de inspección, se aplica el criterio de graduación cuando el obligado tributario suscriba un acta con acuerdo o un acta de conformidad con la nueva propuesta contenida en el acuerdo de rectificación en el plazo concedido al efecto.

También se entiende otorgada la conformidad cuando el obligado tributario que hubiera suscrito un acta de disconformidad manifieste su conformidad antes de dictarse el acto administrativo de liquidación.

> **A TENER EN CUENTA.** Cuando ocurra esta circunstancia, la sanción que resulte de aplicación de los criterios previstos anteriormente de este apartado se va a reducir conforme a los dispuesto en el artículo 188 de la LGT.

|| Reducción de las sanciones

Las sanciones pecuniarias impuestas en los artículos 191 a 197 de la LGT se va a ver reducida en los siguientes porcentajes.

- En los **supuestos de actas con acuerdo** previstos en el artículo 155 de la LGT un **65 %**.
- En los **supuestos de conformidad un 30 %**.

> **A TENER EN CUENTA.** Esta nueva redacción del apartado 1 del artículo 188 de la LGT, se aplicará a las sanciones acordadas con anterioridad al 11 de julio de 2021, siempre que no hayan sido recurridas y no hayan adquirido firmeza.

Para que se produzca la reducción anterior practicada se va a exigir la notificación al interesado, cuando concurra alguna de las siguientes circunstancias:

- En los **supuestos de actas con acuerdo**, cuando se haya interpuesto contra la regularización o la sanción el correspondiente recurso contencioso-administrativo o, en el supuesto de haberse presentado aval o certificado de seguro de caución en sustitución del depósito, cuando no se ingresen las cantidades derivadas del acta con acuerdo en el plazo del apartado 2 del artículo 62 de la LGT o en los plazos fijados en el acuerdo de aplazamiento o fraccionamiento que se hubiera concedido por la Administración tributaria con garantía de aval o certificado de seguro de caución.

– En los **supuestos de conformidad**, cuando se haya interpuesto recurso o reclamación contra la regularización.

El importe de la sanción que debe de ingresarse por la comisión de cualquier infracción, una vez aplicada la reducción del 30 % del apartado anteriormente citado, se reducirá en un 40 % en los siguientes casos (no será aplicable en las sanciones que procedan en los supuestos de actas con acuerdo):

– Que se realice el ingreso total del importe restante de dicha sanción en el plazo del apartado 2 del artículo 62 de la LGT o en el plazo o plazos fijados en el acuerdo de aplazamiento o fraccionamiento que la Administración Tributaria hubiera concedido con garantía de aval o certificado de seguro de caución y que el obligado al pago hubiera solicitado con anterioridad a la finalización del plazo del apartado 2 del artículo 62 de la LGT.

– Que no se interponga recurso o reclamación contra la liquidación o sanción.

A TENER EN CUENTA. El importe de la reducción practicada conforme a lo dispuesto en este apartado se exigirá sin más requisito que la notificación al interesado, cuando se haya interpuesto recurso o reclamación en plazo contra la liquidación o la sanción.

Cuando según lo dispuesto en los apartados 2 y 3 del artículo 188 de la LGT se exija el importe de la reducción practicada, no será necesario interponer recurso independiente contra dicho acto si previamente se hubiera interpuesto recurso o reclamación contra la sanción reducida.

Si se hubiera interpuesto recurso contra la sanción reducida se entenderá que la cuantía a la que se refiere dicho recurso será el importe total de la sanción, y se extenderán los efectos suspensivos derivados del recurso a la reducción practicada que se exija.

|| Las sanciones no pecuniarias

Las sanciones no pecuniarias son adicionales a la sanción pecuniaria y tienen carácter accesorio. Están recogidas en el artículo 186 de la LGT y son de aplicación siempre que la sanción pecuniaria impuesta sea grave o muy grave:

– Cuando la multa pecuniaria impuesta por **infracción grave o muy grave** sea de importe igual o superior **a 30.000 euros** y se hubiera utilizado el criterio de graduación de comisión repetida de infracciones tributarias, se podrán imponer, además, las siguientes sanciones accesorias:

• Pérdida de la posibilidad de obtener subvenciones o ayudas públicas y del derecho a aplicar beneficios e incentivos fiscales de carácter rogado durante un plazo de un año si la infracción cometida hubiera sido grave o de dos años si hubiera sido muy grave.

- Prohibición para contratar con la Administración pública que hubiera impuesto la sanción durante un plazo de un año si la infracción cometida hubiera sido grave o de dos años si hubiera sido muy grave.

– Cuando la multa pecuniaria impuesta por **infracción muy grave sea de importe igual o superior a 60.000 euros** y se haya utilizado el criterio de graduación de comisión repetida de infracciones tributarias, se podrán imponer, además, las siguientes sanciones accesorias:

  - Pérdida de la posibilidad de obtener subvenciones o ayudas públicas y del derecho a aplicar beneficios e incentivos fiscales de carácter rogado durante un plazo de tres, cuatro o cinco años, cuando el importe de la sanción impuesta hubiera sido igual o superior a 60.000, 150.000 o 300.000 euros, respectivamente.

  - Prohibición para contratar con la Administración pública que hubiera impuesto la sanción durante un plazo de tres, cuatro o cinco años, cuando el importe de la sanción impuesta hubiera sido igual o superior a 60.000, 150.000 o 300.000 euros, respectivamente.

Cuando las autoridades o las **personas que ejerzan profesiones oficiales cometan infracciones derivadas de la vulneración de los deberes de colaboración** de los artículos 93 y 94 de esta ley y siempre que, en relación con dicho deber, hayan desatendido tres requerimientos según lo previsto en el artículo 203 de la LGT, además de la multa pecuniaria que proceda, podrá imponerse como sanción accesoria **la suspensión del ejercicio de profesiones oficiales, empleo o cargo público por un plazo de 3 meses.**

La **suspensión será por un plazo de 12 meses en caso de que durante los 4 últimos años se hubiera sancionado al sujeto infractor por la sanción accesoria anterior,** en virtud de resolución firme en vía administrativa.

CUESTIÓN

¿Qué profesiones se considerarán oficiales?

Se considerarán profesiones oficiales las desempeñadas por registradores/as de la propiedad y mercantiles, notarios/as y todos/as aquellos/as que, ejerciendo funciones públicas, no perciban directamente haberes del Estado, comunidades autónomas, entidades locales u otras entidades de derecho público.

6.2. El pago de las sanciones tributarias

¿Cómo se llevará a cabo el pago de las sanciones tributarias?

La finalización de un expediente sancionador que concluya la comisión de una infracción tributaria supondrá la imposición de una sanción que deberá ejecutarse desde el momento en que se **notifique al interesado.**

¿Cuándo se entenderá pagada una deuda tributaria?

La forma de pago de una deuda tributaria puede ser en efectivo y el momento de pago se entiende cuando se realiza el ingreso en las cajas de los órganos competentes, en oficinas recaudadoras o entidades autorizadas.

Cuando se utilicen efectos timbrados habrá que atenerse a la forma reglamentaria para saber cuándo se entiende pagada la deuda.

> **A TENER EN CUENTA.** Para conocer el momento de extinción de la deuda de pago en especie habrá que remitirse a las normas que lo regulen.

Plazos del pago

El **plazo de pago voluntario** de la sanción se establece en el apartado segundo del artículo 62 de la LGT y va a depender del momento en que se reciba la notificación:

- Si la notificación se recibe **entre los días uno y 15 del mes**, el periodo voluntario irá desde la fecha de recepción de la notificación hasta el día 20 del mes posterior o, si éste no fuera hábil, hasta el inmediato hábil siguiente

- Si la notificación de la sanción se recibe **entre los días 16 y último de cada mes**, el periodo voluntario será desde la fecha de recepción de la notificación hasta el día 5 del segundo mes posterior o, si éste no fuera hábil, hasta el inmediato hábil siguiente.

El **plazo para el período ejecutivo** y una vez que se haya notificada la providencia de apremio, el pago de la deuda tributaria deberá efectuarse en los siguientes plazos:

- Si la **notificación de la providencia se realiza entre los días uno y 15 de cada mes**, desde la fecha de recepción de la notificación hasta el día 20 de dicho mes o, si éste no fuera hábil, hasta el inmediato hábil siguiente.

- Si la **notificación de la providencia se realiza entre los días 16 y último de cada mes**, desde la fecha de recepción de la notificación hasta el día 5 del mes siguiente o, si éste no fuera hábil, hasta el inmediato hábil siguiente.

Asimismo, cuando las **deudas sean de notificación colectiva o periódica** que no tengan establecido otro plazo en sus normas, el **pago en periodo voluntario deberá efectuarse en el periodo comprendido entre el día 1 de septiembre y el 20 de noviembre** o, si este no fuera hábil, hasta el inmediato día hábil siguiente, si bien, la Administración tributaria competente podrá modificar el anterior plazo siempre que no sea inferior a 2 meses.

A TENER EN CUENTA. Las deudas que deban abonarse mediante efectos timbrados se pagarán en el momento de la realización del hecho imponible, si no se dispone otro plazo en su normativa específica.

CUESTIÓN

¿Se podrá suspender el ingreso de una deuda de un obligado tributario?

Sí, de acuerdo con el artículo 62.9 de la LGT, se podrá suspender total o parcialmente el ingreso de la deuda, sin aportación de garantías, cuando se compruebe que por la misma operación se ha satisfecho a la misma u otra Administración una deuda tributaria o se ha soportado la repercusión de otro impuesto, siempre que el pago realizado o la repercusión soportada fuera incompatible con la deuda exigida y, además, en este último caso, el sujeto pasivo no tenga derecho a la completa deducción del importe soportado indebidamente.

Reducción en las sanciones

Se van a poder aplicar las siguientes reducciones en las sanciones de los artículos 191 a 197 de la LGT:

– En los supuestos de actas con acuerdo, previstos en el artículo 155 de la LGT, van a tener un 65 % de reducción.

– En los supuestos de conformidad un 30 % de reducción.

A TENER EN CUENTA. Esta nueva redacción del apartado 1 del artículo 188 de la LGT, se aplicará también a las sanciones acordadas con anterioridad al 11 de julio de 2021, siempre que no hayan sido recurridas y no hayan adquirido firmeza.

Para que se apliquen estas reducciones, va a ser obligatoria la **notificación al interesado**, cuando concurra alguna de las siguientes circunstancias, señaladas en el artículo 188 de la LGT:

- En los supuestos sobre **actas con acuerdo**, cuando se haya interpuesto contra la regularización o la sanción el correspondiente recurso contencioso-administrativo o, en el supuesto de haberse presentado aval o certificado de seguro de caución en sustitución del depósito, cuando no se ingresen las cantidades derivadas del acta con acuerdo en el plazo del apartado 2 del artículo 62 de la LGT o en los plazos fijados en el acuerdo de aplazamiento o fraccionamiento que se hubiera concedido por la Administración tributaria con garantía de aval o certificado de seguro de caución.

- En los **supuestos de conformidad**, cuando se haya interpuesto recurso o reclamación contra la regularización.

- Cuando se exija el importe de la reducción practicada, no será necesario interponer recurso independiente contra dicho acto si previamente se hubiera interpuesto recurso o reclamación contra la sanción reducida.

- Cuando se interpone recurso sobre la sanción reducida, se entiende que se refiere al importe total de la sanción, y se extienden los efectos suspensivos derivados del recurso a la reducción practicada que se exija.

Se va a **reducir en un 40 %**, una vez aplicada la **reducción por conformidad** mencionada anteriormente, el importe de la sanción por la comisión de cualquier infracción cuando se den los siguientes requisitos:

- Que se realice el ingreso total del importe restante de dicha sanción en el plazo del apartado 2 del artículo 62 de la LGT o en el plazo o plazos fijados en el acuerdo de aplazamiento o fraccionamiento que la Administración Tributaria hubiera concedido con garantía de aval o certificado de seguro de caución y que el obligado al pago hubiera solicitado con anterioridad a la finalización del plazo del apartado 2 del artículo 62 de la LGT.

- Que no se interponga recurso o reclamación contra la liquidación o sanción

- Cuando **se haya interpuesto** recurso o reclamación en plazo contra la liquidación o la sanción, la reducción se exigirá sin más requisito que la **notificación**.

- Esta reducción no es aplicable a sanciones procedentes en los supuestos de actas con acuerdo.

- Cuando se exija el importe de la reducción practicada, no será necesario interponer recurso independiente contra dicho acto si previamente se hubiera interpuesto recurso o reclamación contra la sanción reducida.

– Cuando se interpone recurso sobre la sanción reducida, se entiende que se refiere al importe total de la sanción, y se extienden los efectos suspensivos derivados del recurso a la reducción practicada que se exija.

RESOLUCIÓN ADMINISTRATIVA

Consulta Vinculante de la Dirección General de Tributos (V1995-23), de 7 de julio de 2023

Asunto: Suspensión de la ejecución de la sanción por recurso en vía administrativa, ¿se le añaden intereses de demora en caso de desestimación por el tiempo transcurrido desde la suspensión.

«Siendo de aplicación la redacción dada por la Ley 7/2012, de 29 de octubre, al artículo 212.3 b) de la Ley General Tributaria, para el cálculo de los intereses de demora derivados de la suspensión de sanciones en vía contencioso-administrativa debe tenerse en cuenta como dies a quo el día siguiente de la finalización del plazo de pago en período voluntario abierto por la notificación de la resolución que ponga fin a la vía administrativa y como dies ad quem la fecha en que se haya producido el ingreso durante el plazo de ingreso en voluntaria abierto con la notificación del cese de la suspensión o, de no haberse producido dicho ingreso, el día siguiente de la finalización de dicho plazo.

En consecuencia, no se exigirán los intereses suspensivos de la sanción durante la tramitación del recurso o reclamación en vía económico-administrativa. Una vez la sanción sea firme en vía administrativa, la ejecución se realizará por el importe suspendido, mientras que los intereses de demora se exigirán desde el día siguiente a la finalización del plazo de pago en período voluntario abierto con la notificación de la resolución que ponga fin a la vía administrativa y hasta el día en que se produzca el ingreso o, de no haberse producido dicho ingreso, el día siguiente de la finalización de dicho plazo, de acuerdo con lo señalado».

RESOLUCIÓN RELEVANTE

Sentencia del Tribunal Superior de Justicia de Castilla y León n.º 148/2018, de 14 de febrero, ECLI:ES:TSJCL:2018:640

«La aplicación de estas normas al supuesto debatido comporta la estimación de la demanda en base a las siguientes consideraciones:

No se puede obviar que estamos ante un procedimiento de ejecución de sanciones tributarias como expresamente recoge el acuerdo de resolución del recurso de reposición impugnado (con cita del art. 212.3 de la LGT sobre suspensión automática de las sanciones si se interpone reclamación) en el que conforme a la Ley (art. 188.3) la bonificación no es absoluta y está sometida a unos requisitos, que operan como condición resolutoria: -la no interposición de recurso o reclamación y, -que se realice el ingreso total del importe restante de la sanción dentro del plazo de ingreso en voluntaria o del plazo o plazos concedidos por el aplazamiento o fraccionamiento del pago; estableciendo la Ley de forma taxativa que cuando se haya interpuesto recurso o reclamación en plazo contra la liquidación o la sanción se perderá el derecho a la reducción practicada; y sin recoger la misma determinación expresa para el supuesto de incumplimiento del plazo de ingreso, lo que no afecta a su exigencia.

Por otra parte, el principio general de aplicación del sistema tributario de proporcionalidad que establece el art. 3 de la LGT cobra especial exigencia en materia de procedimiento sancionador.

Es una circunstancia muy relevante para valorar las consecuencias de la conducta incumplidora cuestionada, la alegada por la actora y no discutida por la Administra-

109

ción de la falta de culpabilidad en el ingreso en plazo de la primera cuota, indicando la actora ya en su primer escrito de alegaciones al requerimiento de pago de la reducción practicada, que "el vencimiento correspondiente al día 20-3-2016 se comprobó en los días siguientes que no había sido cargado en la cuenta bancaria por la entidad financiera a pesar de tener saldo en la cuenta, inmediatamente el día 30-03-2016 solicitamos a la Agencia tributaria una carta de pago con el fin de pagarlo cuanto antes y se pagó al día siguiente, tal como pueden comprobar "; y reiterando en la reclamación ante el TEAR que: "la cuota en cuestión no fue un impago por nuestra parte sino por el banco en el cual están domiciliados los mismos"; cuestión ésta que se ha resuelto en el acuerdo de resolución del recurso de reposición interpuesto frente al acuerdo de la exigencia de la reducción argumentado que "..no es suficiente que el obligado tributario tenga la voluntad de efectuar el ingreso o pago, sino que el ingreso debe producirse efectivamente durante el periodo voluntario otorgado por la normativa tributaria"; sin embargo, se ha silenciado esta cuestión en la resolución del TEAR, y se ha contestado por el Abogado del Estado en el sentido ya expuesto.

Por último, no se puede desconocer el alcance legal del concreto incumplimiento al que la Administración vincula la obligación de pago del importe reducido de la sanción. Así, ha de tenerse en cuenta que el art. 188.3.a) aplicado por la Inspección fue modificado por el Art. Quinto. Catorce, de la Ley 36/2006, de 29 de noviembre, de medidas para prevención del fraude fiscal; y según la exposición de motivos de la Ley esta reforma se hace con el objeto de reducir la litigiosidad entre los contribuyentes y la administración tributaria, añadiendo ..."en el mismo sentido, y con el objeto de facilitar el pago, se modifica el art. 188 de la Ley 58/2003, de 17 de diciembre, General Tributaria, por el que se regula la reducción de las sanciones tributarias, de forma que se habilita también el pago mediante aplazamiento o fraccionamiento, que en todo caso deberá quedar garantizado con aval certificado de seguro de caución "; y acreditado que el incumplimiento de la primera cuota comportó, conforme al procedimiento previsto en el art. 54.2b) del Reglamento General de Recaudación la iniciación del procedimiento de apremio respecto de dicha fracción de pago, realizándose el ingreso a los diez días del vencimiento del plazo en voluntaria de su importe 1.053,80 €, más 8,10 por intereses de demora, más 53,10 por recargo de apremio, y sin afectar al resto de la fracciones pendientes; habiendo satisfecho en plazo la actora las restantes cuotas del pago aplazado/fraccionado no es proporcionado exigir el importe de la reducción aplicada.

La estimación del recurso hace innecesario el estudio de los restantes motivos de impugnación vertidos en la demanda».

6.3. Sujetos responsables de las sanciones tributarias

¿Quiénes serán sujetos responsables de las sanciones tributarias?

Los sujetos infractores se establecen en el artículo 181 de la LGT, señala que, entre otros, **serán sujetos responsables de las infracciones y sanciones tributarias** los siguientes:

Serán sujetos infractores **las personas físicas** o **jurídicas** y **las entidades** (tales como las herencias yacentes, comunidades de bienes y demás entidades que, carentes de personalidad jurídica, constituyan una unidad económica o un patrimonio separado susceptible de imposición) que realicen las acciones u omisiones tipificadas como infracciones en las leyes.

Entre otros, serán sujetos infractores los siguientes:

- Los contribuyentes y los sustitutos de los contribuyentes.
- Los retenedores y los obligados a practicar ingresos a cuenta.
- Los obligados al cumplimiento de obligaciones tributarias formales.
- La entidad representante del grupo fiscal en el régimen de consolidación fiscal.
- Las entidades que estén obligadas a imputar o atribuir rentas a sus socios o miembros.
- El representante legal de los sujetos obligados que carezcan de capacidad de obrar en el orden tributario.
- Los obligados tributarios conforme a la normativa sobre asistencia mutua.
- La entidad dominante en el régimen especial del grupo de entidades del Impuesto sobre el Valor Añadido.

> **A TENER EN CUENTA.** Este último sujeto señalado en el artículo 181.1.h) de la LGT ha sido introducido por la Ley 11/2021, de 9 de julio, de medidas de prevención y lucha contra el fraude fiscal, entrando en vigor las modificaciones el 11 de julio de 2021.

Continua la ley señalando que el sujeto infractor es considerado el deudor principal, a efectos de lo establecido en el párrafo primero del artículo 41 de la LGT, en relación con la declaración de responsabilidad, que señala que «La ley podrá configurar como responsables solidarios o subsidiarios de la deuda tributaria, junto a los deudores principales, a otras personas o entidades».

De acuerdo con el párrafo cuarto del artículo 41 de la LGT, **la responsabilidad tributaria no alcanza a las sanciones**, salvo en los casos excepcionales recogidos en el artículo 182 de la LGT o en otras leyes que así lo establezcan.

En el caso de que se dé la concurrencia de **varios sujetos infractores en la realización de una infracción tributaria van a quedar solidariamente obligados** frente a la Administración al pago de la sanción

El procedimiento para exigir responsabilidad ya sea solidaria o subsidiaria, se encuentra regulado en los arts. 174, 175, 176 de la LGT.

‖ La responsabilidad solidaria

El párrafo primero del artículo 182 de la LGT señala que van a responder solidariamente del pago de las sanciones tributarias, derivadas o no de una deuda tributaria, las personas o entidades señaladas en el artículo 42 de la LGT.

Por lo que, serán responsables solidarios de la deuda tributaria las siguientes personas o entidades:

- Las que sean **causantes o colaboren activamente** en la realización de una infracción tributaria. Su responsabilidad también se extenderá a la sanción.

- Los **partícipes o cotitulares de herencias yacentes, comunidades de bienes y demás entidades que, carezcan de personalidad jurídica,** pero constituyan una unidad económica o un patrimonio separado, en proporción a sus respectivas participaciones respectos a las obligaciones tributarias materiales en las citadas entidades.

- Las que **sucedan por cualquier concepto en la titularidad o ejercicio de explotaciones o actividades económicas, por las obligaciones tributarias contraídas del anterior titular y derivadas de su ejercicio.** La responsabilidad también se extenderá a las obligaciones derivadas de la falta de ingreso de las retenciones e ingresos a cuenta practicadas o que se hubieran debido practicar. Cuando resulte de aplicación lo previsto en el apartado 2 del artículo 175 de esta ley, la responsabilidad establecida en este párrafo se limitará de acuerdo con lo dispuesto en dicho artículo. Cuando no se haya solicitado dicho certificado, la responsabilidad alcanzará también a las sanciones impuestas o que puedan imponerse.

A TENER EN CUENTA. El apartado 2 del artículo 175 de la LGT indica que «El que pretenda adquirir la titularidad de explotaciones y actividades económicas va a tener derecho a solicitar de la Administración la certificación detallada de las deudas, sanciones y responsabilidades tributarias derivadas de su ejercicio. La Administración tributaria deberá expedir dicha certificación en el plazo de tres meses desde la solicitud. En tal caso quedará la responsabilidad del adquirente limitada a las deudas, sanciones y responsabilidades contenidas en la misma. Si la certificación se expidiera sin mencionar deudas, sanciones o responsabilidades o no se facilitara en el plazo señalado, **el solicitante quedará exento de la responsabilidad** a la que se refiere dicho artículo».

CUESTIÓN

¿Hay algún caso en el que en caso de sucesión de explotaciones o actividades económicas no se traslade la responsabilidad solidaria?

Sí, cuando se adquieran elementos aislados, salvo que dichas adquisiciones, realizadas por una o varias personas o entidades, permitan la continuación de la explotación o actividad. Tampoco se aplicará la responsabilidad solidaria a los supuestos de sucesión por causa de muerto que habrá que acudir a lo establecido en el artículo 39 de la LGT.

Del mismo modo, **serán responsables solidarios del pago de la deuda tributaria pendiente y**, en su caso, **del de las sanciones tributarias**, incluidos el recargo y el interés de demora del período ejecutivo, cuando procedan, hasta el importe del valor de los bienes o derechos que se hubieran podido embargar o enajenar por la Administración tributaria, las siguientes personas o entidades:

- Las que sean causantes o colaboren en la ocultación o transmisión de bienes o derechos del obligado al pago con la finalidad de impedir la actuación de la Administración tributaria.

- Las que, por culpa o negligencia, incumplan las órdenes de embargo.

- Las que, con conocimiento del embargo, la medida cautelar o la constitución de la garantía, colaboren o consientan en el levantamiento de los bienes o derechos embargados, o de aquellos bienes o derechos sobre los que se hubiera constituido la medida cautelar o la garantía.

- Las personas o entidades depositarias de los bienes del deudor que, una vez recibida la notificación del embargo, colaboren o consientan en el levantamiento de aquéllos.

CUESTIÓN

¿Resulta posible declarar la responsabilidad solidaria en relación con las deudas tributarias de otro obligado tributario cuya obligación de pago de las mismas venga determinada por haber sido declarado responsable subsidiario del deudor principal?

Sí, y esta cuestión la aborda el Tribunal Supremo en su sentencia n.º 1033/2019, de 10 de julio, ECLI:ES:TS:2019:2694, que entiende que resulta posible declarar la responsabilidad solidaria en relación con las deudas tributarias de otro obligado tributario cuya obligación de pago de las mismas venga determinada por haber sido declarado responsable subsidiario del deudor principal, siempre que concurran los presupuestos de hecho que la ley establezca en cada caso, como determinante de la declaración de responsabilidad.

Para el Alto Tribunal el peculiar fundamento de esta forma de responsabilidad solidaria no está vinculado directa e inmediatamente al deudor principal y a la deuda pendiente de pago por éste, sino a la garantía de que el deudor principal, pero también cualquier otro obligado al pago, responda de la deuda con su patrimonio. De ahí que el alcance de su responsabilidad no venga dado por la extensión de la deuda dejada de pagar por el deudor principal sino por el valor de los bienes embargados o susceptibles de serlo, que actúa como límite a la responsabilidad en los supuestos del art. 42.2 de la LGT.

Para el TS, nos hallamos ante la figura de un responsable a quien la ley sitúa junto al deudor principal para hacer frente al pago de la deuda por éste impagada en la forma que se posiciona el responsable en el art. 41.1 de la LGT, sino ante un responsable que la ley califica como tal por la relación mantenida con los bienes susceptibles de ser embargados, por lo tanto, con independencia de quién sea el deudor principal y del total importe de la deuda que deja de pagar.

De ahí, por ello, que el art. 42.2 de la LGT evite en todo momento situar a estos responsables solidarios junto al deudor principal posicionándolos, siempre, por su relación con los bienes susceptibles de embargo del obligado al pago, ya sea éste un deudor principal del art. 35.2 de la LGT, ya, como en este caso, un responsable subsidiario. Es decir, el referente de estos responsables no son los deudores principales sino los bienes sustraídos a la garantía patrimonial que se podría haber hecho efectiva mediante la acción de embargo o enajenación por la Hacienda pública que describe el art. 42.2 apdo. a) de la LGT.

El procedimiento para declarar y exigir la responsabilidad solidaria será el previsto en el artículo 175 de la LGT:

- Cuando la responsabilidad haya sido declarada y notificada al responsable en cualquier momento anterior al vencimiento del período voluntario de pago de la deuda que se deriva, bastará con requerirle el pago una vez transcurrido dicho período.

- En los demás casos, una vez transcurrido el período voluntario de pago de la deuda que se deriva, el órgano competente dictará acto de declaración de responsabilidad que se notificará al responsable.

Cabe señalar en cuanto al **procedimiento de derivación de la responsabilidad, que el mismo es un procedimiento autónomo** a que le resultan de aplicación normas comunes. Cabe traer a colación por su carácter altamente ilustrativo la **sentencia del Tribunal Supremo n.º 218/2019, de 21 de febrero, ECLI:ES:TS:2019:672**, que establece:

> «No hay, en definitiva, **una extensión de los efectos de los recursos o de las reclamaciones entre el responsable derivado y el deudor principal, pues el procedimiento de derivación de responsabilidad es autónomo respecto del seguido frente al deudor principal.** Tal indebida extensión se produciría si la firmeza de las liquidaciones o sanciones relativas al deudor principal impidiera al responsable atacar sus presupuestos, pues ello no solo contravendría el derecho de defensa en los términos vistos, sino también la propia dicción literal del precepto que analizamos.
>
> A nuestro juicio, además, la expresada interpretación no puede alterarse en atención a la condición del declarado responsable. Dicho de otro modo, y tal como nos exige el auto de admisión, el alcance y contenido de la impugnación (que son, como se ha dicho, plenos y se extienden a los acuerdos dictados respecto del deudor principal) no quedan exceptuados, limitados o restringidos por la circunstancia de que la persona declarada responsable fuera administradora de la entidad a la que se giraron las liquidaciones o a la que se impusieron las sanciones derivadas.
>
> Abona esta tesis (excluyente de la imposición de limitaciones impugnatorias al responsable por su condición de administrador) no solo la dicción literal del precepto que nos ocupa (que no distingue en absoluto al respecto), sino la propia naturaleza jurídica del expediente de derivación de responsabilidad que constituye, como ya dijimos, un procedimiento autónomo del seguido con el deudor principal, al que no le son trasladables -sin más- los efectos de éste y cuyo resultado, desde luego, no puede ser calificado como un acto consentido y firme para un responsable que ha deducido contra los acuerdos correspondientes el recurso o reclamación legalmente procedentes».

El plazo de prescripción, señalado en el párrafo segundo del artículo 67 de la LGT para exigir el pago al responsable solidario comenzará a contarse, como regla general, desde el día siguiente a la finalización del plazo de pago en periodo voluntario del deudor principal.

JURISPRUDENCIA

Sentencia del Tribunal Supremo n.º 1421/2016, de 15 de junio, ECLI:ES:TS:2016:2797

«El artículo 42.2.a) de la Ley General Tributaria declara responsables solidarios de la deuda tributaria a las personas o entidades que sean causantes o colaboren activamente en la ocultación o transmisión de bienes o derechos del obligado al pago con la finalidad de impedir la actuación de la Administración tributaria.

Esta responsabilidad solidaria se ha de hacer efectiva a través de un procedimiento, que se ha de entender con el responsable solidario, pudiendo ser declarada en cualquier momento posterior a la práctica de la liquidación o a la presentación de la autoliquidación, salvo que la ley disponga otra cosa (artículo 174.1 de la Ley General

Tributaria) [en el caso de la responsabilidad subsidiaria se requiere la previa declaración de fallido del deudor principal (véase el artículo 176 de la misma Ley)]. Si la responsabilidad se declara y notifica al responsable antes del vencimiento del periodo voluntario de pago de la deuda que se deriva, bastará con requerir de pago al responsable una vez transcurrido dicho periodo. Si la declaración de responsabilidad se produce una vez transcurrido el periodo voluntario de pago, el órgano competente dictará acto de declaración de responsabilidad que se notificará al responsable (artículo 175.1). Iniciado el procedimiento, se otorga un trámite de audiencia al interesado por término de quince días [artículo 124.1 del Reglamento General de Recaudación, aprobado por Real decreto 939/2005, de 29 de julio (BOE de 2 de septiembre)].

Por tanto, son requisitos de la derivación de responsabilidad que nos ocupa: (i) la existencia de una deuda tributaria del obligado principal que se encuentre liquidada o autoliquidada en el momento de declaración de responsabilidad; y (ii) ser el responsable causante o colaborador en la ocultación de bienes y derechos con la finalidad de impedir la actuación de la Administración tributaria [sentencias del Tribunal Supremo de 20 de junio de 2014 (casación 2866/2012, FJ 5º; ECLI:ES:TS:2014:2529) y 18 de noviembre de 2015 (casación 860/2014, FJ 4º; ECLI:ES:TS:2015:4975)».

Sentencia del Tribunal Supremo n.º 1023/2023, de 18 de julio, ECLI:ES:TS:2023:3309

«Por tanto, no cabe duda de que la Administración, desde el mismo momento en que finalice el periodo voluntario de pago del deudor, no solo puede declarar la responsabilidad solidaria, sino que debe hacerlo tan pronto como le sea posible.

En resumen, de todo lo hasta ahora expuesto, inferimos que la interpretación correcta de los arts. 66 y 67 LGT deben llevar a entender que:

(i) El derecho de la Administración a declarar la responsabilidad tributaria, en tanto se configura como una auténtica acción declarativa y de liquidación de la deuda tributaria, está sujeto al plazo de prescripción de cuatro años. En un caso como este, dicho plazo se iniciará, en línea con el principio de la actio nata y los principios de buena administración y buena fe, el día siguiente a la finalización del plazo voluntario de pago del deudor principal.

(ii) El derecho de la Administración a exigir al responsable el pago de la deuda derivada en el acto declarativo de la responsabilidad está sujeto igualmente al plazo de cuatro años, computado desde el día siguiente a la finalización del plazo voluntario abierto con la notificación de la declaración de responsabilidad.

En este caso concreto, el plazo de prescripción del derecho de la Administración para declarar a Autos Nigorra responsable solidario de las deudas de Nisbalear se inició el día 1 de febrero de 2006 (en relación con el IVA correspondiente al periodo de diciembre de 2005), y el 1 de febrero de 2007 (en relación con el IVA correspondiente al periodo de diciembre de 2006)».

|| La responsabilidad subsidiaria

El párrafo segundo del artículo 182 de la LGT establece un supuesto de responsabilidad subsidiaria en el pago de las sanciones tributarias, remitiendo al supuesto recogido en el párrafo primero del artículo 43 de la LGT apartado a), g) y h). Luego, responderán subsidiariamente del pago de las sanciones:

- Sin perjuicio de lo dispuesto en el párrafo primero del artículo 42 de la LGT, los administradores de hecho o de derecho de las personas jurídicas que, habiendo cometido infracciones tributarias, no hubiesen realizado los actos necesarios que sean de su incumbencia para el cumplimiento de las obligaciones y deberes tributarios.

– Las personas o entidades que tengan el control efectivo, total o parcial, directo o indirecto, de las personas jurídicas o en las que concurra una voluntad rectora común con éstas, cuando resulte acreditado que las personas jurídicas han sido creadas o utilizadas de forma abusiva o fraudulenta para eludir la responsabilidad patrimonial universal frente a la Hacienda Pública y exista unicidad de personas o esferas económicas, o confusión o desviación patrimonial.

– Las personas o entidades de las que los obligados tributarios tengan el control efectivo, total o parcial, o en las que concurra una voluntad rectora común con dichos obligados tributarios, por las obligaciones tributarias de éstos, cuando resulte acreditado que tales personas o entidades han sido creadas o utilizadas de forma abusiva o fraudulenta como medio de elusión de la responsabilidad patrimonial universal frente a la Hacienda Pública, siempre que concurran, ya sea una unicidad de personas o esferas económicas, ya una confusión o desviación patrimonial.

El plazo de prescripción, señalado en el párrafo segundo del artículo 67 de la LGT para exigir el pago a los responsables subsidiarios comenzará a contarse desde la notificación de la última actuación recaudatoria practicada al deudor principal o a cualquiera de los responsables solidarios.

El procedimiento para declarar y exigir la responsabilidad subsidiaria será el previsto en el artículo 176 de la LGT, en el que indica que una vez que se haya declarado fallido el deudor principal o los responsables solidarios, la Administración tributaria dictará acto de responsabilidad y notificará al responsable subsidiario.

> **JURISPRUDENCIA**
>
> **Sentencia del Tribunal Supremo n.º 57/2022, de 25 de enero, ECLI:ES:TS:2022:259**
>
> **Responsabilidad tributaria «en cadena». Se fija doctrina.**
>
> *«En supuestos de responsabilidad tributaria "en cadena", la derivación de la responsabilidad subsidiaria constituye un "presupuesto de hecho habilitante" de la subsiguiente derivación de responsabilidad solidaria a los efectos de que el declarado responsable por alguna de las circunstancias previstas en apartado 2 del artículo 42 LGT pueda impugnar el acto de derivación de su responsabilidad con fundamento en la improcedencia de la previa derivación de responsabilidad subsidiaria respecto de un tercero, por inexistencia de declaración de fallido del deudor principal».*
>
> **Sentencia del Tribunal Supremo n.º 1217/2023, de 2 de octubre, ECLI:ES:TS:2023:4094**
>
> **La controversia jurídica versaba sobre determinar si es posible la suspensión sin garantías de la totalidad del importe consignado en un acuerdo de derivación de responsabilidad subsidiaria, fundamentado en el art. 43.1.a) LGT, cuando dicho acuerdo incluye no solo las sanciones sino también la deuda tributaria (cuota e intereses de demora). Se fija doctrina.**
>
> *«1.- La responsabilidad tributaria subsidiaria del artículo 43.1.a) de la LGT posee naturaleza sancionadora.*

> *2. Tal naturaleza sancionadora no impide que el legislador, dentro de los límites constitucionales, pueda modular el régimen de inejecutividad de los actos sancionadores, incluidos los basados en la aplicación de la responsabilidad tributaria subsidiaria del artículo 43.1.a) de la LGT, sin que una norma con rango de ley que niegue la suspensión automática de la deuda tributaria objeto de derivación —la parte derivada que proviene de deuda estricta— sea contraria a la Constitución.*
>
> *3. El inciso del artículo 212.3.b), segundo párrafo, in fine, de la LGT, que impide la suspensión automática de la deuda tributaria objeto de derivación, es compatible con el principio constitucional de igualdad, en los términos expuestos».*

La sucesión de las sanciones tributarias

Mientras que los responsables se colocan junto al deudor principal sin que se extinga la responsabilidad de éste, los sucesores se colocan en lugar de ese deudor principal, al haber quedado extinguida la responsabilidad de éste.

Debe distinguirse entre sucesión de personas físicas y sucesión de entidades.

|| Sucesión de personas físicas

El párrafo tercero del artículo 182 de la LGT señala que «Las sanciones tributarias no se transmitirán a los herederos y legatarios de las personas físicas infractoras».

Señala el artículo 39 de la LGT que a la muerte de los obligados tributarios que sean personas físicas, las obligaciones tributarias pendientes se transmiten a los herederos, sin perjuicio de lo que establece la legislación civil en cuanto a la adquisición de la herencia, pero en ningún caso se transmiten las sanciones.

A TENER EN CUENTA. Conviene advertir que cuando el causante fallece antes de finalizar el período de declaración, la infracción por la falta de declaración del impuesto de ese ejercicio la cometen los herederos, por lo que en ese caso no existe una sucesión o transmisión de sanciones.

|| Sucesión de entidades

El párrafo tercero del artículo 182 de la LGT señala que «Las sanciones tributarias por infracciones cometidas por las sociedades y entidades disueltas se transmitirán a los sucesores de las mismas en los términos previstos en el artículo 40 de esta ley».

Así, de acuerdo con el **artículo 40 de la LGT**:

- Las obligaciones tributarias pendientes de las sociedades y entidades con personalidad jurídica disueltas y liquidadas en las que **la ley limitada** la responsabilidad patrimonial: Los sucesores son los socios, partícipes o cotitulares, que quedarán obligados solidariamente hasta el límite del valor de la cuota de liquidación que les corresponda y demás percepciones patrimoniales recibidas.

- Las obligaciones tributarias pendientes de las sociedades y entidades con personalidad jurídica disueltas y liquidadas en las que **la ley no limita** la responsabilidad patrimonial: Los sucesores son los socios, partícipes o cotitulares, se transmitirán íntegramente y que quedarán obligados solidariamente.

- Las obligaciones tributarias pendientes de las sociedades y entidades con personalidad jurídica, en los casos de extinción o disolución sin liquidación, se transmitirán a las personas o entidades que sucedan o que sean beneficiarias de la operación.

- Sociedades y entidades con personalidad jurídica que se extingan o disuelvan sin liquidación y otros casos de cesión global del activo y pasivo de una sociedad: Los sucesores son las personas o entidades que sucedan o sean beneficiarias de la correspondiente operación.

- Fundaciones y entidades a que se refiere el apartado cuarto del artículo 35 de la LGT: los sucesores son los destinatarios de los bienes y derechos de tales fundaciones y los partícipes o cotitulares de dichas entidades, respectivamente.

En relación con el alcance de la sucesión se debe distinguir entre las obligaciones tributarias y las sanciones. Respecto a la transmisión de sanciones, el art. 40.5 de la LGT señala que las sanciones serán exigibles a los sucesores de las mismas **hasta el límite del valor de la cuota de liquidación que les corresponda.**

6.4. Extinción de las sanciones tributarias

¿Cuándo se extingue la responsabilidad derivada de las sanciones tributarias?

La extinción de las sanciones tributarias se encuentra regulada en el artículo 190 de la Ley 58/2003, de 17 de diciembre, General Tributaria, que señala que «Las sanciones tributarias se extinguen por el pago o cumplimiento, por prescripción del derecho para exigir su pago, por compensación, por condonación y por el fallecimiento de todos los obligados a satisfacerlas».

|| Por el pago o cumplimiento

La finalización de un expediente sancionador que concluya la comisión de una infracción tributaria supondrá la imposición de una sanción que deberá ejecutarse desde el momento en que se notifique al interesado.

El pago viene regulado en el artículo 62 de la LGT y siguientes.

El plazo de pago voluntario de la sanción dependerá del momento en que se reciba la notificación:

- Si la notificación se recibe **entre los días uno y 15 del mes,** el periodo voluntario irá desde la fecha de recepción de la notificación hasta el día 20 del mes posterior o, si éste no fuera hábil, hasta el inmediato hábil siguiente.

– Si la notificación de la sanción se recibe **entre los días 16 y último de cada mes**, el periodo voluntario será desde la fecha de recepción de la notificación hasta el día cinco del segundo mes posterior o, si éste no fuera hábil, hasta el inmediato hábil siguiente.

CUESTIÓN

¿Qué ocurrirá si ingreso indebidamente una sanción tributaria?

De acuerdo con el artículo 190.4 de la LGT, las sanciones tributarias ingresadas indebidamente tendrán la consideración de ingresos indebidos a los efectos de la propia LGT.

|| Por prescripción del derecho a exigir su pago

El plazo máximo para imponer sanciones tributarias es de **cuatro años,** desde el momento en que se cometieron los hechos que pudieran considerarse como infracción, cualquier sanción impuesta después de ese periodo se extinguirá. La prescripción se aplicará de oficio, por lo que no será necesario que se invoque por parte de interesado.

Este plazo se interrumpirá durante el tiempo en el que la Administración Tributaria ejercite alguna acción, con conocimiento formal del interesado, que pueda conducir a la imposición de la sanción tributaria, así como el que duren las acciones administrativas conducentes a la regularización de la situación tributaria del obligado. También interrumpirá el plazo de prescripción la interposición de reclamaciones o recursos de cualquier clase.

|| Por compensación o condonación

La extinción de la responsabilidad de pago de una sanción tributaria por compensación y condonación siguen los mismos criterios que los ya mencionados para el pago de cualquier deuda tributaria.

La extinción por el pago por compensación establece su regulación en el artículo 71 y siguientes de la LGT, en donde señala que «Las deudas tributarias de un obligado tributario podrán extinguirse total o parcialmente por compensación con créditos reconocidos por acto administrativo a favor del mismo obligado, en las condiciones que reglamentariamente se establezcan».

La compensación puede ser de oficio o a instancia de parte, pueden solicitarse por parte del obligado tributario las deudas tributarias en periodo voluntario y en ejecutivo, pero a instancia de oficio se podrán compensar solo en deudas tributarias en periodo ejecutivo.

JURISPRUDENCIA

Sentencia del Tribunal Supremo n.º 909/2019, de 25 de junio, ECLI:ES:TS:2019:2493

«Por consiguiente, resulta contrario a Derecho el acuerdo de compensación de deudas aprobado por el Ayuntamiento de Muro, pues ni las deudas que pretendía

compensar a su cargo eran deudas de naturaleza tributaria como exige el art. 71 y 73.2 de la LGT, pues no son tasas sino tarifas, y tampoco se reúne la condición de deudor y acreedor en el Consell Insular de Mallorca, tal y como exige el art. 71 LGT, ya que el acreedor de las tarifas es la concesionaria TIRME, S.A. y no el Consell Insular de Mallorca que es el deudor de la subvención con la que se compensa el débito del Ayuntamiento de Muro».

A TENER EN CUENTA. Se pueden compensar de oficio en período voluntario las cantidades que resulten a ingresar y a devolver de un mismo procedimiento de comprobación limitada o de inspección o de una nueva liquidación si ha sido anulada la anterior en base a lo dispuesto en el apartado quinto del artículo 26 de la LGT. Asimismo, los que resulten de la ejecución de la resolución del apartado tercero del artículo 225 y del apartado noveno del artículo 239 de la LGT.

En cuanto a la extinción por condonación, establece el artículo 75 que «Las deudas tributarias sólo podrán condonarse en virtud de ley, en la cuantía y con los requisitos que en la misma se determinen».

|| Por fallecimiento de todos los obligados a satisfacerlas

Las sanciones tributarias contra personas físicas no son heredables, por lo que el fallecimiento del infractor extingue la deuda originada por esa sanción, no existe transmisión de esta deuda. No ocurre lo mismo con la extinción de las personas jurídicas, ya que en este caso la responsabilidad del pago de la sanción se transmitirá a los socios, eso sí limitada al valor de la cuota de participación que le corresponda a cada uno en la liquidación de la entidad.

JURISPRUDENCIA

Sentencia del Tribunal Supremo, n.º 658/2020, de 3 de junio, ECLI:ES:TS:2020:1426

Asunto: Extinción de la sanción tributaria por fallecimiento del sujeto infractor antes de que el acuerdo sancionador haya ganado firmeza.

«El objeto de este recurso de casación consiste en determinar si es posible cuestionar la legalidad del acto administrativo de imposición de una sanción tributaria cuando el fallecimiento del sujeto infractor tenga lugar antes de que aquel haya ganado firmeza.

(...)

Ya se ha expuesto en el razonamiento anterior que los efectos del fallecimiento del sujeto infractor están perfectamente delimitados dentro del régimen de la extinción de la responsabilidad derivada de las infracciones y de las sanciones tributarias en el Capítulo II del Título IV de la LGT, cuyos artículos 189 y 190 tienen por objeto regular, respectivamente, la "Extinción de la responsabilidad derivada de las infracciones tributarias" y la "Extinción de las sanciones tributarias", de forma que el artículo 189.1 de la LGT atiende al supuesto del fallecimiento del sujeto infractor como causa de extinción de la responsabilidad cuando tenga lugar antes que la Administración haya dictado y notificado el acuerdo de imposición de sanción, mientras que el artículo 190.1 de la Ley atiende a los supuestos en los que el acuerdo sancionador ya ha sido dictado y notificado, de forma que su ámbito de aplicación se refiere a sanciones que ya han sido impuestas y notificadas pero que aún no son firmes.

(...)

La respuesta, conforme a lo que hemos razonado, ha de ser que, producido el fallecimiento del sujeto infractor después del acuerdo de imposición de sanción, pero antes de su firmeza, no es posible cuestionar la legalidad del acto administrativo de imposición de la sanción, al haberse producido la extinción de la sanción por ministerio de la ley».

7.
PROCEDIMIENTO SANCIONADOR EN MATERIA TRIBUTARIA

Regulación del procedimiento sancionador en materia tributaria

El procedimiento sancionador en materia tributaria se encuentra regulado del siguiente modo:

- En el artículo 207 y siguientes de la LGT.

- El Real Decreto 2063/2004, de 15 de octubre, por el que se aprueba el Reglamento general del régimen sancionador tributario, en adelante RGRS.

- En su defecto, se regula por las normas del procedimiento sancionador en materia administrativa.

El procedimiento sancionador se tramita de forma separada a los de aplicación de los tributos regulados en el título III de la LGT. No obstante, el obligado tributario va a poder renunciar a esta opción y poder optar por tramitación conjunta.

En los supuestos en los que el obligado tributario renuncie a tramitación separada del procedimiento sancionador y en las actas con acuerdo, las cuestiones correspondientes a las infracciones se analizan en el procedimiento de aplicación de los tributos conforme a la normativa reguladora del mismo.

Respecto a las actas con acuerdo, la renuncia del procedimiento se hará constar en las mismas. Asimismo, también constará la propuesta de sanción debidamente motivada tal y como indica el apartado cuarto del **artículo 210 de la LGT**:

> «Concluidas las actuaciones, se formulará propuesta de resolución en la que se recogerán de forma motivada **los hechos, su calificación jurídica y la infracción que aquéllos puedan constituir o la declaración, en su caso, de inexistencia de infracción o responsabilidad**».

En el procedimiento sancionador se van a garantizar los siguientes derechos a los afectados:

- Los afectados **tienen que ser notificados** de:

  • Los hechos que se le imputen.

  • Las infracciones que tales hechos puedan constituir.

  • Las sanciones que se le puedan imponer.

  • La identidad del instructor.

  • La autoridad competente para imponer la sanción.

  • La norma que atribuya tal competencia.

- Los afectados tienen derecho a **formular alegaciones** y a **utilizar los medios de defensa admitidos** por el ordenamiento jurídico que resulten procedentes.

- Los derechos reconocidos en el **artículo 34 de la LGT.**

- Las notificaciones se van a efectuar de acuerdo con lo previsto en la sección 3.ª del capítulo II del título III de la LGT.

La potestad sancionadora en materia tributaria se ejercerá de acuerdo con los principios reguladores de la misma en materia administrativa con las especialidades establecidas en la LGT, en particular, serán aplicables los **principios de legalidad, tipicidad, responsabilidad, proporcionalidad y no concurrencia,** declarados en el ámbito administrativo en los artículos 25 y siguientes de la Ley 40/2015, de 1 de octubre, de Régimen Jurídico del Sector Público, en adelante LRJSC.

Como consecuencia de estos principios, la jurisprudencia ha entendido que no son ejecutivas las sanciones tributarias mientras no se haya dictado resolución firme en vía jurisdiccional. Hasta entonces no procede adoptar medida alguna de suspensión, pues la no ejecutividad de las sanciones determina la innecesariedad de afianzar su importe, pues no hay nada que suspender.

La aplicabilidad al derecho administrativo sancionador de los principios penales ha sido admitida, con matizaciones, en la jurisprudencia del Tribunal Constitucional en cuanto el derecho administrativo sancionador es también manifestación del *ius puniendi* del Estado tal y como lo refleja la **sentencia del Tribunal Constitucional n.º 18/1981, de 8 de junio, ECLI:ES:TC:1981:18,** que reza el tenor literal siguiente:

> «(...)Los principios inspiradores del orden penal son de aplicación, con ciertos matices, al derecho administrativo sancionador, dado que ambos son manifestaciones del ordenamiento punitivo del Estado, tal y como refleja la propia Constitución (art. 25, principio de legalidad) y una muy reiterada jurisprudencia de nuestro Tribunal Supremo (Sentencia de la Sala Cuarta de 29 de septiembre, 4 y 10 de noviembre de 1980, entre las más recientes), hasta el punto de que un mismo bien jurídico puede ser protegido por técnicas administrativas o penales, si bien en el primer caso con el límite que establece el propio art. 25.3, al señalar que la Administración Civil no podrá imponer penas que directa o subsidiariamente impliquen privación de libertad».

El **principio de personalidad de la sanción**, manifestación del principio de culpabilidad, determina que solo pueden ser sancionados quienes puedan ser responsabilizados de la infracción por su contribución efectiva a la elusión del tributo. Por ello, no son transmisibles a terceros las sanciones, ni nadie puede ser declarado responsable por el hecho de otro. De acuerdo con este principio:

- Son **intransmisibles** las sanciones a los sucesores de las personas físicas tal y como señala el apartado uno del **artículo 39 de la LGT** y el apartado tercero del **artículo 182 de la LGT**, por ello la responsabilidad se extingue con el fallecimiento del infractor.

- Las sanciones impuestas a **personas jurídicas disueltas**, por el contrario, se transmiten a los sucesores de éstas hasta el límite de la cuota de liquidación tal y como señala el apartado quinto del **artículo 40 de la LGT** y el apartado tercero del **artículo 182 de la LGT**. No se trata de transmitir la sanción al sucesor, transmisión prohibida por el principio de culpabilidad, sino de sujetar el patrimonio liquidable a la responsabilidad pecuniaria en que consiste la sanción tributaria; también se transmite la sanción a quienes adquieran una explotación o actividad económica a tenor de lo establecido en el **apartado uno c) del artículo 42 de la LGT**.

- Solo **serán responsables de la sanción** quienes hayan causado o colaboren activamente en la realización de una infracción tributaria, tal y como señala el apartado 1 del artículo 42 de la LGT. Impropiamente utiliza este precepto el término «activamente», pues cabe contribuir por omisión, al apartado primero del **artículo 183 de la LGT**, y en realidad lo que se requiere es que el sujeto haya contribuido efectivamente la infracción. También quienes hayan impedido el cobro de la deuda colaborando en la sustracción de bienes sobre los que poder realizar el embargo tal y como señala el apartado segundo del artículo 42 de la LGT, que es un caso especial de responsabilidad por colaboración en hecho ilícito. También debe entenderse como caso especial de colaboración, la contribución por el administrador a la infracción tributaria de la persona jurídica. En realidad, se trata de la responsabilidad del representante por hechos de la persona jurídica que sólo mediante ficción tiene capacidad de acción.

- En el caso de **decisiones colegiadas**, se excluye la responsabilidad de quienes hubieren salvado su voto o no hubieren asistido a la reunión en la que se adoptó tal y como indica del apartado segundo del **artículo 179 de la LGT**, salvo que se trate de una ausencia concertada o dolosa.

Pueden ser responsables de la infracción tributaria no solo las **personas físicas, sino también las jurídicas**, incluso los entes en régimen de imputación de rentas, sin personalidad.

- Como ha declarado el TC nuestro derecho administrativo admite la responsabilidad directa de las personas jurídicas, reconociéndoles, pues, capacidad infractora. Pero esto no significa en absoluto que para el caso de las infracciones administrativas cometidas por personas jurídicas se haya suprimido el elemento subjetivo de la culpa sino simplemente que ese principio se ha de aplicar de forma distinta a como se hace respecto de las personas físicas. Esta construcción distinta de la imputabilidad de la autoría de la infracción a la persona jurídica nace de la propia naturaleza de ficción jurídica a la que responden estos sujetos. Pero sólo responde, conforme al principio expuesto, quien haya tenido el dominio fáctico de la situación que permite el cumplimiento del deber tributario. Ello es claro en el caso del representante legal del incapaz, una especie de autoría mediata, y en el administrador de derecho que ejerce de forma efectiva la gestión del negocio.

– Mayores problemas presenta el caso del **administrador de hecho y del representante voluntario**. Debe tenerse en cuenta que conforme al párrafo a) del apartado uno del artículo 42 de la LGT se requiere para ser responsable de la infracción tributaria que se haya contribuido a ella efectivamente. Y, por tanto, en el ámbito sancionador no cabe deducir la responsabilidad solo de la posición que se ocupe en el organigrama de la empresa, a pesar de que el apartado segundo del **artículo 45 de la LGT** establece la representación de acuerdo con criterios formales. Siguiendo la evolución de la dogmática del Derecho penal, se define la actuación en lugar de otro con arreglo a criterios materiales, al margen del vínculo representativo. Con este criterio pretenden solucionarse algunos casos problemáticos:

• Supuestos de **ineficacia jurídica del nombramiento como administrador**.

• Casos de **administración** de una sociedad jurídicamente **inexistente**.

• Casos en los que el *administrador de hecho* tiene el dominio sobre el formalmente nombrado (utilización de un testaferro).

• **Asunción fáctica de las funciones de** administración sin previo nombramiento con consentimiento de socios o administradores de derecho. Para estos casos, se afirma que es responsable de la infracción quien ha asumido fácticamente el dominio de la empresa, al margen de vínculos representativos de carácter formal. Con carácter general puede decirse que hay asunción fáctica cuando el sujeto de que se trate tiene capacidad de influencia en el negocio de la empresa, esto es, un poder fáctico de ordenación, cuando esa capacidad ha sido asumida con consentimiento expreso o tácito de los socios o del administrador de derecho. Y cuando se trata del cumplimiento del deber tributario, hay asunción fáctica cuando se encuentra en el ámbito de dominio del sujeto la decisión relativa al cumplimiento del deber, y todo ello al margen de que formalmente ese sujeto tenga entre sus atribuciones la realización de la tarea en que consista el deber. Desde este punto de vista, en ocasiones podrá responsabilizarse de la infracción tributaria al administrador de hecho, o incluso al representante voluntario con representación formal o sin ella, cuando se ha producido una asunción fáctica del dominio. Hubiera sido preferible que la LGT hubiera llevado el principio de culpabilidad a sus últimas consecuencias, también de forma expresa en este ámbito de la prohibición de la responsabilidad por el hecho de otro.

7.1. Principios del Derecho tributario sancionador

¿Qué principios rigen en el derecho tributario sancionador?

Dentro de las denominadas limitaciones al poder punitivo del Estado tenemos que hacer referencia al hecho de que, en ocasiones, dichos límites se basan en el fundamento político frente a otras ocasiones en las que el fundamento utilizado para marcar los mismos es funcional, se basa en la necesidad del derecho penal o administrativo para proteger los bienes jurídicos más preciados. Por tanto, diremos que todos los principios que pretenden limitar el ius puniendi derivan de ambos fundamentos.

|| Los principios de la potestad sancionadora

La potestad sancionadora en materia tributaria se ejercerá de acuerdo con los principios reguladores de la misma en materia administrativa. En particular, serán aplicables los siguientes principios de acuerdo con el artículo 178 de la LGT:

- Principio de legalidad.
- Principio de tipicidad.
- Principio de responsabilidad.
- Principio de proporcionalidad
- Principio de no concurrencia.
- Principio de irretroactividad.

Y, los siguientes principios reguladores de la potestad sancionada en materia administrativa:

- El derecho de defensa del presunto infractor.
- La presunción de inocencia.
- El principio de buena fe.
- El principio de seguridad jurídica.

| Principio de legalidad

La potestad sancionadora ha de ejercerse cuando así se reconozca expresamente por una norma con rango de ley. Este es el significado que tiene el principio de legalidad de la potestad sancionadora.

El **artículo 25 de la LRJSP** viene a establecer:

> «1. La potestad sancionadora de las Administraciones Públicas se ejercerá cuando haya sido expresamente reconocida por una norma con rango de Ley, con aplicación del procedimiento previsto para su ejercicio y de acuerdo con

lo establecido en esta Ley y en la Ley de Procedimiento Administrativo Común de las Administraciones Públicas y, cuando se trate de Entidades Locales, de conformidad con lo dispuesto en el Título XI de la Ley 7/1985, de 2 de abril.

2. El ejercicio de la potestad sancionadora corresponde a los órganos administrativos que la tengan expresamente atribuida, por disposición de rango legal o reglamentario.

3. Las disposiciones de este capítulo serán extensivas al ejercicio por las Administraciones Públicas de su potestad disciplinaria respecto del personal a su servicio, cualquiera que sea la naturaleza jurídica de la relación de empleo.

4. Las disposiciones de este capítulo no serán de aplicación al ejercicio por las Administraciones Públicas de la potestad sancionadora respecto de quienes estén vinculados a ellas por relaciones reguladas por la legislación de contratos del sector público o por la legislación patrimonial de las Administraciones Públicas».

Debe interpretarse el citado artículo junto con el artículo 25 de la CE que, en su apartado 1, dispone:

«Nadie puede ser condenado o sancionado por acciones u omisiones que en el momento de producirse no constituyan delito, falta o infracción administrativa, según la legislación vigente en aquel momento».

Es fundamental el estudio que los tribunales vienen dando, desde años atrás, con anterioridad a la LRJSP, sobre ambos preceptos de manera conjunta. Se aprecia dentro del principio de legalidad el respeto a las garantías formal y material:

- **Garantía formal**: desde el punto de vista de reserva de ley en materia sancionadora y garantía material en cuanto a la determinación por norma con rango de ley de las conductas ilícitas y sus sanciones.

- **Garantía material**: en cuanto a la determinación por norma con rango de ley de las conductas lícitas y sus sanciones.

Si bien, no se incumple el principio de legalidad cuando se regula en la ley que las normas reglamentarias especificarán infracciones dentro de los límites establecidos por la ley, sin que tal especificación suponga nuevas infracciones o sanciones.

El alcance del principio de legalidad abarca la tipificación de las infracciones, la determinación de las sanciones y la correspondencia o correlación entre unas y otras, de tal manera que sea la propia ley la que permita conocer a los ciudadanos el alcance de la responsabilidad punitiva de sus acciones.

Asimismo, también incluye las reglas para determinar:

- La extensión de la sanción.

- Las formas punibles de comisión.

- Las causas de extinción de la responsabilidad.

- La determinación de los sujetos responsables, incluidos los supuestos de responsabilidad solidaria y subsidiaria.

JURISPRUDENCIA

Sentencia del Tribunal Supremo n.º 3243/2008, de 10 de junio, ECLI:ES:TS:2008:3243

Asunto: Principio de legalidad y admisibilidad de reglamento en el orden tributario sancionador

«El alcance del principio de legalidad en materia tributaria no puede ser entendido como lo hace el recurrente en el sentido de que hay en esta materia una reserva de ley absoluta, lo que viene avalado por las sentencias del Tribunal Constitucional, en las que se afirma: Sentencia 19/1987, de 17 de Febrero "... el art. 31.1 establece una reserva general de Ley en el orden tributario, sobre la cual este Tribunal ha tenido ocasión de hacer antes de ahora importantes puntualizaciones. Hemos dicho, en efecto, que, cuando el art. 31.3 CE proclama, en lo que aquí interesa, que sólo podrán establecerse prestaciones patrimoniales de carácter público con arreglo a la Ley, está dando entrada la Norma fundamental no a una legalidad tributaria de carácter absoluto —pues no se impone allí que el establecimiento haya de hacerse necesariamente por medio de Ley— sino, con mayor flexibilidad, a la exigencia de que ordene la Ley los criterios o principios con arreglo a los cuales se ha de regir la materia tributaria y, concretamente, la creación "ex novo" del tributo y la determinación de los elementos esenciales o configuradores del mismo (SS 6/1983 de 4 febrero, 37/1981 de 16 noviembre y 179/1985 de 19 diciembre)", y en la Sentencia 185/1995, de 14 de Diciembre "Este Tribunal ha dicho ya que la reserva de ley en materia tributaria exige que "la creación ex novo de un tributo y la determinación de los elementos esenciales o configuradores del mismo" debe llevarse a cabo mediante una ley (SSTC 37/81, 6/83, 179/85, 19/87). También hemos advertido que se trata de una reserva relativa en la que, aunque los criterios o principios que han de regir la materia deben contenerse en una ley, resulta admisible la colaboración del reglamento, siempre que "sea indispensable por motivos técnicos o para optimizar el cumplimiento de las finalidades propuestas por la Constitución o por la propia ley" y siempre que la colaboración se produzca "en términos de subordinación, desarrollo y complementariedad" (entre otras, SSTC 37/81, 6/83, 79/85, 60/86, 19/87, 99/87). El alcance de la colaboración estará en función de la diversa naturaleza de las figuras jurídico-tributarias y de los distintos elementos de las mismas (SSTC 37/81 y 19/87)».

Sentencia del Tribunal Supremo, rec. 2545/2007 de 16 de diciembre de 2009, ECLI: ES:TS:2009:8298

Asunto: Principio de legalidad como principio del derecho tributario sancionador

«Dentro del segundo grupo de cuestiones objeto de análisis se plantea una cuestión ampliamente resuelta por la jurisprudencia constitucional y la subsiguiente recepción de la misma por esta audiencia y por el Tribunal Supremo, como es la relativa a la compatibilidad del principio de legalidad en su manifestación de suficiencia de la predeterminación normativa con el uso de conceptos jurídicos indeterminados, inevitable cuando se trata de regular una actividad sumamente contingente y mutable como es la disciplina del mercado bancario.

No cabe duda que en un sistema en que rigiera de manera estricta y sin fisuras la división de los poderes del Estado, la potestad sancionadora debería constituir un monopolio judicial y no podría estar nunca en manos de la Administración, pero un sistema semejante no ha funcionado nunca históricamente y es lícito dudar que fuera incluso viable, por razones que no es ahora momento de exponer con detalle, entre las que se pueden citar la conveniencia de no recargar en exceso las actividades de la Administración de Justicia como consecuencia de ilícitos de gravedad menor, la conveniencia de dotar de una mayor eficacia al aparato represivo en relación con ese tipo de ilícitos y la conveniencia de una mayor inmediación de la autoridad sancionadora respecto de los hechos sancionados. Siguiendo esta líneas, nuestra Constitución no ha excluido la existencia de una potestad sancionadora de la Administración, sino que, lejos de ello, la ha admitido en el art. 25, ap. 3°, aunque, como es obvio, sometiéndola a las necesarias cautelas, que preserven y garanticen los derechos de los ciudadanos. Debe, pues, subrayarse que existen unos límites de la potestad sancionadora de la Administración, que de manera directa se encuentran contemplados por el art. 25 CE y que dimanan del principio de legalidad de las infracciones y de las sanciones. Estos límites, contemplados desde el punto de vista de los ciudadanos, se transforman en derechos subjetivos de ellos y consisten en no sufrir sanciones sino en los casos legalmente prevenidos y de autoridades que legalmente puedan imponerlas. Colocados de lleno en la línea a la que hemos llegado en el apartado anterior, podemos establecer que los límites que la potestad sancionadora de la Administración encuentra en el art. 25.1 CE son:

1) La legalidad, que determina la necesaria cobertura de la potestad sancionadora en una norma de rango legal, con la consecuencia del carácter excepcional que los poderes sancionatorios en manos de la Administración presentan;

2) La interdicción de las penas de privación de libertad, a las que puede llegarse de modo directo o indirecto a partir de las infracciones sancionadas;

3) El respeto a los derechos de defensa, reconocidos en el art. 24 CE, que son de aplicación a los procedimientos que la Administración siga para imposición de sanciones, y

4) Finalmente, la subordinación a la Autoridad judicial.

Respetando este esquema de actuación, de forma expresa, el Tribunal Constitucional mediante la STC 151/1997, ha señalado que en el ámbito del Derecho Administrativo Sancionador los tipos abiertos y valorativos, característicos de la regulación propia de la actividad económica, pueden ser compatibles con las exigencias constitucionales, a cambio de trasladar al Juez una carga de motivación más intensa para identificar la antijuridicidad de la conducta y con ello suplir la denunciada indeterminación del tipo sancionador».

Sentencia del Tribunal Constitucional n.° 215/2016, de 15 de diciembre, ECLI:ES:TC:2016:215

Asunto: Principio de legalidad y derecho tributario sancionador

«En efecto, este Tribunal tiene declarado en relación con el principio de legalidad en materia penal que "los postulados del art. 25 CE no pueden aplicarse a ámbitos que no sean los específicos del ilícito penal o administrativo, siendo improcedente su aplicación extensiva o analógica ... a supuestos distintos o a actos por su mera condición de ser restrictivos de derechos, si no representan el efectivo ejercicio del ius puniendi del Estado o tienen un verdadero sentido sancionador" (STC 48/2003, de 12 de marzo, FJ 9, y doctrina allí citada)».

Sentencia del Tribunal Constitucional n.° 242/2005, de 10 de octubre, ECLI:ES:TC:2005:242

«2. La recurrente aduce la vulneración del derecho a la legalidad sancionadora (art. 25.1 CE) tanto desde la perspectiva de las garantías formal y material de este derecho, por incumplimiento de las exigencias de reserva de ley y taxatividad, como desde la perspectiva de la labor de interpretación y subsunción, por haberse aplicado una norma sancionadora en virtud de una interpretación extensiva.

El análisis de si se han respetado las garantías formal y material del derecho a la legalidad sancionadora debe comenzar recordando la ya consolidada doctrina de este

Tribunal sobre el particular, en la que se ha reiterado que el art. 25.1 CE incorpora la regla nullum crimen nulla poena sine lege, que es de aplicación al ordenamiento sancionador administrativo y que comprende tanto una garantía formal como material. Si bien la garantía formal aparece derivada de la exigencia de reserva de ley en materia sancionadora, sin embargo tiene una eficacia relativa o limitada en el ámbito sancionador administrativo, toda vez que no cabe excluir la colaboración reglamentaria en la propia tarea de tipificación de las infracciones y atribución de las correspondientes sanciones, aunque sí hay que excluir el que tales remisiones hagan posible una regulación independiente y no claramente subordinada a la Ley. Por tanto, la garantía formal implica que la ley debe contener la determinación de los elementos esenciales de la conducta antijurídica y al reglamento sólo puede corresponder, en su caso, el desarrollo y precisión de los tipos de infracciones previamente establecidos por la ley (por todas, SSTC 161/2003, de 15 de septiembre, FJ 2, ó 26/2005, de 14 de febrero, FJ 3).

La garantía material, por su parte, aparece derivada del mandato de taxatividad o de lex certa y se concreta en la exigencia de predeterminación normativa de las conductas ilícitas y de las sanciones correspondientes, que hace recaer sobre el legislador el deber de configurarlas en las leyes sancionadoras con la mayor precisión posible para que los ciudadanos puedan conocer de antemano el ámbito de lo proscrito y prever, así, las consecuencias de sus acciones. Por tanto, la garantía material implica que la norma punitiva permita predecir con suficiente grado de certeza las conductas que constituyen infracción y el tipo y grado de sanción del que puede hacerse merecedor quien la cometa, lo que conlleva que no quepa constitucionalmente admitir formulaciones tan abiertas por su amplitud, vaguedad o indefinición, que la efectividad dependa de una decisión prácticamente libre y arbitraria del intérprete y juzgador (por todas, SSTC 100/2003, de 2 de junio, FJ 2, y 26/2005, de 14 de febrero, FJ 3)».

Sentencia del Tribunal Constitucional n.º 97/2009, de 27 de abril, ECLI:ES:TC:2009:97

«Asume el Juez que el Tribunal Constitucional tiene establecido que el principio de legalidad del art. 25.1 CE contiene dos garantías básicas: una material y absoluta, consistente en la predeterminación normativa de los ilícitos y las sanciones, y otra formal y relativa, que proclama la necesidad de que esa predeterminación se haga por normas con fuerza de ley, admitiéndose que los reglamentos puedan intervenir en la definición de los ilícitos siempre y cuando sea en términos subordinados a la ley, limitándose a completar el núcleo del injusto de los ilícitos que debe haber sido fijado por la ley, sin modificarlo ni crear ilícitos nuevos no previstos en ella. Tal doctrina, se dice en el Auto, ha sido reiterada, entre otras, en las SSTC 61/1990, 341/1993, 60/2000 y 132/2001, en este último caso matizando la garantía formal del principio de legalidad al analizar la relación de la ley con las ordenanzas locales».

Sentencia del Tribunal Constitucional n.º 220/2016, de 19 de diciembre, ECLI:ES:TC:2016:220

«6. Como acaba de apuntarse, el principio de legalidad penal, en su vertiente material, afecta, en primer lugar, a la actividad legislativa, pues, la garantía de seguridad jurídica (art. 9.3 CE) inherente a la legalidad, "comporta el mandato de taxatividad o de certeza que se produce en la exigencia de predeterminación normativa de las conductas y sus correspondientes sanciones (lex certa) en virtud del cual el legislador debe promulgar normas concretas, precisas, claras e inteligibles, para que los ciudadanos deban conocer de antemano el ámbito de lo proscrito y prever, así, las consecuencias de sus acciones" (SSTC 185/2014, de 6 de noviembre, FJ 8, y 146/2015, de 25 de junio, FJ 2)».

7.1.1. El principio de tipicidad

Configuración del principio de tipicidad en el derecho tributario sancionador

Según el principio de tipicidad, la acción u omisión en qué consiste la infracción debe estar tipificado con la suficiente precisión en una norma legal, norma que determinará tanto la infracción como la sanción a imponer por la comisión de la misma. Se regula en el artículo 183 de la LGT, que dispone que «Son infracciones tributarias las acciones u omisiones dolosas o culposas con cualquier grado de negligencia que estén tipificadas y sancionadas como tales en esta u otra ley» y en el artículo 27 de la LRJSP.

«Artículo 27. Principio de tipicidad.

1. Sólo constituyen infracciones administrativas las vulneraciones del ordenamiento jurídico previstas como tales infracciones por una Ley, sin perjuicio de lo dispuesto para la Administración Local en el Título XI de la Ley 7/1985, de 2 de abril.

Las infracciones administrativas se clasificarán por la Ley en leves, graves y muy graves.

2. Únicamente por la comisión de infracciones administrativas podrán imponerse sanciones que, en todo caso, estarán delimitadas por la Ley.

3. Las disposiciones reglamentarias de desarrollo podrán introducir especificaciones o graduaciones al cuadro de las infracciones o sanciones establecidas legalmente que, sin constituir nuevas infracciones o sanciones, ni alterar la naturaleza o límites de las que la Ley contempla, contribuyan a la más correcta identificación de las conductas o a la más precisa determinación de las sanciones correspondientes.

4. Las normas definidoras de infracciones y sanciones no serán susceptibles de aplicación analógica».

La **doctrina del Tribunal Constitucional** indica que este principio se refiere tanto a las infracciones como a las sanciones, entendiéndose cumplido dicho principio si la norma principal define unos límites mínimos y máximo del importe de la sanción, dejando al desarrollo reglamentario los criterios para que el órgano competente fije el importe final de la sanción.

Por tanto, dicho principio supone que las normas sancionadoras deben ser concretas y precisas, claras e inteligibles *lex certa*, es decir, impone al legislador la obligación de configurar las normas sancionadoras con la mayor precisión posible, evitando las fórmulas vagas u omnicomprensivas de cualquier conducta ilícita en el sector de que se trate.

El principio de tipicidad no solo afecta a la calidad de la ley sino también a la previsibilidad del alcance de su obligación, de modo que no sólo se dirige al legislador sino también a los órganos encargados de aplicar las normas sancionadoras, impidiéndoles que actúen frente a comportamientos que se sitúan fuera de las fronteras que demarca la norma sancionadora y obligándoles a precisar en cada acto sancionador cuál es el tipo infractor con base en el que se impone la sanción.

|| Lex certa

La exigencia de *lex certa* deriva del principio de seguridad en su vertiente subjetiva (certeza jurídica) y del principio general de libertad, que impone que las conductas sancionables sean excepción a esa libertad.

La tipicidad implica claridad y precisión, además de reducir el margen de discrecionalidad del legislador y la arbitrariedad en la aplicación del derecho por la Administración correspondiente y/o la Jurisdicción, garantizando así la igualdad en la aplicación de la ley.

Por tanto, una conducta será típica únicamente cuando en ella se aprecie identidad entre sus componentes fácticos y los descritos en la norma jurídica, no siendo posible calificarla como infracción tributaria si las acciones u omisiones cometidas por el sujeto no guardan una perfecta similitud con las descritas en los tipos legales de forma que los hechos se subsuman en el tipo infractor previsto por la ley.

|| Prohibición de la analogía

La analogía constituye un procedimiento en virtud del cual se aplica la solución prevista por la norma para un supuesto distinto pero similar no regulado por esa norma pero con el que comparte una identidad de razón.

En el derecho tributario y, especialmente, en el ámbito sancionador **está prohibida la utilización de la analogía cuando resulta perjudicial**, pues la determinación de la punibilidad de los comportamientos corresponde únicamente al legislador. La prohibición se recoge expresamente en el apartado cuatro del artículo 27 de la LRJSP donde señala que «Las normas definidoras de infracciones y sanciones no serán susceptibles de aplicación analógica».

Dicha prohibición afecta tanto al tipo que se reputa infracción, como a las circunstancias agravantes y a los sujetos responsables.

|| La analogía iuris

La prohibición de analogía no afecta a las normas favorables a los contribuyentes, las cuales si pueden aplicarse de conformidad con la doctrina jurisprudencial. Es decir, si puede aplicarse una norma para un caso similar siempre que afecte a un caso similar o parecido.

A la hora de su concreta aplicación debe tenerse en cuenta que el derecho administrativo sancionador busca favorecer los intereses generales, por lo que no cabe recurrir a dicha aplicación analógica sin más.

Por tanto, en el ámbito tributario se puede acudir a los principios generales del derecho cuando la norma sea insuficiente para resolver el caso planteado.

> **JURISPRUDENCIA**
>
> **Sentencia del Tribunal Supremo n.º 74/2017, de 23 de enero; ECLI:ES:TS:2017:150**
>
> **Asunto: Principio de tipicidad como principio en derecho tributario sancionador**
>
> *«Desde esta perspectiva, resulta elemento realmente esencial del principio de tipicidad, ligado indisolublemente con el principio de seguridad jurídica (art. 9.3 CE),*

la necesidad de que la Administración en el ejercicio de su potestad sancionadora identifique el fundamento legal de la sanción impuesta en cada resolución sancionatoria. En otros términos, el principio de tipicidad exige no sólo que el tipo infractor, las sanciones y la relación entre las infracciones y sanciones, estén suficientemente predeterminados, sino que impone la obligación de motivar en cada acto sancionador concreto en qué norma se ha efectuado dicha predeterminación y, en el supuesto de que dicha norma tenga rango reglamentario, cuál es la cobertura legal de la misma. Esta última obligación encuentra como excepción aquellos casos en los que, a pesar de no identificarse de manera expresa el fundamento legal de la sanción, el mismo resulta identificado de forma implícita e incontrovertida».

Sentencia del Tribunal Supremo n.º 5949/2011, de 22 de septiembre, ECLI:ES:TS:2011:5949

Asunto: Principio de tipicidad como principio en derecho tributario sancionador

«En efecto, como ha señalado el Tribunal Constitucional, el principio de tipicidad obliga a la Administración a identificar, no sólo de forma suficiente, sino también correcta la norma específica en la que se subsumen los hechos que se imputan al sujeto infractor, de manera que el órgano judicial, con el objeto de mantener la sanción impuesta, no puede encajar los hechos en otro tipo infractor distinto al identificado por la Administración [S.S.T.C. 218/2005, de 12 de septiembre, FJ 4; 195/2005, de 18 de julio, FJ 5, in fine; 77/2006, de 13 de marzo, FJ Único; y 113/2008, de 29 de septiembre, FJ 4]. En este sentido, por ejemplo, la STC 161/2003, de 15 de septiembre, dejaba muy claro que "es a la Administración a la que está atribuida la competencia sancionadora», correspondiendo únicamente a los órganos judiciales "controlar la legalidad del ejercicio de esas competencias por la Administración". De este modo —proseguía—, "[n]o es función de los jueces y tribunales reconstruir la sanción impuesta por la Administración sin fundamento legal expreso o razonablemente deducible mediante la búsqueda de oficio de preceptos legales bajo los que puedan subsumirse los hechos declarados probados por la Administración.- En el ámbito Administrativo sancionador corresponde a la Administración, según el Derecho vigente, la completa realización del primer proceso de aplicación de la norma (que debe ser reconducible a una con rango de ley que cumpla con las exigencias materiales del art. 25.1 CE), lo que implica la completa realización del denominado silogismo de determinación de la consecuencia jurídica: constatación de los hechos, interpretación del supuesto de hecho de la norma, subsunción de los hechos en el supuesto de hecho normativo y determinación de la consecuencia jurídica. El órgano judicial puede controlar posteriormente la corrección de ese proceso realizado por la Administración, pero no puede llevar a cabo por sí mismo la subsunción bajo preceptos legales encontrados por él, y que la Administración no había identificado expresa o tácitamente, con el objeto de mantener la sanción impuesta tras su declaración de conformidad a Derecho. De esta forma, el juez no revisaría la legalidad del ejercicio de la potestad sancionadora sino que, más bien, lo completaría» (FJ 3; reproducen parcialmente esta doctrina los AATC 317/2004, de 27 de julio, FJ 6; 324/2004, de 29 de julio, FJ 6; 250/2004, de 12 de julio, FJ 3; y 251/2004, de 12 de julio, FJ 6). Y, en la misma línea, en la posterior STC 297/2005, de 21 de noviembre, señaló que "el principio de tipicidad exige que la Administración sancionadora precise de manera suficiente y correcta, a la hora de dictar cada acto sancionador, cuál es el tipo infractor con base en el que se impone la sanción, sin que corresponda a los órganos de la jurisdicción ordinaria ni a este Tribunal buscar una cobertura legal al tipo infractor o, mucho menos, encontrar un tipo sancionador alternativo al aplicado de manera eventualmente incorrecta por la Administración sancionadora", por lo que no resultaba "posible sustituir el tipo sancionador aplicado" por el órgano de la Administración competente "por ningún otro descubierto por este Tribunal» (FJ 8; en el mismo sentido, STC. 77/2006, de 13 de marzo (FJ Único)».

RESOLUCIÓN RELEVANTE

Sentencia del Tribunal Superior de Justicia de Cataluña n.º 751/2006, de 21 de septiembre, ECLI:ES:TSJCAT:2006:8540

Asunto: Principio de tipicidad como principio del derecho tributario sancionador

«Es sobradamente conocido que, en el ámbito del Derecho Administrativo Sancionador, rigen los mismos principios rectores que en el orden penal, con algunos matices, habiendo señalado el Tribunal Supremo en numerosas ocasiones (SSTS de 19 de marzo de 1990, 22 de marzo de 1995 y 18 de febrero de 1997, entre otras muchas), que "en el derecho sancionador la carga de probar los hechos imputados incumbe a la Administración, como enseña, entre otras, la Sentencia de la antigua Sala 5ª de 24 de marzo de 1988, acorde por lo demás con la doctrina expuesta por el Tribunal Constitucional en su Sentencia núm. 105/1988, de 8 de junio, en relación con el rigor probatorio preciso para desmotivar la presunción de inocencia, doctrina de esta sentencia que, aún referida al ámbito penal estricto debe trasladarse a la del Derecho Administrativo sancionador, al ser aplicables a éste y a su procedimiento las mismas garantías del proceso penal, según enseñan, entre otras la Sentencia del propio Tribunal Constitucional núm. 29/1989, de 6 de febrero y reiteradas sentencias de este Tribunal Supremo, y no puede suplirse esa prueba por las simples afirmaciones del Inspector cuando, por la entidad de los hechos, no son directamente cognoscibles por él, sino a través de los medios de prueba".

*Por otra parte, y aunque los principios de legalidad y de tipicidad de la pena no tienen en el Derecho administrativo la rigurosidad que en el Derecho penal, tal criterio de flexibilidad tiene como límites insalvables, en el administrativo, **la necesidad de que el acto o la omisión castigadas se hallen claramente definidas como falta administrativa y tengan aparejada una determinada sanción, pues de no ser así, se reconocería a la Administración una facultad creadora de tipos de sanción y de correctivos por analogía que llevarían evidentemente a una indefensión del administrado** (STS de 30 de mayo de 1983).*

Así pues, el acto administrativo sancionador ha de atender al análisis del hecho concreto, de su naturaleza y alcance, para apreciar si la existencia del ilícito administrativo perseguido es o no subsumible en alguno de los supuestos-tipo de infracción previstos en la Ley, porque "la calificación de la infracción —referida a actos u omisiones concretos— no es facultad discrecional de la Administración, sino propiamente actividad jurídica de aplicación de normas que exige, como presupuesto objetivo, el encuadre o subsunción de la falta incriminada en el tipo predeterminado legalmente" (SSTS de 9 de febrero de 1982 y 10 de octubre de 1983, entre otras)».

7.1.2. El principio de responsabilidad

El principio de responsabilidad en el derecho tributario sancionador

El principio de responsabilidad se contempla en los artículos 179 de la LGT y 28 de la LRJSP y, en su aspecto de responsabilidad personal, exige que nadie sea castigado por hechos ajenos, el artículo 179 de la LGT indica que «Las personas físicas o jurídicas y las entidades mencionadas en el apartado 4 del artículo 35 de esta ley podrán ser sancionadas por hechos constitutivos de infracción tributaria cuando resulten responsables de los mismos».

El principio de culpabilidad se define actualmente en el artículo 183 de la LGT de modo similar al principio de culpabilidad jurídico-penal, considerando que «son infracciones tributarias las acciones dolosas o culposas con cualquier grado de negligencia». Por ello, el citado principio engloba tres requisitos:

- **Imputabilidad:** se exonera de responsabilidad a quienes no tengan capacidad de obrar en el orden tributario, tal y como señala el artículo 179 de la LGT, respondiendo de la infracción su representante legal.

- **Reprochabilidad o exigibilidad:** se requiere que el hecho sea reprochable al menos a título de simple negligencia —que, junto al dolo, forma parte del tipo subjetivo de la infracción—, y, además, que pueda reprocharse al sujeto no haberse comportado de otro modo, lo que presupone, capacidad de culpabilidad, conciencia de la ilicitud y exigibilidad. Y en aquellos casos en los que el incumplimiento de la obligación tributaria era inevitable para el obligado tributario, no puede imponerse sanción alguna. Ello sucede en los casos de fuerza mayor, tal y como señala el apartado dos del artículo 179 de la LGT).

- **Culpabilidad:** tal y como señala el apartado dos del artículo 179 de la LGT, supone una conducta dolosa o culposa e incluso con cualquier grado de negligencia, por lo que se exonera de responsabilidad, entre otros supuestos, en caso de error invencible. Es decir, en todos los casos en los que el sujeto, de modo inevitable, obra con un error, afecte éste al hecho o su prohibición, está exento de responsabilidad, pues sólo pueden imponerse sanciones por comportamientos evitables, reprochables. Por ello, cuando el sujeto ha actuado amparándose en una interpretación razonable de la norma, o ha ajustado su comportamiento a los criterios manifestados por la Administración en publicaciones, comunicaciones o consultas, esto es, información jurídica de fuente solvente, puede decirse que ha actuado en la forma exigible por el Derecho, ha puesto la diligencia necesaria en el cumplimiento de las obligaciones tributarias.

Ahora bien, no puede deducirse sin más la evitabilidad del error de la circunstancia de que el obligado tributario no haya formulado consulta tributaria, o de la posibilidad en abstracto de disponer de un asesoramiento especializado. Cuando el obligado tributario debe acudir a fuente jurídica fiable o asesoramiento dependerá de cada caso. La evitabilidad del error depende:

- En primer término, de que el autor haya tenido razones para pensar en la antijuricidad.

- En segundo término, la posibilidad de esclarecer la situación jurídica.

Las razones para pensar en la antijuricidad deben referirse a circunstancias del hecho que proporcionan al autor un indicio de posible antijuricidad, y ello dependerá de si el error recae sobre normas tributarias elementales o sobre normas no fundamentales. Si existiendo el motivo y la posibilidad de conocer la situación jurídica, el autor no recaba información, el error será entonces evitable. Pero en los casos en los que, no habiendo duda acerca del alcance de la norma, se ha actuado amparándose en una interpretación razonable de la misma, según criterio de un observador objetivo en la situación jurídica del obligado tributario, la circunstancia de que la interpretación alternativa asumida por la Administración sea otra no implica responsabilidad tributaria. La Administración en ejercicio de sus facultades de autotutela puede interpretar la norma (artículo 12 de la LGT) y calificar el hecho (artículo 13 de la LGT) de forma diferente a como lo ha hecho el contribuyente; pero cuando hay una diferencia de criterio razonable, entonces la última palabra la tienen los tribunales. Y precisamente por ello, incluso puede sostenerse que es legítimo discrepar del criterio de la Administración a pesar de haberse manifestado en comunicaciones o publicaciones, o incluso consultas, sólo vinculantes para la Administración, siempre que se mantenga la actuación dentro de los límites de razonabilidad, apreciados por el juez.

La LGT cuando habla de los obligados tributarios incluye a los «sucesores» y a los «responsables», los cuales, sin haber cometido ninguna infracción tributaria, en determinados supuestos, pueden responder de todo tipo de sanciones, ya que las sanciones no pecuniarias no son personalísimas, excepto las impuestas a los profesionales oficiales, posibilitando entonces la extensión de estas últimas en el apartado dos del artículo 181 de la LGT:

> «El sujeto infractor tendrá la consideración de deudor principal a efectos de lo dispuesto en el apartado 1 del artículo 41 de esta ley en relación con la declaración de responsabilidad».

|| Transmisión de las sanciones a los sucesores

El principio de personalidad de la sanción, manifestación del principio de culpabilidad, determina que sólo pueden ser sancionados quienes puedan ser responsabilizados de la infracción por su contribución efectiva a la elusión del tributo. Por ello, no son transmisibles a terceros las sanciones, ni nadie puede ser declarado responsable por el hecho de otro. De acuerdo con este principio:

- **Son intransmisibles las sanciones a los sucesores de las personas físicas** tal y como señala el apartado primero del artículo 39 de la LGT y el apartado tercero del artículo 182 de la LGT, por ello la responsabilidad se extingue con el fallecimiento del infractor, así lo indica el apartado primero del artículo 189 de la LGT que señala que, «La responsabilidad derivada de las infracciones tributarias se extinguirá por el fallecimiento del sujeto infractor (...)».

- **Las sanciones impuestas a personas jurídicas disueltas,** por el contrario, se transmiten a los sucesores de éstas hasta el límite del valor de la cuota de liquidación tal y como señala el apartado quinto del artículo 40 de la LGT, en consonancia con el apartado tercero del artículo 182 de la LGT. También se transmite la sanción a quienes sucedan por cualquier concepto en la titularidad o ejercicio de explotaciones o actividades económicas a tenor de lo establecido en la letra c) del apartado primero del artículo 42 LGT.

- **Sólo serán responsables de la sanción quienes hayan causado o colaboren activamente en la realización de una infracción tributaria,** tal y como señala el apartado a) del párrafo primero del artículo 42 de la LGT. Impropiamente utiliza este precepto el término «activamente», pues cabe contribuir por omisión según cita el apartado primero del artículo 183 de la LGT, y en realidad lo que se requiere es que el sujeto haya contribuido efectivamente la infracción. También quienes hayan impedido el cobro de la deuda colaborando en la sustracción de bienes sobre los que poder realizar el embargo en base al apartado segundo del artículo 42 de la LGT, que es un caso especial de responsabilidad por colaboración en hecho ilícito. También debe entenderse como caso especial de colaboración, la contribución por el administrador a la infracción tributaria de la persona jurídica. En realidad, se trata de la responsabilidad del representante por hechos de la persona jurídica que sólo mediante ficción tiene capacidad de acción.

- En el caso de **decisiones colegiadas**, se excluye la responsabilidad de quienes hubieren salvado su voto o no hubieren asistido a la reunión en la que se adoptó tal y como señala la letra c) del párrafo segundo del artículo 179 de la LGT, salvo que se trate de una ausencia concertada o dolosa.

JURISPRUDENCIA

Sentencia del Tribunal Supremo n.º 2335/2023, de 23 de mayo, ECLI:ES:TS:2023:2335

Asunto: acreditación de no culpabilidad por interpretación razonable de la norma, artículo 179.2.d)

«Como hemos declarado en reiterada jurisprudencia, por todas STS de 8 de noviembre de 2016 (rec. cas. 2944/2015) "[...] lo que no puede hacer el poder público, sin vulnerar el principio de culpabilidad que deriva del art. 25 CE [véase, por todas, la Sentencia de esta Sección de 6 de junio de 2008 (rec. cas. para la unificación de doctrina núm. 146/2004), FD 4], es imponer una sanción a un obligado tributario (o confirmarla en fase administrativa o judicial de recurso) por sus circunstancias subjetivas —aunque se trate de una persona jurídica, tenga grandes medios económicos, reciba o pueda recibir el más competente de los asesoramientos y se dedique habitual o exclusivamente a la actividad gravada por la norma incumplida— si la interpretación que ha mantenido de la disposición controvertida, aunque errónea, puede entenderse como razonable"».

Pueden ser responsables de la infracción tributaria no sólo las personas físicas, sino también las jurídicas, incluso los entes en régimen de imputación de rentas, sin personalidad. Como ha declarado el Tribunal Constitucional (**STC n.º 246/1991, de 19 de diciembre, ECLI:ES:TC:1991:246**) nuestro derecho administrativo admite la responsabilidad directa de las personas jurídicas, reconociéndoles, pues, capacidad infractora. Pero esto no significa en absoluto que para el caso de las infracciones administrativas cometidas por personas jurídicas se haya suprimido el elemento subjetivo de la culpa, sino simplemente que ese principio se ha de aplicar de forma distinta a como se hace respecto de las personas físicas. Esta construcción distinta de la imputabilidad de la autoría de la infracción a la persona jurídica nace de la propia naturaleza de ficción jurídica a la que responden estos sujetos.

Pero solo responde, conforme al principio expuesto, quien haya tenido el dominio fáctico de la situación que permite el cumplimiento del deber tributario. Ello es claro en el caso del representante legal del incapaz una especie de autoría mediata– y en el administrador de derecho que ejerce de forma efectiva la gestión del negocio. Mayores problemas presenta el caso del administrador de hecho y del representante voluntario –asesor fiscal–. Debe tenerse en cuenta que conforme al párrafo a) del apartado 1 del artículo 42 de la LGT se requiere para ser responsable de la infracción tributaria que se haya contribuido a ella efectivamente.

Por tanto, en el ámbito sancionador no cabe deducir la responsabilidad solo de la posición que se ocupe en el organigrama de la empresa, a pesar de que el apartado segundo del artículo 45 de la LGT establece la representación de acuerdo con criterios formales. Siguiendo la evolución de la dogmática del Derecho penal, se define la actuación en lugar de otro con arreglo a criterios materiales, al margen del vínculo representativo. Con este criterio pretenden solucionarse algunos casos problemáticos:

- Supuestos de ineficacia jurídica del nombramiento como administrador.
- Casos de administración de una sociedad jurídicamente inexistente.
- Casos en los que el administrador de hecho tiene el dominio sobre el formalmente nombrado (utilización de un testaferro).
- Asunción fáctica de las funciones de administración sin previo nombramiento con consentimiento de socios o administradores de derecho.

Para estos casos, se afirma que es responsable de la infracción quien ha asumido fácticamente el dominio de la empresa, al margen de vínculos representativos de carácter formal.

Con carácter general puede decirse que hay asunción fáctica cuando el sujeto de que se trate tiene capacidad de influencia en el negocio de la empresa, esto es, un poder fáctico de ordenación, cuando esa capacidad ha sido asumida con consentimiento expreso o tácito de los socios o del administrador de derecho. Y cuando se trata del cumplimiento del deber tributario, hay asunción fáctica cuando se encuentra en el ámbito de dominio del sujeto la decisión relativa al cumplimiento del deber, y todo ello al margen de que formalmente ese sujeto tenga entre sus atribuciones la realización de la tarea en que consista el deber.

Desde este punto de vista, en ocasiones podrá responsabilizarse de la infracción tributaria al administrador de hecho, o incluso al representante voluntario con representación formal o sin ella, cuando se ha producido una asunción fáctica del dominio. Hubiera sido preferible que la LGT hubiera llevado el principio de culpabilidad a sus últimas consecuencias, también de forma expresa en este ámbito de la prohibición de la responsabilidad por el hecho de otro.

|| Extensión a los responsables solidarios

El párrafo primero del artículo 182 de la LGT señala que van a responder solidariamente del pago de las sanciones tributarias, derivadas o no de una deuda tributaria, las personas o entidades señaladas en el artículo 42 de la LGT.

Por lo que, serán responsables solidarios de la deuda tributaria las siguientes personas o entidades:

- Las que sean causantes o colaboren activamente en la realización de una infracción tributaria. Su responsabilidad también se extenderá a la sanción.

- Las que sucedan por cualquier concepto en la titularidad o ejercicio de explotaciones o actividades económicas, por las obligaciones tributarias contraídas del anterior titular y derivadas de su ejercicio. La responsabilidad también se extenderá a las obligaciones derivadas de la falta de ingreso de las retenciones e ingresos a cuenta practicadas o que se hubieran debido practicar. Cuando resulte de aplicación lo previsto en el apartado 2 del artículo 175 de esta ley, la responsabilidad establecida en este párrafo se limitará de acuerdo con lo dispuesto en dicho artículo. Cuando no se haya solicitado dicho certificado, la responsabilidad alcanzará también a las sanciones impuestas o que puedan imponerse.

> **A TENER EN CUENTA.** El párrafo segundo del artículo 175 de la LGT indica que «El que pretenda adquirir la titularidad de explotaciones y actividades económicas va a tener derecho a solicitar de la Administración la certificación detallada de las deudas, sanciones y responsabilidades tributarias derivadas de su ejercicio. La Administración tributaria deberá expedir dicha certificación en el plazo de tres meses desde la solicitud. En tal caso quedará la responsabilidad del adquirente limitada a las deudas, sanciones y responsabilidades contenidas en la misma. Si la certificación se expidiera sin mencionar deudas, sanciones o responsabilidades o no se facilitara en el plazo señalado, el solicitante quedará exento de la responsabilidad a la que se refiere dicho artículo».

Del mismo modo, serán responsables solidarios del pago de la deuda tributaria pendiente y, en su caso, del de las sanciones tributarias, incluidos el recargo y el interés de demora del período ejecutivo, cuando procedan, hasta el importe del valor de los bienes o derechos que se hubieran podido embargar o enajenar por la Administración tributaria, las siguientes personas o entidades:

- Las que sean causantes o colaboren en la ocultación o transmisión de bienes o derechos del obligado al pago con la finalidad de impedir la actuación de la Administración tributaria.

- Las que, por culpa o negligencia, incumplan las órdenes de embargo.

- Las que, con conocimiento del embargo, la medida cautelar o la constitución de la garantía, colaboren o consientan en el levantamiento de los bienes o derechos embargados, o de aquellos bienes o derechos sobre los que se hubiera constituido la medida cautelar o la garantía.

- Las personas o entidades depositarias de los bienes del deudor que, una vez recibida la notificación del embargo, colaboren o consientan en el levantamiento de aquéllos.

Pero ¿cuál será el procedimiento para exigir la responsabilidad solidaria? El procedimiento para exigir la responsabilidad solidaria, según los casos, será el siguiente:

– **Cuando la responsabilidad haya sido declarada y notificada al responsable** en cualquier momento anterior al vencimiento del período voluntario de pago original de la deuda que se deriva, bastará con requerirle el pago una vez transcurrido dicho período.

– **En los demás casos,** una vez transcurrido el período voluntario de pago original de la deuda que se deriva, el órgano competente dictará acto de declaración de responsabilidad que se notificará al responsable.

‖ **Extensión a los responsables subsidiarios**

El párrafo segundo del artículo 182 de la LGT establece un supuesto de responsabilidad subsidiaria en el pago de las sanciones tributarias, remitiendo al supuesto recogido en el párrafo primero del artículo 43 de la LGT apartado a), g) y h).

Por lo que, responderán subsidiariamente del pago de las sanciones:

– Sin perjuicio de lo dispuesto en el párrafo primero del artículo 42 de la LGT, **los administradores de hecho o de derecho de las personas jurídicas** que, habiendo cometido infracciones tributarias, no hubiesen realizado los actos necesarios que sean de su incumbencia para el cumplimiento de las obligaciones y deberes tributarios.

– Las personas o entidades que tengan el control efectivo, total o parcial, directo o indirecto, de las personas jurídicas o en las que concurra una voluntad rectora común con éstas, cuando resulte acreditado que las personas jurídicas han sido creadas o utilizadas de forma abusiva o fraudulenta para eludir la responsabilidad patrimonial universal frente a la Hacienda pública y exista unicidad de personas o esferas económicas, o confusión o desviación patrimonial.

– Las personas o entidades de las que los obligados tributarios tengan el control efectivo, total o parcial, o en las que concurra una voluntad rectora común con dichos obligados tributarios, por las obligaciones tributarias de éstos, cuando resulte acreditado que tales personas o entidades han sido creadas o utilizadas de forma abusiva o fraudulenta como medio de elusión de la responsabilidad patrimonial universal frente a la Hacienda pública, siempre que concurran, ya sea una unicidad de personas o esferas económicas, ya una confusión o desviación patrimonial.

7.1.3. El principio de no concurrencia

El principio de no concurrencia en el derecho tributario sancionador

El artículo 180 de la LGT regula el principio de no concurrencia, concreción del principio *non bis in idem.*

La interdicción de incurrir en *non bis in idem* comprende, en su vertiente material, la prohibición de la aplicación de múltiples normas sancionadoras, y en su faceta procesal, la proscripción de ulterior enjuiciamiento cuando el mismo hecho ha sido ya enjuiciado en un primer procedimiento en el que se ha dictado una resolución con **efecto de cosa juzgada**.

Es decir, el artículo 180.1 de la LGT prohíbe la sanción independiente de la acción u omisión aplicada como criterio de graduación de una infracción o como circunstancia que permite su calificación grave o muy grave. Así, esta norma forma parte de los principios de potestad sancionadora en materia tributaria.

A modo de ejemplo, la **sentencia del Tribunal Supremo n.° 1463/2020, de 5 de noviembre, ECLI:ES:TS:2020:3742**, establece:

> «Si la derivación, con carácter solidario, de responsabilidad en el pago de las sanciones a quienes causaron o colaboraron activamente en la realización de las infracciones tributarias, contemplada en el artículo 42.1.a) de la Ley General Tributaria de 2003, es una manifestación del ejercicio de la potestad sancionadora, ha de quedar sometida a los principios y reglas que lo presiden y, entre ellas, a la recogida en el repetido artículo 180.2.
>
> Por lo tanto, la derivación de responsabilidad solidaria en el pago de la sanción impuesta por una infracción consistente en la emisión de una factura falsa o con datos falseados a quien colaboró activamente en su realización cuando dicho colaborador ha sido también sancionado, como autor de una infracción muy grave, por haber utilizado esa factura en el cumplimiento de sus obligaciones tributarias dando lugar a que deje de ingresar, en todo o en parte, la deuda tributaria o a que obtenga indebidamente devoluciones, desconoce ese precepto legal al sancionar —la naturaleza sancionadora de la responsabilidad que se examina permite equiparar "derivar" y "sancionar", a estos efectos— separadamente una conducta que ha servido para graduar otra o para calificarla como grave o muy grave"».

Este principio, si bien, no aparece expresamente reconocido en el texto constitucional, de acuerdo con reiterada jurisprudencia constitucional, ha de estimarse comprendido en su artículo 25.1 de la CE, en cuanto integrado en el derecho fundamental a la legalidad penal con el que guarda íntima relación.

El citado principio *non bis in idem* tiene una doble dimensión:

- **Material o sustantiva**: impide sancionar al mismo sujeto en más de una ocasión por el mismo hecho con el mismo fundamento, y que tiene como finalidad evitar una reacción punitiva desproporcionada.

- **Procesal o formal**: que proscribe la duplicidad de procedimientos sancionadores en caso de que exista una triple identidad de sujeto, hecho y fundamento, y que tiene como primera concreción la regla de la presencia o precedencia de la autoridad judicial penal sobre la Administración respecto de su actuación en materia sancionadora en aquellos casos en los que los hechos a sancionar puedan ser, no solo constitutivos de infracción administrativa, sino también de delito según el Código Penal.

Al respecto cabe citar la **sentencia del Tribunal Constitucional n.º 188/2005, de 7 de julio, ECLI:ES:TS:2005:188**:

> «El principio non bis in idem despliega sus efectos tanto materiales como procesales cuando concurre una identidad de sujeto, hecho y fundamento, tal y como hemos venido afirmando en nuestra jurisprudencia y ha encontrado reflejo en el Derecho positivo, como lo demuestran los dos preceptos que acaba de trascribirse que aluden a la misma. En este orden de ideas, hemos indicado que la triple identidad constituye el presupuesto de aplicación de la interdicción constitucional de incurrir en bis in idem, sea éste sustantivo o procesal, y delimita el contenido de los derechos fundamentales reconocidos en el art. 25.1 CE, ya que éstos no impiden la concurrencia de cualesquiera sanciones y procedimientos sancionadores, ni siquiera si éstos tienen por objeto los mismos hechos, sino que estos derechos fundamentales consisten precisamente en no padecer una doble sanción y en no ser sometido a un doble procedimiento punitivo, por los mismos hechos y con el mismo fundamento».

Así, el **principio *non bis in idem*** supone la prohibición de un ejercicio reiterado del *ius puniendi* del Estado, que impide castigar doblemente tanto en el ámbito de las sanciones penales como en el de las administrativas, y proscribe la compatibilidad entre penas y sanciones administrativas en aquellos casos en los que adecuadamente se constate que concurre:

- **Identidad subjetiva**: el sujeto infractor ha de ser el mismo en ambos procedimientos sancionadores.
- **Identidad fáctica**: el hecho constitutivo de la infracción ha de coincidir en ambas sanciones, puesto que en caso contrario estaríamos en presencia de un concurso real de infracciones.
- **Identidad de fundamento o causa**: deben coincidir los bienes o intereses jurídicamente protegidos por las distintas normas sancionadoras.

Así, si se constata el doble castigo por un mismo hecho, a un mismo sujeto y por idéntica infracción delictiva, tal actuación punitiva habrá de reputarse contraria al artículo 25.1 de la CE, lo que también contradiría el principio de que la sanción debe ser adecuada a la gravedad de la culpabilidad, requiriéndose, en todo caso, la proporcionalidad entre la infracción y la sanción.

Este principio, por lo que concierne a la potestad sancionadora de las Administraciones públicas, se encuentra actualmente enunciado entre los que disciplinan el ejercicio de tal potestad, tal como recoge el artículo 31 de la LRJSP:

> «1. No podrán sancionarse los hechos que lo hayan sido penal o administrativamente, en los casos en que se aprecie **identidad del sujeto, hecho y fundamento**.
>
> 2. Cuando un órgano de la Unión Europea hubiera impuesto una sanción por los mismos hechos, y siempre que no concurra la identidad de sujeto y fundamento, el órgano competente para resolver deberá tenerla en cuenta a efectos de graduar la que, en su caso, deba imponer, pudiendo minorarla, sin perjuicio de declarar la comisión de la infracción».

De acuerdo con lo anterior, el principio de no concurrencia afecta a:

– **Concurrencia infracción y delito**: la dualidad sanción penal y administrativa por el mismo hecho. Como consecuencia de la incompatibilidad de sanciones penales y administrativas en los casos de que se den aquéllas identidades, cuando se haya iniciado una actuación administrativa en persecución de una infracción de esta clase, y durante el procedimiento se constate su posible ilicitud penal (por ejemplo, la Inspección tributaria aprecia la posible existencia de un delito fiscal), las autoridades administrativas **deben abstenerse de continuar con el procedimiento y pasar el «tanto de culpa» a la jurisdicción penal** que, en cualquier caso, es preferente. Ahora bien, sólo se excluye la posibilidad de sanción administrativa en los casos en que el hecho se haya sancionado por la autoridad judicial, pudiéndose continuar el expediente sancionador en vía administrativa cuando no haya sido estimada la existencia de delito. Y en los casos en los que haya sido sancionado ya administrativamente un hecho constitutivo de infracción penal, conforme a doctrina contenida en la **sentencia del Tribunal Constitucional n.º 2/2003, de 16 de enero, ECLI:ES:TC:2003:2**, el órgano judicial penal —en el caso de sentencia condenatoria— debe tomar en consideración la sanción administrativa previamente impuesta para su descuento de la pena, evitando así un exceso punitivo.

– **Concurrencia infracción y sanción**: señala el apartado segundo del artículo 180 de la LGT que «La realización de varias acciones u omisiones constitutivas de varias infracciones posibilitará la imposición de las sanciones que procedan por todas ellas».

> **A TENER EN CUENTA.** La infracción prevista en el artículo 191 de la LGT es compatible por la aplicación de las infracciones de los artículos 194 y 195 de la LGT. También lo son la sanción derivada de comisión de la infracción prevista en el artículo 198 de la LGT con las que proceden por aplicación de los artículos 199 a 203 de la LGT.

– **Concurrencia sanción**, criterio de graduación y circunstancia de calificación: señala el apartado uno del artículo 180 de la LGT que «Una misma acción u omisión que deba aplicarse como criterio de graduación de una infracción o como circunstancia que determine la calificación de una infracción como grave o muy grave no podrá ser sancionada como infracción independiente».

– **Concurrencia sanción con interés de demora y recargos del período ejecutivo**: las sanciones resultan compatibles con la exigencia de intereses de demora y recargos del período ejecutivo, así se indica en el apartado tercero del artículo 180 de la LGT.

Un ejemplo de todo lo anterior, es lo señalado por el **TEAC en su resolución n.º 5956/2017, de 8 de marzo de 2018**:

> «Como se afirmó más arriba, la dimensión material o sustantiva del principio non bis in idem impide sancionar al mismo sujeto en más de una ocasión por el mismo hecho con el mismo fundamento. Pues bien, este

Tribunal Central no aprecia vulneración alguna del citado principio en el caso examinado. Y es que aunque la infracción que se pone de manifiesto en ambos procedimientos sancionadores sea la misma, esto es, la acreditación improcedente de las mismas bases imponibles negativas, no puede obviarse que en el segundo procedimiento la infracción que se sanciona se cometió cuando el obligado tributario ya conocía la improcedencia de tales bases y, pese a ello, decidió incorporarlas de nuevo a su autoliquidación del ejercicio 2012. No nos encontramos, por tanto, ante una misma infracción que pretende sancionarse dos veces sino ante dos infracciones que pueden, en consecuencia, ser sancionadas independientemente. No se está sancionando dos veces una misma conducta infractora. Se sanciona una conducta infractora y su reiteración.

Cosa distinta habría que concluir si la comprobación inspectora que determinó la improcedente acreditación de las bases imponibles negativas de los ejercicios 2009 y 2010 hubiera finalizado después de vencido el plazo para la presentación de la autoliquidación del ejercicio 2012. En esta tesitura, ciertamente, se vulneraría el principio non bis in idem si la Administración, tras haber sancionado por la acreditación improcedente de bases imponibles negativas de los ejercicios 2009 y 2010, puesta de manifiesto en la comprobación de estos ejercicios, pretendiera sancionar al obligado tributario por la acreditación improcedente de esas mismas bases incorporadas a su autoliquidación del ejercicio 2012. En este caso la consignación por el obligado tributario de las bases negativas en su autoliquidación de 2012 no constituye un hecho nuevo susceptible de sanción independiente sino que es la consecuencia lógica y necesaria del hecho ya sancionado anteriormente. Se estaría en este caso en el supuesto 1 contemplado en la resolución de este Tribunal Central de 21 de marzo de 2013 (RG 1635/2011), dictada en unificación de criterio, esto es, en aquella situación en la que el error en el saldo pendiente de aplicación en ejercicios futuros se debe a que la base imponible negativa se autoliquidó incorrectamente en el ejercicio origen de la misma, situación para la cual la resolución señala que se debe sancionar en el ejercicio origen en que se autoliquidó incorrectamente la base imponible negativa».

JURISPRUDENCIA

Sentencia del Tribunal Supremo n.º 1561/2014, de 11 de abril, ECLI:ES:TS:2014:1561

Asunto: Principio de non bis in idem en el ordenamiento administrativo y penal

«No obstante, resulta oportuno recordar la doctrina de esta Sala sobre el principio ne bis in idem en su vertiente procedimental.

En la sentencia de 26 de marzo de 2012, rec. de casación 5827/09, declaramos:

"En el presente supuesto, el Tribunal Económico-Administrativo Regional apreció defectos de fondo en la liquidación como era la improcedente aplicación de un régimen jurídico derogado. En primer lugar de limitarse a anular por tal causa, los actos impugnados, acordó devolver el expediente a la Inspección para que, de conformidad con 'la normativa vigente determine el régimen tributario aplicable' practicándose nuevas liquidaciones y, en su caso, infligiéndose las correspondientes sanciones. Es evidente que no se trataba

de un defecto procedimental o formal sino de fondo, que atañía a la selección de la norma aplicable para practicar la liquidación. El órgano de revisión, en un claro exceso, actúo frente a la liquidación impugnada como el inspector jefe respecto de la propuesta elevada por el actuario, en el seno de un procedimiento de inspección, desconociendo el principio al que hacíamos referencia en el segundo párrafo de este fundamento jurídico. No le cabía actuar así por lo ya dicho, y mucho menos dejando la puerta abierta a nuevas sanciones, pues esa reproducción del camino para castigar otra vez contraviene frontalmente el principio ne bis in idem, en su dimensión procedimental (véanse las sentencias de 22 de marzo de 2010 (casación 997/06, FJ 4 º) y 11 de julio de 2011 (casación 238/09, FJ 3º)".

Y en la sentencia de 22 de marzo de 2010 (recurso de casación 997/06, FJ 4º) dijimos:

"En lo que se refiere a la dimensión procedimental de aquel principio (prohibición del sometimiento a dos investigaciones de una persona por los mismos hechos), se ha de tener en cuenta que opera en el mismo orden: esto es, no cabe iniciar una investigación penal (o administrativa) por unos hechos sobre los que la jurisdicción (o la Administración) ya se ha pronunciado sobre el fondo concluyendo que, a luz de los elementos de juicio disponibles, no constituyen una infracción criminal (o administrativa). En otras palabras, una vez que los tribunales (o los órganos administrativos competentes) han juzgado definitivamente una conducta, no cabe que abran otro procedimiento para enjuiciarla de nuevo. Sin embargo, esta dimensión del principio no impide la heterogeneidad de los cauces, de modo que terminado uno concluyendo que no se ha producido una infracción de una clase (penal), nada obsta a la apertura de otro destinado a averiguar si ha habido la comisión de un incumplimiento reprensible con sanciones de otra naturaleza (administrativa)"

También el Tribunal Constitucional se ha pronunciado sobre el derecho de no padecer una doble sanción y de no ser sometido a un doble procedimiento por los mismos hechos y con el mismo fundamento.

Así en el fundamento jurídico 2º de la sentencia del Tribunal Constitucional 188/2005, de 7 de julio, se recoge la base dogmática a considerar, ceñida por lo que aquí importa a sus letras a), b) y c), en las que se lee:

"a) Según una reiterada jurisprudencia constitucional, que tiene sus orígenes en nuestra STC 2/1981, de 30 de marzo, el principio non bis in idem tiene su anclaje constitucional en el art. 25.1 CE, en la medida en que este precepto constitucionaliza el principio de legalidad en materia sancionatoria en su doble vertiente material (principio de tipicidad) y formal (principio de reserva de Ley). Este principio, que constituye un verdadero derecho fundamental del ciudadano en nuestro Derecho (STC 154/1990, de 15 de octubre, FJ 3), ha sido reconocido expresamente también en los textos internacionales orientados a la protección de los derechos humanos, y en particular en el art. 14.7 del Pacto internacional de derechos civiles y políticos de la ONU —hecho en Nueva York el 19 de diciembre de 1966 y ratificado por España mediante Instrumento publicado en el BOE núm. 103, de 30 de abril de 1977— y en el art. 4 del Protocolo núm. 7 del Convenio europeo para la protección de los derechos humanos y las libertades fundamentales -que, aunque firmado por nuestro país, aún no ha sido objeto de ratificación-, protegiendo «al ciudadano, no sólo frente a la ulterior sanción -administrativa o penal-, sino frente a la nueva persecución punitiva por los mismos hechos una vez que ha recaído resolución firme en el primer procedimiento sancionador, con independencia del resultado —absolución o sanción— del mismo" (STC 2/2003, de 16 de enero, FFJJ 2 y 8).

El principio non bis in idem tiene, en otras palabras, una doble dimensión: a) la material o sustantiva, que impide sancionar al mismo sujeto *"en más de una ocasión por el mismo hecho con el mismo fundamento"*, y que *"tiene como finalidad evitar una reacción punitiva desproporcionada (SSTC 154/1990, de 15 de octubre, FJ 3; 177/1999, de 11 de octubre, FJ 3; y ATC 329/1995, de 11 de diciembre, FJ 2), en cuanto dicho exceso punitivo hace quebrar la garantía del ciudadano de previsibilidad de las sanciones, pues la suma de la pluralidad de sanciones crea una sanción ajena al juicio de proporcionalidad realizado por el legislador y materializa la imposición de una sanción no prevista legalmente" [SSTC 2/2003, de 16 de enero, FJ 3 a); y 229/2003, de 18 de diciembre, FJ 3]; y b) la procesal o formal, que proscribe la duplicidad de procedimientos sancionadores en caso de que exista una triple identidad de sujeto, hecho y fundamento, y que tiene como primera concreción "la regla de la preferencia o precedencia de la autoridad judicial penal sobre la Administración respecto de su actuación en materia sancionadora en aquellos casos en los que los hechos a sancionar puedan ser, no sólo constitutivos de infracción administrativa, sino también de delito o falta según el Código penal" [SSTC 2/2003, de 16 de enero, FJ 3 c); y 229/2003, de 18 de diciembre, FJ 3. SSTEDH de 29 de mayo de 2001, en el caso Franz Fischer contra Austria; y de 6 de junio de 2002, en el asunto Sallen contra Austria].*

b) Aunque es cierto que este principio ha venido siendo aplicado fundamentalmente para determinar una interdicción de duplicidad de sanciones administrativas y penales respecto a unos mismos hechos, esto no significa, no obstante, "que sólo incluya la incompatibilidad de sanciones penal y administrativa por un mismo hecho en procedimientos distintos correspondientes a órdenes jurídicos sancionadores diversos" (STC 154/1990, de 15 de octubre, FJ 3). Y es que en la medida en que el ius puniendi aparece compartido en nuestro país entre los órganos judiciales penales y la Administración, el principio non bis in idem opera, tanto en su vertiente sustantiva como en la procesal, para regir las relaciones entre el ordenamiento penal y el derecho administrativo sancionador, pero también internamente dentro de cada uno de estos ordenamientos en sí mismos considerados, proscribiendo, cuando exista una triple identidad de sujeto, hechos y fundamento, la duplicidad de penas y de procesos penales y la pluralidad de sanciones administrativas y de procedimientos sancionadores, respectivamente. En este último orden de ideas, y desde la perspectiva del Derecho positivo [...], el art. 133 de la Ley 30/1992, de 26 de noviembre, de régimen jurídico de las Administraciones públicas y del procedimiento administrativo común, [...] prevé que: "No podrán sancionarse los hechos que hayan sido sancionados penal o administrativamente, en los casos en que se aprecie identidad de sujeto, hecho y fundamento"; [...]

c) El principio non bis in idem despliega sus efectos tanto materiales como procesales cuando concurre una identidad de sujeto, hecho y fundamento, tal y como hemos venido afirmando en nuestra jurisprudencia y ha encontrado reflejo en el Derecho positivo [...]. En este orden de ideas, hemos indicado que "la triple identidad constituye el presupuesto de aplicación de la interdicción constitucional de incurrir en bis in idem, sea éste sustantivo o procesal, y delimita el contenido de los derechos fundamentales reconocidos en el art. 25.1 CE, ya que éstos no impiden la concurrencia de cualesquiera sanciones y procedimientos sancionadores, ni siquiera si éstos tienen por objeto los mismos hechos, sino que estos derechos fundamentales consisten precisamente en no padecer una doble sanción y en no ser sometido a un doble procedimiento punitivo, por los mismos hechos y con el mismo fundamento" (SSTC 2/2003, de 16 de enero, FJ 5; y 229/2003, de 18 de diciembre, FJ 3)».

7.1.4. El principio de irretroactividad

El principio de irretroactividad en el derecho tributario sancionador

El principio de irretroactividad en el derecho tributario sancionador aparece mencionado en el artículo 178 de la LGT, en donde señala que se aplica, con carácter general, estando a lo dispuesto en el apartado segundo del artículo 10 de la LGT, que señala que:

«Salvo que se disponga lo contrario, **las normas tributarias no tendrán efecto retroactivo** y se aplicarán a los tributos sin período impositivo devengados a partir de su entrada en vigor y a los demás tributos cuyo período impositivo se inicie desde ese momento.

No obstante, las normas que regulen **el régimen de infracciones y sanciones tributarias y el de los recargos tendrán efectos retroactivos respecto de los actos que no sean firmes cuando su aplicación resulte más favorable para el interesado**».

Con respecto al artículo 10 de la LGT la **sentencia del Tribunal Supremo n.º 918/2022, de 5 de julio, ECLI:ES:TS:2022:2883,** establece la siguiente doctrina:

«En orden al establecimiento de jurisprudencia, es preciso despejar la duda acerca de la interrogante que nos plantea el auto de admisión:

"[...] **Determinar la interpretación de la expresión 'salvo que se disponga lo contrario'**, a partir de la que el artículo 10.2 de la Ley 58/2005, de 17 de diciembre, General Tributaria (LGT) habilita el efecto retroactivo de las normas tributarias relativas a tributos con periodo impositivo, en particular, si dicha disposición en contrario debe apreciarse exclusivamente cuando explícitamente así lo reconozca la ley o también de forma implícita o a sensu contrario [...]".

1) El artículo 10.2 LGT y, en lo demás, cualquier precepto de la mencionada ley, no puede servir, por sí solo, de canon de constitucionalidad de las normas de carácter fiscal y mismo rango que la ley, sin perjuicio de que su eventual infracción pueda, al tiempo, suponer una vulneración de la Constitución.

2) La locución "salvo que se disponga lo contrario" tiene por finalidad hacer explícito un principio general jurídico proclive a la irretroactividad de las normas, salvo previsión contraria en ellas acerca de su alcance retroactivo.

3) Al margen de la cuestión acerca de si el artículo 10.2 LGT permite una interpretación excluyente de la retroactividad tácita o implícita, se trata de una cuestión ajena a los hechos considerados, toda vez que la retroactividad que deriva de la disposición transitoria vigésimo segunda, en relación con la disposición final sexta, de la Ley 26/2014, reviste los caracteres de expresa, aun cuando aflore al texto de la norma con una técnica legislativa un tanto confusa, que podría crear —en el periodo examinado— alguna duda de comprensión, sin compromiso suficiente del principio de seguridad jurídica.

Por tales razones, procede la desestimación del recurso de casación, dada la corrección de la sentencia impugnada».

El principio de irretroactividad está también regulado en el artículo 26 de la LRJSP, que señala que:

«Serán de aplicación las disposiciones sancionadoras vigentes en el momento de producirse los hechos que constituyan infracción administrativa.

Las disposiciones sancionadoras producirán **efecto retroactivo en cuanto favorezcan al presunto infractor o al infractor**, tanto en lo referido a la tipificación de la infracción como a la sanción y a sus plazos de prescripción, incluso respecto de las sanciones pendientes de cumplimiento al entrar en vigor la nueva disposición».

Según dicho artículo, para aplicar la retroactividad de la norma sancionadora más favorable es necesario que la sanción de la nueva norma resulte más favorable al sujeto infractor y que la sanción impuesta **no haya adquirido firmeza**.

Asimismo, clarifica el abanico de extensión de la retroactividad de las disposiciones sancionadoras más favorables, al detallar que tal eficacia alcanzará «a la tipificación de la infracción como a la sanción y a sus plazos de prescripción, incluso respecto de las sanciones pendientes de cumplimiento al entrar en vigor la nueva disposición».

Por tanto, a través de dicho precepto se configura la retroactividad en su modalidad más amplia, al afectar incluso a las sanciones pendientes de cumplimiento, pero siempre en la medida en que sean favorables para el sujeto infractor.

Por lo que, en remisión a la CE, y como se especifica en el apartado tercero de su artículo 9, **las disposiciones sancionadoras no favorables tienen carácter irretroactivo y, ello, es así en virtud del principio de legalidad.**

JURISPRUDENCIA

Sentencia del Tribunal Constitucional n.º 131/1986, de 29 de octubre, ECLI:ES:TC:1986:131

«El principio de retroactividad de la ley penal más favorable no concede derecho de carácter constitucional susceptible de amparo, según han declarado las SSTC 8/1981, de 30 de marzo, y 15/1981, de 7 de mayo, pero es que, además, dicho principio supone la aplicación íntegra de la ley más beneficiosa, incluidas aquellas de sus normas parciales que puedan resultar perjudiciales en relación con la ley anterior, que se desplaza en virtud de dicho principio, siempre que el resultado final, como es obvio, suponga beneficio para el reo, ya que en otro caso la ley nueva carecería de esa condición de más beneficiosa que justifica su aplicación retroactiva.

No es aceptable, por tanto, y así lo ha dicho este Tribunal en el Auto 369/1984, de 24 de junio, utilizar el referido principio para elegir. de las dos leyes concurrentes, las disposiciones parcialmente más ventajosas, pues en tal caso, el órgano judicial sentenciador no estaría interpretando y aplicando las leyes en uso correcto de la potestad jurisdiccional que le atribuye el art. 117.3 de la C.E., sino creando con fragmentos de ambas leyes una tercera y distinta norma legal con invasión de funciones legislativas que no le competen».

7.1.5. El derecho de defensa

El derecho de defensa en el procedimiento sancionador

La Constitución no establece expresamente las garantías que deben respetarse en el procedimiento de imposición de las sanciones. Pero sí establece en el párrafo segundo del artículo 24 lo siguiente:

«Asimismo, todos tienen derecho al Juez ordinario predeterminado por la ley, a la defensa y a la asistencia de letrado, a ser informados de la acusación formulada contra ellos, a un proceso público sin dilaciones indebidas y con todas las garantías, a utilizar los medios de prueba pertinentes para su defensa, a no declarar contra sí mismos, a no confesarse culpables y a la presunción de inocencia.

La ley regulará los casos en que, por razón de parentesco o de secreto profesional, no se estará obligado a declarar sobre hechos presuntamente delictivos».

Pese a que dicho precepto solo hace referencia a los procedimientos ante órganos jurisdiccionales, la doctrina del Tribunal Constitucional estableció la aplicación de dicho precepto también para el procedimiento administrativo sancionador, aunque no es su integridad. En este sentido, las **STC n.º 32/2009, de 9 de febrero, ECLI:ES:TC:2009:32, STC n.º 59/2014, de 5 de mayo, ECLI:ES:TC:2014:59 y STC n.º 54/2015, de 16 de marzo, ECLI:ES:TC:2015:54**, establecen:

> «Sin ánimo de exhaustividad, se pueden citar el derecho a la defensa, que proscribe cualquier indefensión; el derecho a la asistencia letrada, trasladable con ciertas condiciones; el derecho a ser informado de la acusación, con la ineludible consecuencia de la inalterabilidad de los hechos imputados; el derecho a la presunción de inocencia, que implica que la carga de la prueba de los hechos constitutivos de la infracción recaiga sobre la Administración, con la prohibición de la utilización de pruebas obtenidas con vulneración de derechos fundamentales; el derecho a no declarar contra sí mismo; y, en fin, el derecho a utilizar los medios de prueba adecuados para la defensa, del que se deriva que vulnera el art. 24.2 CE la denegación inmotivada de medios de prueba».

JURISPRUDENCIA

Sentencia del Tribunal Supremo n.º 4620/2011, de 30 de junio, ECLI:ES:TS:2011:4620

Asunto: Garantía del derecho de defensa en el derecho administrativo sancionador

«Expuestas las tesis contrapuestas de ambas partes, debemos tener presente que el Tribunal Constitucional viene reconociendo reiteradamente que las garantías contenidas en el art. 24.2 C.E., son, en principio y con las oportunas modulaciones, aplicables al procedimiento administrativo sancionador, dado que también éste es manifestación del ordenamiento punitivo del Estado (SSTC 18/1991, 29/1989, 58/1989, 22/1990, 120/1994, entre otras); no obstante, el Tribunal se ha referido también a la cautela con la que conviene operar cuando se trata de trasladar al ámbito administrativo sancionador dichas garantías del art. 24.2 C.E. en materia de procedimiento y con relación directa al proceso penal, dadas las diferencias existentes entre uno y otro procedimiento, de tal manera que la aplicación de las mismas a tal actividad sancionadora de la Administración únicamente tendría lugar en la medida necesaria para preservar los valores que se encuentran en la base del precepto constitucional y que resulten compatibles con la naturaleza del procedimiento administrativo sancionador (SSTC 18/1981, 29/1989, 212/1990, 246/1991, 145/1993, 120/1994, 197/1995, 120/1996, 7/1998, 56/1998).

A estos efectos, el Tribunal Constitucional ha ido elaborando progresivamente una doctrina que asume la vigencia en el ámbito administrativo sancionador de un con-

junto de garantías derivadas del contenido del art. 24 C.E ., de las que, conforme se expuso en la STC 7/1998, conviene destacar ahora el derecho de defensa, excluyente de la indefensión (SSTC 4/1982, 125/1983, 181/1990, 93/1992, 229/1993, 95/1995, 143/1995). En este sentido, hemos afirmado la exigencia de que el implicado disfrute de una posibilidad de defensa previa a la toma de decisión y, por ende, que la Administración siga un procedimiento en el que el expedientado tenga oportunidad de aportar y proponer las pruebas que estime pertinentes y alegar lo que a su derecho convenga (SSTC 18/1981, 2/1987, 229/1993, 56/1998), la vigencia del derecho a la utilización de los medios pertinentes para la defensa (SSTC 12/1995, 212/1995, 120/1996, 127/1996, 83/1997), del que se deriva que vulnera el art. 24.2 C.E . la denegación inmotivada de una determinada prueba (STC 39/1997), así como la prohibición de utilizar pruebas obtenidas con vulneración de derechos fundamentales (STC 127/1996). Igualmente, son de aplicación los derechos a ser informado de la acusación, con la ineludible consecuencia de la inalterabilidad de los hechos imputados (SSTC 31/1986, 29/1989, 145/1993, 297/1993, 195/1995, 120/1996), y a la presunción de inocencia (SSTC 76/1990, 120/1994, 154/1994, 23/1995, 97/1995, 14/1997,45/1997), que implica que la carga de la prueba de los hechos constitutivos de la infracción recaiga sobre la Administración (SSTC 197/1995, 45/1997).

(...)

El Tribunal Constitucional (Sala Segunda) en su Sentencia n 145/1.993, de 26 abril (RTC 1993\145) (recurso de amparo 379/1.991), publicada en el BOE de 28 de mayo de 1.993, ha declarado (Fundamento Jurídico Tercero) que "Este Tribunal en diversas resoluciones, y en relación al procedimiento administrativo sancionador, se ha referido como elementos indispensables de toda acusación sobre los que debe versar el ejercicio del derecho de defensa a la inalterabilidad o identidad de los hechos que se imputan [STC n 98/1.989 (RTC 1989\98), Fundamento Jurídico 7.], así como, con diversas matizaciones, en las que no es necesario detenerse en este supuesto, a la calificación de la falta y a sus consecuencias punitivas [SSTC n 192/1.987 (RTC 1987\192),Fundamento Jurídico 2 y n 29/1.989 (RTC 1989\29), Fundamento Jurídico 6.]».

De esta doctrina se deduce que, si bien la decisión administrativa que resuelve en definitiva no está vinculada por la calificación jurídica ni por la sanción propuesta por el instructor del expediente, sin embargo su inalterabilidad puede ser consecuencia del imprescindible respeto del derecho de defensa, de modo que si éste se obstaculiza o dificulta con la alteración, tal vulneración de este derecho fundamental conlleva la anulación del acto sancionador».

|| Derecho a ser informado de la acusación

Este derecho implica que se la comunicación al supuesto infractor sobre los hechos que se le imputan, la infracción a la que dan lugar y la sanción que por ellos se le puede imponer, viene reflejado en el apartado dos del artículo 53 de la LPAC que señala que:

«2. Además de los derechos previstos en el apartado anterior, **en el caso de procedimientos administrativos de naturaleza sancionadora**, los presuntos responsables tendrán los siguientes derechos:

a) A ser **notificado de los hechos que se le imputen, de las infracciones que tales hechos puedan constituir y de las sanciones** que, en su caso, se les pudieran imponer, así como de la identidad del instructor, de la autoridad competente para imponer la sanción y de la norma que atribuya tal competencia.

b) A la presunción de no existencia de responsabilidad administrativa mientras no se demuestre lo contrario».

Del mismo modo, el apartado segundo del artículo 64 de la LPAC establece:

«El acuerdo de iniciación deberá contener al menos:
(…)
b) Los hechos que motivan la incoación del procedimiento, su posible calificación y las sanciones que pudieran corresponder, sin perjuicio de lo que resulte de la instrucción».

Si bien, aunque con carácter general está previsto que se informe al obligado tributario de la acusación en el acuerdo de iniciación del procedimiento sancionador, el artículo 24.2 de la CE no impide que en dicho acuerdo no se lleve a cabo una descripción completa y acabada de la acusación existente contra él siempre y cuando (**STC n.º 59/2014, de 5 de mayo, ECLI:ES:TC:2014:59**):

– Los elementos esenciales del hecho sancionable y su calificación jurídica se comuniquen al obligado tributario en un momento posterior, pero siempre antes de la finalización del procedimiento.

– El interesado disponga de una efectiva posibilidad de defensa frente a la infracción que se le imputa previa a la toma de decisión y, por ende, que la Administración siga un procedimiento en el que el denunciado tenga oportunidad de aportar y proponer las pruebas que estime pertinentes y de alegar lo que a su derecho convenga.

Pero **¿en qué casos concurren las anteriores circunstancias?** El Tribunal Supremo a través de su sentencia n.º 1241/2020, de 1 de octubre, ECLI:ES:TS:2020:3103, entiende que concurren en aquellos casos en los que, habiéndose **iniciado el procedimiento sancionador tributario** por la supuesta comisión de una infracción tributaria de perjuicio económico **antes de haberse dictado y notificado el acto administrativo de liquidación con el que finaliza el procedimiento inspector, y pudiendo existir, en consecuencia, cierta indeterminación inicial en la formulación de la acusación**, los hechos antijurídicos atribuidos al obligado tributario, su calificación jurídica, y la sanción que corresponde imponer se **concretan posteriormente por parte de la Administración en el expediente sancionador**, concreción que bien puede producirse en la propuesta de resolución sancionadora que deberá ir sucedida del correspondiente trámite de alegaciones, mediante el cual se materializará, en estos casos, y en último término, el ejercicio del derecho de defensa. Por lo que, reza la sentencia el tenor literal siguiente:

«Interpretar, por tanto, que la LGT faculta a la Administración tributaria para iniciar un procedimiento sancionador tributario antes de haberse dictado y notificado el acto de liquidación que pone fin al procedimiento inspector en el supuesto que enjuiciamos, no vulnera los derechos a ser informado de la acusación y de defensa del obligado tributario. Cuestión distinta es que sea una exigencia que venga impuesta por la necesaria salvaguarda de otra de las garantías constitucionales del artículo 24.2 CE que, de acuerdo con reiterada doctrina del Tribunal Constitucional, disciplinan el procedimiento administrativo sancionador, en general, y el tributario, en particular: el derecho a no autoincriminarse».

Es decir, todo ello se cumplirá con la notificación del acuerdo de inicio del procedimiento sancionador y de la propuesta de resolución, a través de la cual se le concede al ciudadano un plazo para presentar alegaciones.

Asimismo, establece el apartado cuatro del artículo 210 de la LGT sobre la instrucción del procedimiento sancionador en materia tributaria que establece:

> «Concluidas las actuaciones, se formulará propuesta de resolución en la que se recogerán de forma motivada los hechos, su calificación jurídica y la infracción que aquéllos puedan constituir o la declaración, en su caso, de inexistencia de infracción o responsabilidad.
>
> En la propuesta de resolución se concretará asimismo la sanción propuesta con indicación de los criterios de graduación aplicados, con motivación adecuada de la procedencia de los mismos».

Derecho a utilizar los medios de prueba pertinentes para la defensa

El derecho de defensa tiene como instrumento necesario no solo el derecho a ser informado de la acusación, sino también el derecho a utilizar los medios de prueba pertinentes.

Este derecho incluye el derecho a proponer pruebas en el tiempo y en la forma legalmente establecida, a elegir cualquier medio de prueba que se considere conveniente para la defensa y sea admisible en derecho, a que se admitan las pruebas que resulten pertinentes y útiles para la defensa, así como a que se practiquen con las garantías formales que resulten necesarias.

En el seno del procedimiento administrativo sancionador, el derecho de defensa y el derecho a la prueba se ejercen mediante la presentación de alegaciones y la proposición de pruebas.

El apartado segundo del **artículo 64 de la LPAC** establece:

> «El acuerdo de iniciación deberá contener al menos:
> (...)
> f) Indicación del derecho a formular alegaciones y a la audiencia en el procedimiento y de los plazos para su ejercicio, así como indicación de que, en caso de no efectuar alegaciones en el plazo previsto sobre el contenido del acuerdo de iniciación, éste podrá ser considerado propuesta de resolución cuando contenga un pronunciamiento preciso acerca de la responsabilidad imputada».

En la misma línea, el apartado cuarto del **artículo 210 de la LGT** sobre la instrucción del procedimiento sancionador en materia tributaria señala:

> «La propuesta de resolución será notificada al interesado, indicándole la puesta de manifiesto del expediente y concediéndole un plazo de 15 días para que alegue cuanto considere conveniente y presente los documentos, justificantes y pruebas que estime oportunos».

|| Derecho a no declarar contra sí mismo y a no declararse culpable

Como señala la jurisprudencia del Tribunal Constitucional, el derecho a no declarar y a no confesarse culpable constituye una garantía instrumental del derecho de defensa y ha de ser respetado, en principio, en la imposición de cualesquiera sanciones administrativas.

La **sentencia del Tribunal Constitucional n.° 197/1995, de 21 de diciembre, ECLI:ES:TC:1995:197**, establece:

> «(...) tanto uno —no declarar contra sí mismo— como otro —no confesarse culpable— **son garantías o derechos instrumentales del genérico derecho de defensa**, al que prestan cobertura en su manifestación pasiva, eso es, la que se ejerce precisamente con la inactividad del sujeto sobre el que recae o puede recaer la imputación».

En virtud de tal derecho, el supuesto infractor tiene derecho a guardar silencio o a declarar lo que estime pertinente, aunque sea falso lo que se dice.

Este derecho se ve limitado por el derecho de colaboración con la Administración en sus labores de investigación e inspección, deberes cuyo cumplimiento trata incluso de garantizar con la imposición de una sanción. En particular, se ha declarado compatible con el deber de los contribuyentes de aportar los documentos requeridos por la inspección tributaria.

Este deber de colaboración solo puede exigirse con anterioridad al inicio del procedimiento administrativo sancionador, puesto que una vez iniciado no cabe exigir al supuesto infractor que colabore en la investigación de su propia acusación y se convierta en fuente de pruebas de cargo contra sí mismo.

JURISPRUDENCIA

Sentencia del Tribunal Constitucional n.° 54/2015, de 16 de marzo, ECLI:ES:TC:2015:54

Asunto: derecho de defensa y derecho a no autoincriminarse

«Para dar respuesta a la cuestión, debemos partir de nuestra doctrina que, desde la STC 18/1981, de 8 de junio, FJ 2, ha declarado la aplicabilidad a las sanciones administrativas de los principios sustantivos derivados del art. 25.1 CE, considerando que los principios inspiradores del orden penal son de aplicación con ciertos matices al Derecho administrativo sancionador al ser ambos manifestaciones del ordenamiento punitivo del Estado, y ha proyectado sobre las actuaciones dirigidas a ejercer las potestades sancionadoras de la Administración las garantías procedimentales ínsitas en el art. 24.2 CE. Ello, no solo mediante su aplicación literal, sino en la medida necesaria para preservar los valores esenciales que se encuentran en la base del precepto (por todas, STC 59/2014, de 5 de mayo, FJ 3).

Acerca de esta traslación, por otra parte condicionada a que se trate de garantías que resulten compatibles con la naturaleza del procedimiento administrativo sancionador, existen reiterados pronunciamientos de este Tribunal. Así, partiendo del inicial reproche a la imposición de sanciones sin observar procedimiento alguno, se ha ido elaborando progresivamente una doctrina que asume la vigencia en el seno del procedimiento administrativo sancionador de un amplio abanico de garantías del art. 24 CE. Sin ánimo de exhaustividad, se pueden citar el derecho a la defensa, que proscribe cualquier indefensión; el derecho a la asistencia letrada, trasladable con ciertas condiciones; el derecho a ser informado de la acusación, con la ineludible con-

secuencia de la inalterabilidad de los hechos imputados; el derecho a la presunción de inocencia, que implica que la carga de la prueba de los hechos constitutivos de la infracción recaiga sobre la Administración, con la prohibición de la utilización de pruebas obtenidas con vulneración de derechos fundamentales; el derecho a no declarar contra sí mismo; y, en fin, el derecho a utilizar los medios de prueba adecuados para la defensa, del que se deriva que vulnera el art. 24.2 CE la denegación inmotivada de medios de prueba (por todas, SSTC 7/1998, de 13 de enero, FJ 5; 3/1999, de 25 de enero, FJ 4; 14/1999, de 22 de febrero, FJ 3 a); 276/2000, de 16 de noviembre, FJ 7, y 117/2002, de 20 de mayo, FJ 5).

Concretamente, y en lo relativo a la garantía de no autoincriminación, este Tribunal ha afirmado en la STC 18/2005, de 1 de febrero, FJ 2, que "conforme señala el Tribunal Europeo de Derechos Humanos, 'aunque no se menciona específicamente en el art. 6 del Convenio, el derecho a guardar silencio y el privilegio contra la autoincriminación son normas internacionales generalmente reconocidas que descansan en el núcleo de la noción de proceso justo garantizada en el art. 6.1 del Convenio'. El derecho a no autoincriminarse, en particular —ha señalado—, presupone que las autoridades logren probar su caso sin recurrir a pruebas obtenidas mediante métodos coercitivos o de presión en contra de la voluntad de la 'persona acusada'. Proporcionando al acusado protección contra la coacción indebida ejercida por las autoridades, estas inmunidades contribuyen a evitar errores judiciales y asegurar los fines del artículo 6 (STEDH de 3 de mayo de 2001, caso J.B. c. Suiza, § 64; en el mismo sentido, SSTEDH de 8 de febrero de 1996, caso John Murray c. Reino Unido, § 45; de 17 de diciembre de 1996, caso Saunders c. Reino Unido, § 68; de 20 de octubre de 1997, caso Serves c. Francia, § 46; de 21 de diciembre de 2000, caso Heaney y McGuinness c. Irlanda, § 40; de 21 de diciembre de 2000, caso Quinn c. Irlanda, § 40; de 8 de abril de 2004, caso Weh c. Austria, § 39). "En este sentido —concluye el Tribunal de Estrasburgo— el derecho está estrechamente vinculado a la presunción de inocencia recogida en el artículo 6, apartado 2, del Convenio" (Sentencias Saunders, § 68; Heaney y McGuinness, § 40; Quinn, § 40; y Weh, § 39).

En relación a la garantía de no autoincriminación en el ámbito tributario, el Tribunal Europeo de Derechos Humanos se ha pronunciado, entre otras, en las Sentencias de 17 de diciembre de 1996, caso Saunders c. Reino Unido, y de 19 de septiembre de 2000, caso I.J.L. y otros c. Reino Unido, donde advierte que, si de acuerdo con la legislación aplicable la declaración ha sido obtenida bajo medios coactivos, esta información no puede ser alegada como prueba en el posterior juicio de la persona interesada, aunque tales declaraciones se hayan realizado antes de ser acusado.

A diferencia del Convenio europeo para la protección de los derechos humanos y de las libertades fundamentales, nuestra Constitución sí menciona específicamente en su art. 24.2 los derechos a "no declarar contra sí mismos" y a "no confesarse culpables", que, como venimos señalando, están estrechamente relacionados con los derechos de defensa y a la presunción de inocencia, de los que constituye una manifestación concreta (STC 161/1997, de 2 de octubre, FJ 5). Este reconocimiento del derecho a no declarar contra sí mismo, en cuanto garantía instrumental del derecho de defensa, ha de ser respetado, en principio, en la imposición de cualesquiera sanciones administrativas, sin perjuicio de las modulaciones que pudiera experimentar en razón de las diferencias existentes ente el orden penal y el administrativo sancionador, precisando que "los valores esenciales que se encuentran en la base del art. 24.2 CE no quedarían salvaguardados si se admitiera que la Administración pudiera compeler u obligar al administrado a confesar la comisión o autoría de los hechos antijurídicos que se le imputan o pudieran imputar o a declarar en tal sentido" (entre otras, SSTC 272/2006, de 25 de septiembre, FJ 3; 70/2008, de 23 de junio, FJ 4; y 142/2009, de 15 de junio, FJ 4)».

7.1.6. El derecho a la presunción de inocencia

El derecho de presunción de inocencia en el procedimiento sancionador

La letra b) del apartado segundo del artículo 53 de la LPAC señala que:

> «Además de los derechos previstos en el apartado anterior, en el caso de procedimientos administrativos de naturaleza sancionadora, los presuntos responsables tendrán los siguientes derechos:
>
> (...)
>
> b) A la presunción de no existencia de responsabilidad administrativa mientras no se demuestre lo contrario».

El principio de presunción de inocencia que como declaró tempranamente el Tribunal Constitucional no puede entenderse reducido al estricto campo del enjuiciamiento de conductas presuntamente delictivas, sino que debe entenderse también que preside la adopción de cualquier resolución tanto administrativa como jurisdiccional que se base en la condición o conducta de las personas de cuya apreciación derive un resultado sancionatorio o limitativo de sus derechos. Ello **implica imponer al** órgano **sancionador la carga de la prueba de la responsabilidad**, sin perjuicio del valor probatorio de las actas y denuncias formuladas por los funcionarios a quienes se reconoce la condición de autoridad.

Esta cuestión fue objeto de análisis por el Tribunal Constitucional a propósito del valor de las actas extendidas por la inspección de Tributos en la **sentencia del Tribunal Constitucional n.º 76/1990, de 26 de abril, ECLI:ES:TC:1990:76**, declarando que no existe una presunción legal que dispense a la Administración, en contra del derecho fundamental a la presunción de inocencia, de toda prueba respecto de los hechos sancionados, no pudiendo interpretarse que la LGT establezca una presunción de veracidad o certeza de los documentos de la Inspección. Pero a diferencia de lo que establece, por ejemplo, el art. 297 de la LEC para el atestado, las Actas o denuncias de funcionarios administrativos que tengan reconocida la condición de autoridad no tienen un simple valor de denuncia sino que **constituyen un elemento probatorio más en el procedimiento sancionador junto a los que pueda aportar el propio administrado**, a valorar por el órgano sancionador según la regla de libre valoración de la prueba, sin perjuicio del control ulterior de los Tribunales contencioso-administrativos. La sentencia continua señalando lo siguiente:

> «En efecto, no puede suscitar ninguna duda que la presunción de inocencia rige sin excepciones en el ordenamiento sancionador y ha de ser respetada en la imposición de cualesquiera sanciones, sean penales, sean administrativas en general o tributarias en particular, pues el ejercicio del ius puniendi en sus diversas manifestaciones está condicionado por el art. 24.2 de la Constitución al juego de la prueba y a un procedimiento contradictorio en el que puedan defenderse las propias posiciones. En tal sentido, el derecho a la presunción de inocencia comporta: que la sanción

esté basada en actos o medios probatorios de cargo o incriminadores de la conducta reprochada; que la carga de la prueba corresponda a quien acusa, sin que nadie esté obligado a probar su propia inocencia; y que cualquier insuficiencia en el resultado de las pruebas practicadas, libremente valorado por el órgano sancionador, debe traducirse en un pronunciamiento absolutorio.

Dicho está con ello que, si en las actas de la Inspección de Tributos puede consignarse la regularización de las situaciones tributarias que los inspectores actuarios estimen procedente, con expresión, en su caso, de las infracciones que aprecien, incluyendo la propuesta de la sanción pecuniaria aplicable y de los criterios para su graduación, resulta evidente que tales documentos pueden tener relevancia en los distintos procedimientos y procesos sancionadores, y ello obliga a contrastar el valor que a los mismo otorga el precepto legal impugnado con el principio y el derecho constitucional a la presunción de inocencia, debiendo rechazarse por infundada la distinción que el Abogado del Estado propone entre el plano de los hechos y el plano de la culpabilidad, dado que toda resolución sancionadora, sea penal o administrativa, requiere a la par certeza de los hechos imputados, obtenida mediante pruebas de cargo, y certeza del juicio de culpabilidad sobre esos mismos hechos, de manera que el art. 24.2 de la Constitución rechaza tanto la responsabilidad presunta y objetiva como la inversión de la carga de prueba en relación con el presupuesto fáctico de la sanción».

En este contexto, es interesante traer a colación la **resolución del Tribunal Económico Administrativo Regional de Valencia n.º 6/01706/2016, de 26 de octubre de 2018,** que reza el tenor literal siguiente:

«No cabe duda de que la prueba de la culpabilidad incumbe a la Administración, por exigencia del principio constitucional de presunción de inocencia, sin que pueda aquélla concluirse con base en la inexistencia de circunstancias exoneradoras de responsabilidad, o en su no alegación por parte del presunto infractor; ello sería tanto como implantar el principio de responsabilidad objetiva, presumiéndose la culpabilidad por la vía negativa, o de exclusión, que llevaría a la afirmación de que, como el contribuyente no prueba la inexistencia culpabilidad, debe concluirse su existencia. La inocencia se presume: es la Administración quien tiene que probar la culpabilidad, no el contribuyente quien ha de probar su inocencia.

Ahora bien, como antes se ha señalado, **en el presente caso el interesado ha reconocido su responsabilidad por los hechos objeto del expediente sancionador. Ello, a nuestro juicio exime a la Administración de la obligación que le incumbe,** con carácter general de dictar una resolución motivada. Precisamente, la conformidad a la propuesta determina la ausencia de resolución expresa, pero además el reconocimiento de la responsabilidad del infractor hace innecesario que en la propuesta se acredite el elemento subjetivo de la infracción. En efecto, el fundamento del juicio de culpabilidad es la obligación de dar una explicación objetiva que permita formular, en su caso, oposición con cabal conocimiento de sus posibilidades impugnatorias, y que en consecuencia evite la indefensión. Este fundamento desaparece cuando el infractor está convencido de su responsabilidad y la reconoce de forma expresa».

Como consecuencia de estos principios la jurisprudencia ha entendido que **no son ejecutivas las sanciones tributarias mientras no se haya dictado resolución firme en vía jurisdiccional**. Hasta entonces no procede adoptar medida alguna de suspensión, pues la no ejecutividad de las sanciones determina la innecesariedad de afianzar su importe, pues no hay nada que suspender.

> **JURISPRUDENCIA**
>
> **Sentencia del Tribunal Supremo, rec. 146/2004, de 6 de junio de 2008, ECLI:ES:TS:2008:3050**
>
> **Asunto: presunción de inocencia y defensa del sancionado**
>
> *«Efectivamente, la Sentencia recurrida infringe el ordenamiento jurídico porque aunque, como viene señalando el Tribunal Constitucional, el derecho fundamental a la legalidad sancionadora (art. 25.1 CE), en relación con el principio de seguridad jurídica (art. 9.3 CE), «exige que cuando la Administración ejerce la potestad sancionadora sea la propia resolución administrativa que pone fin al procedimiento la que, como parte de su fundamentación [la impuesta por los arts. 54.1. a) y 138.1 de la Ley de régimen jurídico de las Administraciones públicas y del procedimiento administrativo común], identifique expresamente o, al menos, de forma implícita el fundamento legal de la sanción» (SSTC 161/2003, de 25 de septiembre, FJ 3; y 193/2003, de 27 de octubre, FJ 2), es evidente que la mera cita de los preceptos legales que tipifican la infracción apreciada y establecen la sanción impuesta no es suficiente para garantizar las exigencias que derivan de los derechos a la presunción de inocencia y a la defensa del sancionado».*

7.1.7. El principio de buena fe

El principio de buena fe y confianza legítima por parte del contribuyente

El principio de buena fe se encuentra recogido en las siguientes normas de nuestro ordenamiento jurídico:

– El artículo 7.1 del Código Civil: «Los derechos deberán ejercitarse conforme a las exigencias de la buena fe».

– El artículo 11 de la Ley Orgánica del Poder Judicial: «En todo tipo de procedimiento se respetarán las reglas de la buena fe».

– El artículo 247 de la Ley de Enjuiciamiento Civil: «Los intervinientes en todo tipo de procesos deberán ajustarse en sus actuaciones a las reglas de la buena fe».

La sentencia del **Tribunal Supremo 6429/1997, de 29 de octubre, ECLI:ES:TS:1997:6429,** define la buena fe como:

> «La creencia íntima de que se ha actuado conforme a derecho, o que se poseen los bienes o se ejercitan los derechos o se cumplen las obligaciones sin intención dañosa, abusiva o fraudulenta. Es evidente que cuando el sujeto pasivo se niega a facilitar o a exhibir los antecedentes, documentos contables y demás datos que le requiere la Inspección de Hacienda, para

comprobar el fiel cumplimiento del deber constitucional de pagar los tributos, lo hace porque es consciente del incumplimiento de sus obligaciones tributarias, y por tanto a partir de ahí su actuación es de mala fe».

De forma que protege la confianza que fundadamente se puede haber depositado en el comportamiento ajeno e impone el deber de coherencia en el comportamiento propio.

La vigencia del principio de la buena fe en el ámbito sancionador tributario es incuestionable, máxime si tenemos en cuenta que el legislador quiere mantener la relación jurídico-tributaria como eje vertebrador de las relaciones entre la Hacienda pública y los obligados tributarios. La buena fe, tanto la de la Administración como la del contribuyente, se presume.

- **La buena fe de la Administración**: se presume que los funcionarios son imparciales en el ejercicio de sus funciones. Sin embargo, el hecho de que sus retribuciones se fijen en función de lo que recauden, y no en función del trabajo desarrollado, puede llevarnos a interpretar que no son todo lo imparciales que deberían.

- **La buena fe del contribuyente**: se presume y le exime de incurrir en una infracción tributaria. Por tanto, si la Administración quiere imputarle la comisión de una infracción **debe probar su mala fe**. Sin embargo, la prueba de la mala fe **no es necesaria cuando lo que se sanciona es una conducta culposa por simple negligencia**.

JURISPRUDENCIA

Sentencia del Tribunal Supremo, rec. 77/1997, de 15 de abril de 2002, ECLI:ES:TS:2002:2630

Asunto: principio de protección de confianza legítima

«Por otra parte, el principio de protección a la confianza legítima, relacionado con los más tradicionales, en nuestro ordenamiento, de la seguridad jurídica y la buena fe en las relaciones entre la Administración y los particulares, comporta, según la doctrina del Tribunal de Justicia de la Comunidad Europea y la jurisprudencia de esta Sala, el que la autoridad pública no pueda adoptar medidas que resulten contrarias a la esperanza inducida por la razonable estabilidad en las decisiones de aquélla, y en función de las cuales los particulares han adoptado determinadas decisiones. O, dicho en otros términos, la virtualidad del principio que se invoca puede suponer la anulación de un acto de la Administración o el reconocimiento de la obligación de ésta de responder de la alteración (producida sin conocimiento anticipado, sin medidas transitorias suficientes para que los sujetos puedan acomodar su conducta y proporcionadas al interés público en juego, y sin las debidas medidas correctoras o compensatorias) de las circunstancias habituales y estables, generadoras de esperanzas fundadas de mantenimiento (Cfr. SSTS de 10 de mayo, 13 y 24 de julio de 1999 y 4 de junio de 2001).

Pero ello en el bien entendido de que, no pueden apreciarse los necesarios presupuestos para la aplicación del principio invocado en la mera expectativa de una invariabilidad de las circunstancias, y que ni el principio de seguridad jurídica ni el de la confianza legítima garantizan que las situaciones de ventaja económica que comportan un enriquecimiento que se estima injusto deban mantenerse irreversibles; o dicho en otros términos no parece legítima la expectativa de devolver la subvención sin intereses cuando no se cumple el fin al que está vinculada.

En el mismo sentido, debe tenerse en cuenta que el "principio de protección de la confianza legítima del ciudadano" en el actuar de la Administración no se aplica a los supuestos de cualquier tipo de convicción psicológica subjetiva en el particular, sino cuando dicha "confianza" se funda en signos o hechos externos producidos por la Administración lo suficientemente concluyentes que induzcan a aquél a confiar en la "apariencia de legalidad" que la actuación administrativa a través de actos concretos revela. Y esta circunstancia no se aprecia en el hecho de que la Administración reclamara primero la devolución del capital constitutivo de la subvención en razón del incumplimiento de la carga o finalidad con que se había otorgado, y posteriormente, después de iniciar el correspondiente expediente para apreciar la producción de un enriquecimiento injusto por la posesión indebida de dicho capital reclamara los intereses como mecanismo del reintegro compensatorio del empobrecimiento experimentado».

Sentencia del Tribunal Supremo, rec. 689/2013, de 9 de octubre de 2014, ECLI:ES:TS:2014:1098

Asunto: la prueba de la mala fe

«Negligencia que, por otra parte, no supone existencia de mala fe por parte del contribuyente, puesto que evidentemente, una excluye la otra. Es decir, la prueba de la mala fe, necesaria cuando se pretenda sancionar una conducta dolosa, no es necesaria cuando se lo que se sanciona es una conducta culposa por simple negligencia. En este punto, cabe señalar que los términos en que se pronuncia el instructor del expediente sancionador al realizar la propuesta de imposición de sanciones, no suponen la calificación de la conducta del interesado, de forma simultánea, de dolosa y culposa, sino, dada la dificultad que se plantea para la prueba de la intencionalidad de una determinada conducta, la afirmación de que, de las circunstancias del caso, se pone de manifiesto una conducta dolosa o, cuando menos, culposa».

7.1.8. El principio de seguridad jurídica

El principio de seguridad jurídica en el derecho tributario sancionador

El principio de seguridad jurídica se encuentra recogido en el párrafo tercero del artículo 9 de la CE que señala:

«La Constitución garantiza el principio de legalidad, la jerarquía normativa, la publicidad de las normas, la irretroactividad de las disposiciones sancionadoras no favorables o restrictivas de derechos individuales, **la seguridad jurídica**, la responsabilidad y la interdicción de la arbitrariedad de los poderes públicos».

Tal y como señala la **sentencia del Tribunal Constitucional 27/1981, de 20 de julio, ECLI:ES:TC:1981:27,** la seguridad jurídica es «suma de certeza y legalidad, jerarquía y publicidad normativa, irretroactividad de lo no favorable, interdicción de la arbitrariedad, pero que, si se agotara en la adición de estos principios, no hubiera precisado de ser formulada expresamente. La seguridad jurídica es la suma de estos principios, equilibrada de tal suerte que permita promover, en el orden jurídico, la justicia y la igualdad, en libertad».

El principio de seguridad jurídica se asocia a las siguientes instituciones:

- Los plazos de prescripción.
- La caducidad.
- Las dilaciones indebidas.

|| **La prescripción**

En materia de prescripción, el artículo 30 de la LRJSP, introduce una serie de cuestiones de clara influencia jurisprudencial:

«1. Las infracciones y sanciones prescribirán según lo dispuesto en las leyes que las establezcan. Si éstas no fijan plazos de prescripción, las infracciones muy graves prescribirán a los tres años, las graves a los dos años y las leves a los seis meses; las sanciones impuestas por faltas muy graves prescribirán a los tres años, las impuestas por faltas graves a los dos años y las impuestas por faltas leves al año.

2. El plazo de prescripción de las infracciones comenzará a contarse desde el día en que la infracción se hubiera cometido. En el caso de infracciones continuadas o permanentes, el plazo comenzará a correr desde que finalizó la conducta infractora.

Interrumpirá la prescripción la iniciación, con conocimiento del interesado, de un procedimiento administrativo de naturaleza sancionadora, reiniciándose el plazo de prescripción si el expediente sancionador estuviera paralizado durante más de un mes por causa no imputable al presunto responsable.

3. El plazo de prescripción de las sanciones comenzará a contarse desde el día siguiente a aquel en que sea ejecutable la resolución por la que se impone la sanción o haya transcurrido el plazo para recurrirla.

Interrumpirá la prescripción la iniciación, con conocimiento del interesado, del procedimiento de ejecución, volviendo a transcurrir el plazo si aquél está paralizado durante más de un mes por causa no imputable al infractor.

En el caso de desestimación presunta del recurso de alzada interpuesto contra la resolución por la que se impone la sanción, el plazo de prescripción de la sanción comenzará a contarse desde el día siguiente a aquel en que finalice el plazo legalmente previsto para la resolución de dicho recurso».

La prescripción es una causa de extinción de la responsabilidad sancionadora por el transcurso del tiempo. En concreto, por el cumplimiento de un plazo desde:

- La comisión de la infracción sin que la Administración dirija o reanude su actuación contra su responsable (prescripción de la infracción).
- La imposición en firme de la sanción sin que se ejecute o reanude la ejecución (prescripción de la sanción).

Prescripción de las infracciones tributarias

El artículo 189 de la LGT establece en materia de extinción de la responsabilidad derivada de las infracciones tributarias.

En su párrafo segundo señala que se extingue la responsabilidad por la prescripción de la infracción. La ley establece un plazo de **4 años**, común para todas las infracciones, sin establecer un diferente plazo en función de la gravedad de la infracción. Por el contrario, para la infracción administrativa en el sistema general, el artículo 30 de la LRJSP establece diferentes plazos de prescripción en función de la gravedad de la infracción. Este criterio es más lógico en atención al fundamento del instituto de la prescripción.

El período de prescripción de cuatro años, **comienza a contar desde el momento de comisión de la infracción.** No fija la ley cuál es este momento, el cual dependerá de aquel —momento— en que pueda estimarse consumada la infracción de que se trate.

CUESTIÓN

¿El plazo de prescripción de la acción administrativa para sancionar queda en suspenso en tanto se revuelva la vía penal?

No, la acción penal no es un acto que interrumpa la prescripción, sino que lo continúa, el decir «la actuación penal no es un acto interrupto de la prescripción de la acción administrativa para sancionar, sino suspensivo» (sentencia del Tribunal Supremo n.º 517/2021, de 15 de abril, ECLI:ES:TS:2021:1418).

En cuanto a las infracciones relativas a la elusión del pago del tributo, la consumación debe entenderse producida cuando la producción del perjuicio ya no es evitable por el sujeto. Es decir, mientras el sujeto con un *actus contrarius* pueda evitar el resultado perjudicial, cabe apreciar aún un desistimiento voluntario. Por tanto, lo esencial es determinar cuándo debe estimarse producido ya el perjuicio.

En este mismo sentido se ha pronunciado la jurisprudencia de la Sala Segunda del TS a propósito del momento consumativo y del día inicial para el cómputo de la prescripción. Conforme a la jurisprudencia del TS «en los supuestos de autoliquidación... el dies a quo o momento en el que se inicia la prescripción es el que **concluye el periodo voluntario de declaración**» (sentencias del **Tribunal Supremo n.º 1599/2005, de 14 de noviembre, ECLI:ES:TS:2005:7822** y **n.º 1688/2000, de 6 de noviembre, ECLI:ES:TS:2000:8036**, entre otras).

El plazo de prescripción se interrumpe por las siguientes causas:

- **Siempre que se realice acción con conocimiento formal el interesado,** por cualquier acción de la administración dirigida a la imposición de la sanción tributaria.

- **Por la interposición de reclamaciones o recursos de cualquier clase,** por la remisión del tanto de culpa a la jurisdicción penal, así como por las actuaciones realizadas con conocimiento formal del obligado en el curso de dichos procedimientos.

La Administración tributaria aplicará de oficio la prescripción, no teniéndola que invocar el interesado.

|| Prescripción de las sanciones tributarias

El artículo 190 de la LGT establece la regulación de la extinción de las sanciones tributarias. En lo referido a las sanciones indica:

«1. Las sanciones tributarias se extinguen por el pago o cumplimiento, por prescripción del derecho para exigir su pago, por compensación, por condonación y por el fallecimiento de todos los obligados a satisfacerlas.

2. Será de aplicación a las sanciones tributarias lo dispuesto en el capítulo IV del título II de esta ley.

En particular, la prescripción del derecho para exigir el pago de las sanciones tributarias se regulará por las normas establecidas en la sección tercera del capítulo y título citados relativas a la prescripción del derecho de la Administración para exigir el pago de las deudas tributarias liquidadas y autoliquidadas.

La prescripción de las sanciones tributarias tienen un plazo de **4 años**.

> **JURISPRUDENCIA**
>
> **Sentencia del Tribunal Supremo rec. 2573/2015, de 25 de noviembre, ECLI:ES:TS:2015:4979**
>
> *«Hemos dicho que, sólo cuando la ejecutividad de una deuda tributaria se suspende, el órgano de recaudación no puede exigir su cobro; por ello, tampoco puede arrancar el cómputo del plazo de prescripción. Sirva como ejemplo la sentencia 3 de diciembre del 2009 (casación 6278/07, FJ 3º), en la que se reproduce el criterio de las dictadas el 19 de junio de 2008 (casación 265/04, FJ 3º) y el 23 de mayo de 1997 (apelación 12338/91, FJ 3º); más recientemente, puede consultarse la de 18 de julio de 2001 (sic) (casación 6103/08, FJ 3º).*
>
> *Sostuvimos entonces y reiteramos ahora que la suspensión de la ejecutividad del ingreso o del cumplimiento de la obligación tributaria impide que corra la prescripción. Resulta inviable iniciar el cobro de una deuda tributaria cuando ha sido suspendida su ejecutividad y, por lo tanto, tampoco puede ponerse en marcha el cómputo del plazo de prescripción. Por el contrario, si tal medida cautelar no ha sido adoptada, la Administración debe iniciar el procedimiento para hacer efectivo su cobro, puesto que la inactividad prolongada por tiempo superior al establecido en el artículo 66 de la Ley 58/2003 determinar inexorablemente la prescripción de su derecho al cobro.*
>
> *En el caso enjuiciado, de haberse producido la prescripción que se reclama, no sería la del derecho a recaudar o a exigir la deuda tributaria, sino la del derecho a determinarla. Efectivamente, la Sala de instancia, en la sentencia de 28 de febrero de 2003, anuló las sanciones impuestas, por lo que difícilmente puede hablarse de su ejecución, puesto que se trataba de actos anulados, de modo que, conforme a lo ordenado por la Sala de instancia, se precisaba de otros en los que se atendiera a los nuevos criterios de graduación fijados por los jueces a quo.*
>
> *Así pues, el fallo expulsó de la realidad jurídica las sanciones, lo que hacía inviable su ejecución. La única posibilidad que tenía la Administración tributaria, una vez interpuesto el recurso de casación, era instar de la Sala de instancia la ejecución provisional de la sentencia, que le permitiera practicar la liquidación de la sanción en los términos fijados en la misma. Tal y como se contempla en el artículo 91.1 de la Ley*

> reguladora de esta jurisdicción, «las partes favorecidas por la sentencia podrán instar su ejecución provisional. Cuando de ésta pudieran derivarse perjuicios de cualquier naturaleza, podrán acordarse las medidas que sean adecuadas para evitar o paliar dichos perjuicios. Igualmente podrá exigirse la presentación de caución o garantía para responder de aquéllos. No podrá llevarse a efecto la ejecución provisional hasta que la caución o la medida acordada esté constituida y acreditada en autos».

Además, es interesante al respecto traer a colación la **sentencia del Tribunal Supremo n.º 1410/2023, de 13 de noviembre, ECLI:ES:TS:2023:4727**, que **fija el criterio sobre el inicio del plazo de prescripción de sanciones tributarias del artículo 201.3 de la LGT**, esto es la, la expedición de facturas o documentos sustitutivos con datos falsos o falseados que tengan lugar a lo largo de diversos periodos impositivos o liquidatorios, en particular, **aclarar si el término inicial del plazo se sitúa en la fecha en la que se expide la** última **factura o documento, si ha de determinarse en atención a los distintos periodos impositivos o liquidatorios del impuesto respecto de los que se aprecia la conducta infractora o, finalmente, si debe fijarse de otro modo.**

La doctrina fijada por la **STS, rec. n.º 7905/2020, de 19 de enero de 2022, ECLI:ES:TS:2023:4727** fue la siguiente:

> «[...] procede fijar como doctrina legal que en los supuestos del art. 201 para determinar la cuantía de las reclamaciones económico-administrativas a los efectos de interponer el recurso de alzada ordinario, debe estarse a los distintos períodos de liquidación del impuesto, respecto de los que se aprecia la conducta sancionada».

Por lo tanto, nuestro Alto Tribunal, siguiendo el mismo criterio de la citada sentencia, concluye señalando que «debe ser que el *dies a quo* del plazo de prescripción para imponer sanciones tributarias por la comisión de la infracción del artículo 201.3 LGT, en aquellos supuestos en los que las operaciones que originan la infracción, esto es, la expedición de facturas o documentos sustitutivos con datos falsos o falseados, tengan lugar a lo largo de diversos periodos impositivos o de liquidación, se **sitúa de forma autónoma para cada tributo y periodo impositivo o de liquidación**».

Por lo que, desestima el recurso de casación presentado por el abogacía del Estado en el que defendía la tesis «consistente en que la emisión de facturas falsas constituye una infracción continuada, con los efectos que dicha calificación conlleva en relación con el dies a quo de plazo de prescripción para sancionar, pues, aun admitiendo a efectos meramente hipotéticos que en este caso tuviera lugar la ejecución de una pluralidad de actos por el mismo sujeto responsable, lo cierto es que no cabe considerar acreditada la existencia de un dolo unitario, en ejecución de un plan previamente concebido o de un dolo continuado, que es uno de los elementos que, según la jurisprudencia, deben darse para que pueda apreciarse una infracción continuada, a lo que cabe añadir que quien alega que estamos en presencia de una infracción continuada es quien debe acreditar que se trata de una pluralidad de acciones que, además de infringir el mismo precepto, han sido realizadas con unidad de propósito y responden a un plan preconcebido, acreditación ésta que en forma alguna se ha producido.

Tampoco puede aceptarse, como pretende el recurrente, que resulte de aplicación lo dispuesto en los artículos 29.6 y 30.2 de la LRJSP, por falta de normativa específica, conforme al artículo 207 LGT, pues, como ya se ha señalado, el parámetro temporal que se sigue es el contemplado en el artículo 187.1.c) LGT para la aplicación del criterio de graduación por el incumplimiento sustancial de las obligaciones de facturación o documentación, criterio que sólo se aplica específicamente para las infracciones contempladas en el art. 201 de la LGT y que se produce "en relación con el tributo u obligación tributaria y período objeto de comprobación o investigación"».

|| Caducidad del procedimiento sancionador

Los plazos que rigen en el procedimiento sancionador, ya se tramite de forma conjunta, separada o abreviada, son de caducidad, de tal forma que, si el procedimiento no se inicia en el plazo legalmente establecido o se supera el plazo máximo de duración, procede el archivo del expediente, al caducar la acción de la Administración para imponer la pertinente sanción, imposibilitando la iniciación de un nuevo procedimiento sancionador.

El apartado segundo del artículo 209 de la LGT regula **el inicio del procedimiento sancionador.** Establece que el plazo de inicio es de 6 meses desde la notificación de la liquidación o resolución. En los procedimientos para la imposición de las sanciones del artículo 186 de la LGT debe iniciarse en el plazo de 6 meses desde que se hubiese notificado o se entienda notificada la sanción tributaria.

El artículo 211 de la LGT regula **la terminación del procedimiento sancionador,** señala que puede terminar mediante resolución o por caducidad.

En los procedimientos sancionadores derivados de un procedimiento de inspección, si el interesado muestra conformidad en la propuesta de resolución, el trascurso para imponer **la sanción por el** órgano **competente es de 1 mes desde la fecha de la conformidad, sin tener que notificar expresamente de nuevo.**

> **A TENER EN CUENTA.** Si habrá que notificar cuando en dicho plazo el órgano competente para imponer la sanción notifique al interesado acuerdo con alguno de los contenidos a los que se refieren los párrafos del apartado 3 del artículo 156 de esta ley.

El procedimiento sancionador tributaria debe de concluir en el plazo de 6 meses desde la notificación de la comunicación del inicio del procedimiento. La conclusión del procedimiento se entiende finalizada en la fecha de notificación del acto administrativo de resolución. El vencimiento de este plazo sin notificación expresa conlleva la caducidad del procedimiento. La caducidad puede dictarse de oficio o a instancia del interesado y conllevará el archivo de las activaciones e impedirá la iniciación de un nuevo procedimiento sancionador.

> **A TENER EN CUENTA.** Cuando habiéndose iniciado el procedimiento sancionador concurra en el procedimiento inspector del que trae causa alguna de las circunstancias previstas en el apartado 5 del artículo 150 de la LGT, el plazo para concluir el procedimiento sancionador se extenderá por el mismo periodo que resulte procedente de acuerdo con lo dispuesto en dicho apartado.

|| Las dilaciones indebidas

El Tribunal Constitucional ha considerado en reiteradas sentencias —por todas, la **n.º 142/2010, de 21 de diciembre, ECLI:ES:TC:2010:142**— que el derecho a un proceso sin dilaciones indebidas es autónomo respecto del derecho a la tutela judicial efectiva y que, por su imprecisión, al ser un concepto jurídico indeterminado, exige examinar cada supuesto concreto a la luz de aquellos criterios que permitan verificar si ha existido efectiva dilación y, en su caso, si ésta puede considerarse justificada, porque tal derecho no se identifica con la duración global de la causa, ni aun siquiera con el incumplimiento de los plazos procesales, debiendo ponderarse la complejidad del litigio, los márgenes ordinarios de duración de los litigios del mismo tipo, el interés que en aquél arriesga el demandante, su conducta procesal, la conducta de las autoridades, etc.

JURISPRUDENCIA

Sentencia del Tribunal Supremo, rec. 5112/2010, de 5 de junio de 2013, ECLI:ES:TS:2013:3487

Asunto: interrupción del plazo de prescripción para la imposición de sanciones

«(...) "asimismo, los plazos de prescripción para la imposición de sanciones se interrumpirán, además de por las actuaciones mencionadas anteriormente, por la iniciación del correspondiente procedimiento sancionador"; invocamos asimismo el conjunto de sentencias dictadas por el Tribunal Supremo acerca de la separación de los procedimientos inspectores y sancionadores a los efectos de la prescripción del plazo para imponer sanciones tributarias a raíz de la entrada en vigor de la Ley 1/1988, dictadas en supuestos de hecho a los que no resultaba aplicable la reforma introducida en el artículo 66.1 a) de la Ley General Tributaria por la Ley 14/2000, de 29 de diciembre».

Sentencia de la Audiencia Nacional, rec. 267/2088, de 12 de mayo de 2011, ECLI:ES:AN:2011:2277

Asunto: plazo de prescripción

«Reiteradamente se ha expuesto por esta Sala que el incumplimiento del plazo legalmente previsto no determina la caducidad de las actuaciones inspectoras, sino que determina, conforme al artículo 29-3 de la referida Ley, que no se considere interrumpida la prescripción como consecuencia de dichas actuaciones. En efecto, así lo ha declarado esta Sala en Sentencia de fecha 26 de abril de 2.007, recurso núm. 1089/2003, entre otras.

En consecuencia, partiendo de que el incumplimiento del referido plazo determina, conforme al artículo 29-3 de la referida Ley, que no se considere interrumpida la prescripción como consecuencia de dichas actuaciones y tomando como "dies a quo" el 25 de julio de 1998 y 1999, fechas en que finaliza el plazo para presentar las oportunas declaraciones correspondientes a los ejercicios 1997 y 1998, apreciada respecto de los mismos la no interrupción del plazo prescriptivo por las actuaciones inspectoras desarrolladas, se colige que en la fecha en que se notifica el acuerdo de liquidación tributaria, 10 de mayo de 2.004, estaba prescrito el Derecho de la Administración para determinar la deuda tributaria mediante la oportuna liquidación por el concepto de Impuesto sobre Sociedades correspondiente a los ejercicios 1997 y 1998, por transcurso de un plazo superior al de cuatro años invocado por la parte y que resulta exigible.

Conforme a lo expuesto, procede declarar la prescripción de los ejercicios 1997 y 1998, lo que conlleva la prescripción también de la acción sancionadora correspondiente a dichos ejercicios, con las consecuencias legales inherentes a dicha declaración, sin que resulte afectado por la prescripción el ejercicio 1999 igualmente regularizado».

Sentencia del Tribunal Supremo, rec. 5072/2010, de 25 de octubre de 2012, ECLI:ES:TS:2012:7100

Asunto: independencia de la prescripción del derecho a liquidar y del derecho a exigir el pago

«En sentencia de 27 de enero de 2011 (recurso de casación 3333/2006), hemos dejado escrito que:

"(...) como hemos recordado en reciente sentencia de 20 de julio de 2010, 'esta Sala ha reconocido en distintas ocasiones la separación entre la prescripción del derecho a liquidar y la del derecho a exigir el pago, de tal forma que los actos interruptivos del primero no se extienden a la acción de cobro, lo que supone que pueda producirse la prescripción de esta última aunque estuviera vivo el derecho a determinar la deuda tributaria en sede de los procedimientos revisores en curso (sentencias de 18 de junio de 2004, 19 de junio de 2008, 3 de noviembre de 2009). Sin embargo, para que se produzcan dichos efectos es condición previa que la deuda tributaria no se halle suspendida'"».

7.2. Órganos competentes

Órganos competentes en el procedimiento sancionador tributario iniciados como consecuencia de un procedimiento de inspección

|| Órgano competente para la iniciación

De acuerdo con lo dispuesto en el apartado tercero del artículo 22 del Real Decreto 2063/2004, de 15 de octubre, por el que se aprueba el Reglamento general del régimen sancionador tributario (RGRST) y en el apartado primero del artículo 25 del RGRST, en los procedimientos sancionadores iniciados por órganos de inspección, será competente para acordar la iniciación del procedimiento sancionador el equipo o unidad que hubiera desarrollado la actuación de comprobación e investigación, salvo que el inspector-jefe designe otro diferente.

Cuando el inicio y la tramitación correspondan al mismo equipo o unidad que haya desarrollado o esté desarrollando las actuaciones de comprobación e investigación, el acuerdo de inicio podrá suscribirse por el jefe del equipo o unidad o por el funcionario que haya suscrito o vaya a suscribir las actas. En otro caso, la firma corresponderá al jefe de equipo o unidad o al funcionario que determine el inspector-jefe.

> **A TENER EN CUENTA.** En todo caso, el inicio requerirá autorización previa del inspector-jefe, que podrá ser concedida en cualquier momento del procedimiento de comprobación e investigación, o una vez finalizado éste, pero antes del transcurso del plazo máximo de seis meses al que se refiere el artículo 209 de la LGT.

En el caso de que se trate de actuaciones inspectoras distintas a las que integran el procedimiento de inspección, el equipo o unidad que haya desarrollado las actuaciones de la infracción, será el competente para iniciar el procedimiento sancionador.

‖ Órgano competente para la instrucción

De acuerdo con el apartado tercero del artículo 25 de la RGRST, la instrucción del procedimiento sancionador podrá encomendarse por el inspector-jefe al equipo o unidad competente para acordar el inicio o a otro equipo o unidad distinto, en función de las necesidades del servicio o de las circunstancias del caso.

La propuesta de resolución puede suscribirse por el jefe del equipo o unidad o por el funcionario que haya suscrito o vaya a suscribir las actas, siempre que el inicio y la tramitación correspondan al mismo equipo o unidad que haya desarrollado o este desarrollando las actuaciones de comprobación e investigación.

En cuanto a la propuesta de resolución del procedimiento sancionador y con ocasión del trámite de alegaciones, el interesado puede manifestar expresamente su conformidad o disconformidad, presumiéndose su disconformidad si no hay pronunciamiento.

‖ Órgano competente para la resolución

De acuerdo con el apartado quinto, letra d) del artículo 211 de la LGT y apartado 8 del artículo 25 del RGRST será competente para dictar el acto resolutorio es el órgano competente para liquidar, que en el procedimiento de inspección es el inspector-jefe.

Procedimientos tramitados por órganos de la inspección no iniciados como consecuencia de un procedimiento de inspección

Los órganos competentes para la tramitación y resolución de los procedimientos sancionadores tramitados por órganos de la inspección no iniciados como consecuencia de un procedimiento de inspección se contienen en los artículos 22, 23, 24 del RGRS relativos a la tramitación separada, pero **también resultan aplicables a la tramitación conjunta**. Los órganos competentes serán los siguientes:

‖ Órgano competente para la iniciación

Será órgano competente para iniciar el procedimiento sancionador el que se determine en la normativa de organización aplicable a los órganos con competencia sancionadora. En defecto de norma expresa, será órgano competente el que tenga atribuida la competencia para su resolución

|| Órgano competente para la instrucción

Para la instrucción del procedimiento sancionador va a ser competente el órgano que determine la normativa de organización aplicable. Las actuaciones necesarias para determinar la existencia de infracciones susceptibles de sanción se realizarán de oficio.

Se van a unir al expediente sancionador las pruebas, declaraciones e informes necesarios para la resolución.

Los interesados van a poder formular alegaciones y aportar documentos, justificaciones y pruebas que estimen convenientes antes de la propuesta de resolución.

Una vez concluidas las actuaciones se va a **formular propuesta de resolución** que se notifica al interesado, concediéndole plazo de 15 días para la puesta de manifestó del expediente y que alegue lo que considere conveniente y así presentar documentos, justificantes y pruebas oportunos. Si no se formulan alegaciones se eleva la propuesta al órgano conveniente para resolver. En caso contrario, cuando se formulen alegaciones el órgano instructor remitirá al órgano competente para imponer la sanción la propuesta de resolución procedente a la vista de las alegaciones presentadas, junto con la documentación del expediente.

> **A TENER EN CUENTA.** Señala el apartado seis del artículo 23 del RGRST que: «En los supuestos de tramitación abreviada previstos en el artículo 210.5 de la Ley 58/2003, de 17 de diciembre, General Tributaria, la propuesta de resolución se incorporará al acuerdo de iniciación del procedimiento, y se advertirá expresamente al interesado que, de no formular alegaciones ni aportar nuevos documentos o elementos de prueba, podrá dictarse la resolución de acuerdo con dicha propuesta».

|| Órgano competente para la resolución

De acuerdo con el apartado el artículo 211.5 de la LGT, serán competentes para imponer la sanción:

- El Consejo de Ministros, si consisten en la suspensión del ejercicio de profesiones oficiales, empleo o cargo público.

- El ministro de Hacienda, el órgano equivalente de las comunidades autónomas, el órgano competente de las entidades locales u órganos en quienes deleguen, cuando consistan en la pérdida del derecho a aplicar beneficios o incentivos fiscales cuya concesión le corresponda o que sean de directa aplicación por los obligados tributarios, o de la posibilidad de obtener subvenciones o ayudas públicas o en la prohibición para contratar con la Administración pública correspondiente.

– El órgano competente para el reconocimiento del beneficio o incentivo fiscal, cuando consistan en la pérdida del derecho a aplicar el mismo, salvo lo dispuesto en el párrafo anterior.

– El órgano competente para liquidar o el órgano superior inmediato de la unidad administrativa que ha propuesto el inicio del procedimiento sancionador.

7.3. Iniciación del procedimiento

¿Cómo se inicia un procedimiento en materia tributaria?

En primer lugar, cabe apuntar que el procedimiento sancionador en materia tributaria se tramita de forma separada, salvo que el obligado tributario renuncie y se tramitará conjuntamente con la aplicación de los tributos regulados en el título III de la LGT.

En las actas con acuerdo y en los supuestos en los que el obligado tributario renuncie a la tramitación separada del procedimiento sancionador, las cuestiones relativas a las infracciones se analizarán en el procedimiento de aplicación de los tributos conforme a la normativa reguladora del mismo.

> **A TENER EN CUENTA.** La renuncia del procedimiento separado se hará expresamente en las actas con acuerdo.

El procedimiento sancionador en materia tributaria se iniciará siempre de oficio, mediante la notificación del acuerdo del órgano competente.

Señala el artículo 209.2 de la LGT que: «Los procedimientos sancionadores que se incoen como consecuencia de un procedimiento iniciado mediante declaración o de un procedimiento de verificación de datos, comprobación o inspección **no podrán iniciarse** respecto a la persona o entidad que hubiera sido objeto del procedimiento **una vez transcurrido el plazo de seis meses desde que se hubiese notificado o se entendiese notificada la correspondiente liquidación o resolución**».

> **A TENER EN CUENTA.** En cuanto a los procedimientos que se inicien para la imposición de sanciones del artículo 186 de la LGT, se deben de iniciar en el plazo de seis meses desde que se hubiese notificado o se entendiese notificada la sanción pecuniaria del citado precepto.

CUESTIONES

1. ¿Hacienda podrá abrir un expediente sancionador antes de que se confirme la comisión de la infracción tributaria?

Sí, así lo señala la **sentencia del Tribunal Supremo n.º 1075/2020, de 23 de julio, ECLI:ES:TS:2020:2687,** que determina y avala que la Administración Tributaria puede abrir un procedimiento sancionador tributario antes de haberse dictado y notificado el acto administrativo de liquidación, determinante del hecho legalmente tipificado como infracción tributaria, en los casos en que se sancione el incumplimiento del deber de declarar e ingresar correctamente y en plazo la deuda tributaria u otras infracciones que causen perjuicio económico a la Hacienda Pública, teniendo en cuenta que la sanción se cuantifica en estos casos en función del importe de la cuota liquidada, como un procedimiento de esta.

Así, la cuestión principal se centra en determinar si el ordenamiento jurídico en general, y el artículo 209.2 de la LGT, en el caso de infracciones que causan un perjuicio económico a la Hacienda pública, autorizan a la Administración Tributaria para iniciar un procedimiento sancionador tributario antes de haberse dictado y notificado el acto administrativo de liquidación, determinante del hecho legalmente tipificado como infracción tributaria.

El Alto Tribunal establece que, «puede aceptarse, en definitiva, en las infracciones que causan perjuicio para la recaudación, la máxima de que sin liquidación no hay sanción, pero no la de que sin liquidación no puede haber inicio del procedimiento tributario sancionador».

En el fundamento jurídico séptimo de esta sentencia, la Sala de lo Contencioso-Administrativo fija el criterio a seguir:

«a) Que el artículo 209.2 LGT no establece —para ningún tipo de infracción tributaria— que el procedimiento sancionador solo pueda instruirse después de que se haya dictado la liquidación de la que trae causa.

b) Que la notificación de la liquidación no constituye, por tanto, el límite mínimo para iniciar el procedimiento sancionador.

c) Que en las infracciones que causan perjuicio para la recaudación, la liquidación constituye, ciertamente, presupuesto imprescindible para que tenga lugar la sanción tributaria(o, más precisamente, para que se dicte la resolución sancionadora), pero eso es algo distinto de que resulte legalmente necesario que tal liquidación se haya dictado y notificado antes del inicio del procedimiento tributario sancionador.

Lo dijimos con claridad en el último párrafo del número segundo del fundamento jurídico tercero de esta misma sentencia y conviene reiterarlo ahora (porque este es nuestro argumento esencial): puede aceptarse, en las infracciones que causan perjuicio para la recaudación, la máxima de que sin liquidación no hay sanción, pero no la de que sin liquidación no puede haber inicio del procedimiento tributario sancionador».

2. ¿Puede iniciarse un expediente sancionador en el caso de haberse firmado un acta en conformidad del procedimiento de inspección, antes de que se haya notificado o se entienda notificado por transcurso de un mes?

Según declara el Tribunal Supremo en su sentencia n.° 1161/2020, de 15 de septiembre, ECLI:ES:TS:2020:2890 tanto del artículo 22 del RGRST como del 25, se infiere que el inicio del procedimiento sancionador puede producirse cuando el expediente de gestión o de inspección se encuentra todavía en fase de instrucción y se están llevando a cabo actuaciones de comprobación o investigación, sin que, en ningún momento, este previsto que sea precisa la previa notificación a la persona o entidad presuntamente responsable de la liquidación tributaria de la que el procedimiento sancionador trae causa para que este pueda iniciarse.

La citada sentencia cuenta con un voto particular que reza como sigue:

«La doctrina jurisprudencial que la mayoría considera pertinente es que "...[N]i el artículo 209.2 LGT, ni ninguna otra norma legal o reglamentaria, interpretada conforme a los criterios del artículo 12 LGT, establecen un plazo mínimo para iniciar el

procedimiento sancionador, pudiendo inferirse del artículo 25 RGRST que dicho inicio puede producirse antes de que se le haya notificado a la persona o entidad acusada de cometer la infracción la liquidación tributaria de la que trae causa el procedimiento punitivo, lo que resulta perfectamente compatible con las garantías del artículo 24.2 CE, y, en particular, con los derechos a ser informados de la acusación y a la defensa".

Considero errónea dicha doctrina que, además, no interpreta el precepto central objeto de examen —el artículo 209.2 LGT— de forma acorde con las pautas que ofrece el artículo 12 LGT. De hecho, en mi opinión, lo que hace la sentencia es bendecir una práctica administrativa común o habitual, reconocida por el Abogado del Estado en el escrito de preparación, conforme a la cual la mayoría de los procedimientos sancionadores se incoan antes de producirse la liquidación, de donde infiere la Administración recurrente que de considerarse inaceptable esta práctica, como hizo la sentencia de instancia, se crearía una doctrina gravemente dañosa para el interés general».

Por su parte, el TEAC ha venido a matizar que para que el inicio del procedimiento no sea extemporáneo debe notificarse al interesado dentro del plazo de esos seis meses «aunque el acuerdo de iniciación del expediente se dictó el 10 de noviembre de 2006, dentro del plazo de tres meses, tanto la Ley como el Reglamento indican que "el procedimiento se iniciará de oficio mediante la notificación del acuerdo del órgano competente" es decir el procedimiento se inicia en el momento de la notificación que, en este caso, evidentemente se produjo fuera de plazo y por lo tanto procede anular la sanción impuesta» (**resolución del TEAC n.º 1635/2007, de 30 de enero de 2008**).

Ese importante matizar que este límite temporal afecta a los procedimientos sancionadores que se incoen como consecuencia de los procedimientos de liquidación o resolución, por lo que abarca:

– A las sanciones derivadas de la liquidación o regularización efectuada (infracciones con perjuicio económico de los artículos 191 a 197 de la LGT),

– A cualquier sanción derivada de una infracción puesta de manifiesto en el curso de los procedimientos de liquidación o resolución (las infracciones por incumplimientos formales de los artículos 198 a 206 de la LGT).

Este límite temporal afecta a la persona o entidad que hubiera sido objeto del procedimiento, pero no a terceros. La falta de inicio dentro del citado plazo lleva, por tanto, aparejada la imposibilidad de iniciarlos posteriormente a pesar de que no hubiera transcurrido el plazo de prescripción para imponer las sanciones.

En la notificación del acuerdo del órgano competente de iniciación del procedimiento deben de hacerse las menciones señaladas en el artículo 22 del RGRST:

– Identificación de la persona o entidad presuntamente responsable.

– Conducta que motiva la incoación del procedimiento, su posible calificación y las sanciones que pudieran corresponder.

– Órgano competente para la resolución del procedimiento e identificación del instructor.

– Indicación del derecho a formular alegaciones y a la audiencia en el procedimiento, así como del momento y plazos para su ejercicio.

El órgano competente para iniciar el procedimiento sancionador es el que se determine en la normativa aplicable a los órganos con competencia sancionadora. en caso de haber una norma expresa, el órgano competente será el que tenga atribuida la competencia para su resolución.

Se van a iniciar tantos procedimientos sancionadores como propuestas de liquidación se hayan dictado, sin perjuicio de los que tengan que iniciarse en base a las conductas constitutivas de infracción que se pongan de manifiesto durante el procedimiento y no impliquen liquidación.

> **A TENER EN CUENTA.** Se puede acumular la iniciación y la instrucción de los distintos procedimientos cuando exista identidad en los motivos o circunstancias que determinen la apreciación de varias infracciones, pero se debe de dictar una resolución individualizada para cada uno de ellos.

En cuanto a las especialidades en la tramitación separada de procedimientos sancionadores iniciados por órganos de inspección.

De acuerdo con lo dispuesto en el apartado tercero del artículo 22 del RGRST y en el apartado primero del artículo 25 del RGRST, en los procedimientos sancionadores iniciados por órganos de inspección, será competente para acordar la iniciación del procedimiento sancionador el equipo o unidad que hubiera desarrollado la actuación de comprobación e investigación, salvo que el inspector-jefe designe otro diferente.

Cuando el inicio y la tramitación correspondan al mismo equipo o unidad que haya desarrollado o esté desarrollando las actuaciones de comprobación e investigación, el acuerdo de inicio podrá suscribirse por el jefe del equipo o unidad o por el funcionario que haya suscrito o vaya a suscribir las actas. En otro caso, la firma corresponderá al jefe de equipo o unidad o al funcionario que determine el inspector-jefe.

> **A TENER EN CUENTA.** En todo caso, el inicio requerirá autorización previa del inspector-jefe, que podrá ser concedida en cualquier momento del procedimiento de comprobación e investigación, o una vez finalizado éste, pero antes del transcurso del plazo máximo de seis meses al que se refiere el artículo 209 de la LGT.

En el caso de que se trate de actuaciones inspectoras distintas a las que integran el procedimiento de inspección, el equipo o unidad que haya desarrollado las actuaciones de la infracción, será el competente para iniciar el procedimiento sancionador.

El apartado segundo del artículo 25 de la RGRST señala que «se van a iniciar tantos procedimientos sancionadores como actas de inspección se hayan iniciado, sin perjuicio de los que hayan de iniciarse por las conductas constitutivas de infracción puestas de manifiesto durante el procedimiento inspector y que no impliquen liquidación. No obstante, cuando exista identidad en los motivos o circunstancias que determinan la apreciación de varias infracciones **podrán acumularse la iniciación e instrucción de los distintos** procedimientos, aunque deberá dictarse una resolución individualizada para cada uno de ellos».

> **A TENER EN CUENTA.** Deberán aparecer debidamente individualizadas las infracciones sancionadas en los procedimientos indicados en el párrafo anterior.

7.4. Plazo máximo de duración

¿Cuál será el plazo máximo de duración del procedimiento sancionador en materia tributaria?

De acuerdo con el artículo 211 de la LGT, el procedimiento sancionador en materia tributaria deberá concluir en el plazo máximo de **6 meses** contados desde la notificación de la comunicación de inicio del procedimiento hasta la fecha en que se notifique el acto administrativo de resolución del mismo.

Si se produce el vencimiento del plazo de los seis meses sin que se haya notificado resolución expresa, conllevara a la caducidad del procedimiento.

La obligación de notificar y de computar el plazo de resolución se rige en lo establecido en el apartado 2 del artículo 104 de la LGT:

– **Para que se entienda cumplida la obligación de notificar dentro del plazo máximo** de duración de los procedimientos, bastará con acreditar que se ha realizado un intento de notificación que contenga el texto íntegro de la resolución.

– **Para los sujetos obligados o acogidos voluntariamente a recibir notificaciones practicadas a través de medios electrónicos,** se entiende cumplida la obligación de notificar dentro del plazo con la puesta a disposición de la notificación en la sede electrónica de la Administración Tributaria o en la dirección electrónica habilitada.

– **No se incluyen en este cómputo:** los períodos de interrupción justificada que se especifiquen reglamentariamente, las dilaciones en el procedimiento por causa no imputable a la Administración Tributaria, y los períodos de suspensión del plazo que se produzcan conforme a lo previsto en la LGT.

Por su parte, la Ley 34/2015, de 21 de septiembre, de modificación parcial de la Ley 58/2003, de 17 de diciembre, General Tributaria, añade al artículo 211 de la LGT que cuando habiéndose iniciado el procedimiento sancionador concurra en el procedimiento inspector del que trae causa, alguna de las circunstancias del apartado 5 del artículo 150 de la LGT, el plazo de conclusión del procedimiento sancionador se va a extender al periodo previsto del citado artículo. Asimismo, dicha ley también incorpora la suspensión del plazo para iniciar o terminar el procedimiento sancionador cuando se solicite tasación pericial contradictoria, dado que la regulación actual podría derivar en la imposibilidad de imponer una sanción cuando contra la liquidación se promoviera dicha tasación.

La caducidad del procedimiento sancionador en materia tributaria por falta de resolución expresa en plazo legal no sólo conlleva la perención del procedimiento, también **impide la iniciación de un nuevo expediente sancionador por el mismo objeto**, lo que determinará la extinción de la potestad sancionadora por este hecho. Aquí la LGT llega a una solución diversa de la general establecida en el artículo 92 de la Ley 39/2015, de 1 de octubre, del Procedimiento Administrativo Común de las Administraciones Publicas. En orden a delimitar los límites temporales del ejercicio de la potestad sancionadora el Tribunal Supremo se ha pronunciado profusamente, a continuación algunas de las sentencias más interesantes en este sentido:

La **sentencia del Tribunal Supremo, rec. 18/2002, de 12 de junio de 2033, ES:TS:2003:4084** estableció, en modo contrario a lo previsto en el mencionado artículo 211 de la LGT (interpretando el citado artículo 95) la doctrina legal (en recurso en interés de ley) de la posibilidad de iniciar un nuevo expediente sancionador con el mismo objeto una vez caducado el anterior mientras no hubiera prescrito el derecho de la Administración.

Por su parte la **sentencia del Tribunal Supremo, rec. 97/2002, de 15 de diciembre de 2004, ECLI:ES:TS:2004:8106**, ha establecido como **doctrina legal** que «el límite para el ejercicio de la potestad sancionadora concluye con resolución sancionadora, sin extenderse a la vía de recurso».

JURISPRUDENCIA

Sentencia del Tribunal Supremo n.º 1032/2019, de 10 de julio de 2019, ECLI:ES:TS:2019:2595

Asunto: nulidad interrupción justificada en el procedimiento sancionador derivado del procedimiento inspector que se hubiera iniciado

«En este punto nos interesa detenernos en las formas de terminación del procedimiento sancionador. Según lo dispuesto en el art. 211 de la LGT, el procedimiento sancionador podrá terminar bien por resolución, bien por caducidad. El procedimiento deberá concluir en el plazo máximo de seis meses, contados desde la notificación del inicio del procedimiento, y no desde el día en que se dicta el acuerdo de iniciación ni desde el día en que el Inspector-Jefe hubiera ordenado la iniciación de un expediente sancionador. La notificación por la que se comunica al interesado la resolución del procedimiento sancionador deberá practicarse durante el transcurso de dicho plazo.

El vencimiento de este plazo sin que se haya notificado resolución expresa producirá la caducidad del procedimiento, que podrá dictarse de oficio o a instancia del interesado. La declaración de caducidad implicará ordenar el archivo de las actuaciones e impedirá la iniciación de un nuevo procedimiento sancionador, tal y como prevé expresamente el último inciso del apartado cuarto del art. 211 de la LGT. Esta regulación constituyó una importante novedad, ya que, de acuerdo con lo dispuesto en el art. 36 del derogado RD 1930/1998, el procedimiento sancionador había de finalizar en el plazo de seis meses desde la notificación de su iniciación, pero, una vez transcurrido dicho plazo era posible iniciar su cómputo de nuevo siempre que la infracción no hubiese prescrito.

Más relevante aún es destacar la incoherencia de la referencia a la figura de la interrupción justificada en el sistema actual de la LGT. Este concepto de interrupción justificada, que podía tener sentido en la estructura originaria del procedimiento inspector de la LGT, sujeto a caducidad como forma de terminación, carece de toda coherencia hoy día, con la supresión del efecto extintivo de la superación del plazo máximo de resolución del procedimiento inspector por virtud de la reforma operada en la LGT por la ley 34/2015, de 21 de septiembre, de modificación parcial de la Ley 58/2003, de 17 de diciembre, General Tributaria.

Por tanto, no resulta lógico que careciendo de relevancia la pretendida interrupción justificada en el procedimiento inspector, sin embargo se traslade esta figura al procedimiento sancionador que, con mayor razón, y por efecto del papel esencial que juega en el mismo la caducidad, no es susceptible de interrupción.

En definitiva, ni existe habilitación legal, ni se puede considerar que esté justificada una interrupción por razón de un procedimiento distinto como es el inspector, que por mandato legal está separado del sancionador, y que, además, no requiere ni exige la iniciación del sancionador antes de dictar el acuerdo de liquidación, ya que se permite el inicio del procedimiento sancionador hasta un máximo de tres meses después de dicho acuerdo de liquidación. La concurrencia en el procedimiento inspector de una orden del Inspector jefe para completar actuaciones, carece de toda relevancia en el curso temporal del procedimiento inspector, y pretender otorgarle transcendencia en el procedimiento sancionador, como una situación de interrupción justificada, es contrario a la regla general que resulta de la regulación del procedimiento sancionador, que es la inexistencia de causas de interrupción. Así, hay que recordar que el art. 150.6 LGT dispone que "El incumplimiento del plazo de duración del procedimiento al que se refiere el apartado 1 de este artículo no determinará la caducidad del procedimiento, que continuará hasta su terminación, pero producirá los siguientes efectos respecto a las obligaciones tributarias pendientes de liquidar", efectos que se limitan a la no interrupción de la prescripción, pago espontáneo, no devengo de intereses de demora desde el incumplimiento del plazo hasta la finalización del procedimiento, entre otros.

(...)

En conclusión, ni existe habilitación legal para el reglamento en este campo, ya que la interpretación del art. 211 no permite atribuir esta finalidad a la remisión que hace al art. 104.2 LGT, ni, por otra parte, resulta congruente la previsión reglamentaria impugnada a tenor de las características del procedimiento sancionador, tal y como está configurado, ya que supondría supeditar el procedimiento sancionador al curso de un procedimiento inspector cuando la voluntad del legislador, y esto es indiscutible, fue la de hacer por completo independiente el sancionador respecto a otros procedimientos tributarios como el de inspección.

Por consiguiente, procede estimar el recurso en este punto y declarar la nulidad del apartado nueve del artículo único del Real Decreto 1072/2017 que introduce la nueva redacción del apartado 4 del artículo 25 del Reglamento general del régimen sancionador tributario, aprobado por el Real Decreto 2063/2004, de 15 de octubre».

|| Plazo de duración en caso de tramitación conjunta

| Plazo de duración en caso de tramitación conjunta distintos de las actas con acuerdo

En este caso, la tramitación del procedimiento sancionador se desarrollará de forma conjunta con el procedimiento de aplicación de los tributos, y será de aplicación para ambos procedimientos la regulación establecida en la LGT y en su normativa de desarrollo para el correspondiente procedimiento de aplicación de los tributos, incluyendo lo relativo a los plazos y a los efectos de su incumplimiento.

- **Plazos:** por tanto, los plazos del procedimiento sancionador se regirán por las reglas del procedimiento de aplicación de los tributos del que derive. Así, la duración del procedimiento sancionador y su cómputo en caso de tramitación conjunta distinta de las actas con acuerdo **se asocia a la del procedimiento de aplicación de los tributos del que traiga su causa.**

  - Además, el artículo 27 del RGRST señala que no se tendrá en cuenta en el cómputo del plazo del procedimiento de aplicación de los tributos, el tiempo transcurrido desde la fecha del primer intento de notificación del inicio del procedimiento sancionador debidamente acreditado hasta la fecha en que dicha notificación se entienda producida, tal y como señala el apartado 2 del artículo 104 de la LGT.

- **Efectos del incumplimiento de los plazos:** se regirán por las reglas del procedimiento de aplicación de los tributos del que derive, por tanto:

  - **Caso de procedimientos de inspección:** la finalización del plazo de 18 o 27 meses, no implica la caducidad del procedimiento de inspección, por lo que tampoco supondrá la del procedimiento sancionador, debiendo ambos continuar hasta su finalización, aunque sólo respecto de los conceptos y períodos que no hayan prescrito en el momento de comunicar la continuación de las actuaciones de inspección y sanción, tras haber rebasado esos plazos. Igualmente ocurrirá cuando se supere el plazo de seis meses sin realizar actuaciones con conocimiento del interesado.

  - **Caso de otros procedimientos de aplicación de los tributos:** el incumplimiento del plazo determinará la caducidad de dicho procedimiento.

|| Plazo de duración en caso de actas con acuerdo

Tal y como el artículo 208.2 de la LGT, «en los supuestos de actas con acuerdo y en aquellos otros en que el obligado tributario haya renunciado a la tramitación separada del procedimiento sancionador, las cuestiones relativas a las infracciones se analizarán en el correspondiente procedimiento de aplicación de los tributos de acuerdo con la normativa reguladora del mismo, conforme se establezca reglamentariamente».

En lo relativo a las infracciones, indica el artículo 28.2 del RGRST que se analizarán teniendo en cuenta los elementos y pruebas obtenidos en el correspondiente procedimiento de inspección conforme a su normativa, se incluyen lo relativo a los plazos y los efectos que produce su incumplimiento.

La duración del procedimiento sancionador en caso de actas con acuerdo será muy breve, ya que se entenderá iniciado, generalmente, con la suscripción del acta con acuerdo, y se entenderá finalizado con la notificación de la sanción, que se producirá normalmente por el transcurso de diez días contados desde el siguiente a la fecha del acta (artículo 155.5 de la LGT), salvo que, en ese plazo (que no puede ser objeto de interrupción, ni dilación), se notifique al interesado acuerdo del órgano competente para liquidar y sancionar, rectificando los errores materiales que pudiera contener el acta con acuerdo.

No obstante, excepcionalmente podría haberse iniciado con anterioridad a dicha acta, en los casos en que, de acuerdo con el artículo 26 del RGRST, hubiera existido una renuncia a la tramitación separada en los primeros meses del procedimiento de aplicación de los tributos, y finalmente ese procedimiento hubiera derivado en la formalización de un acta con acuerdo.

7.5. Instrucción del procedimiento

¿Cómo se llevará a cabo la instrucción del procedimiento tributario sancionador?

La instrucción del procedimiento sancionador tributario se encuentra regulada principalmente en el artículo 210 de la LGT y en la normativa reglamentaria desarrollada en el Real Decreto 2063/2004, de 15 de octubre, por el que se aprueba el Reglamento general del régimen sancionador tributario (en adelante, RGRST).

El desarrollo de las actuaciones y procedimientos tributarios se desarrollarán de acuerdo con lo previsto con carácter general por las normas especiales sobre el desarrollo de las actuaciones y procedimientos tributarios desarrolladas previstas en el artículo 99 de la LGT.

– El órgano instructor realizará de oficio cuantas actuaciones resulten necesarias para determinar, en su caso, la existencia de infracciones susceptibles de sanción, a estos efectos unirá al expediente sancionador las pruebas, declaraciones e informes necesarios para su resolución. Los **datos, pruebas o circunstancias** que procedan de alguno de los procedimientos de aplicación de los tributos regulados en esta LGT y vayan a ser tenidos en cuenta en el procedimiento sancionador deberán incorporarse formalmente al mismo **antes de la propuesta de resolución**.

• Al respecto de la validez de las pruebas obtenidas en otros procedimiento se ha pronunciado el **TEAC en su resolución n.° 3176/2001 de 04 de Junio de 2003**, «los elementos tenidos en cuenta en el expediente sancionador para calificar los hechos y formular la propuesta de sanción, son los que resultaron del procedimiento inspector y tal como se recogieron en el Acta que documentó el resultado de las actuaciones, que figuraba incorporada al expediente sancionador y que permitió al interesado conocer los hechos imputados en éste, de forma que no se alcanza a comprender la indefensión que alega».

- En el curso del procedimiento sancionador se prevé también la posibilidad de adoptar medidas cautelares, resultado de aplicación lo dispuesto en el artículo 146 de la LGT relativo al procedimiento de inspección.

- Los interesados podrán formular alegaciones y aportar los documentos, justificaciones y pruebas que estimen convenientes en cualquier momento anterior a la propuesta de resolución.

- Concluidas las actuaciones, se formulará **propuesta de resolución**:

  • Se recogerán los hechos, su calificación jurídica y la infracción o declaración, en el caso de que no exista infracción o responsabilidad.

  • Se concretará también la sanción indicando motivadamente los criterios de graduación aplicados.

  • Será notificada al interesado concediéndole un plazo de 15 días para que alegue cuanto considere conveniente y presente los documentos, justificantes y pruebas que estime oportunos.

- Si no se formularan alegaciones, se elevará la propuesta de resolución al órgano competente para resolver.

- Si se hubieran formulado alegaciones, el órgano instructor remitirá al órgano competente para imponer la sanción la propuesta de resolución que estime procedente a la vista de las alegaciones presentadas, junto con la documentación que obre en el expediente.

- En los supuestos de **tramitación abreviada** previstos en el artículo 210.5 de la LGT, la propuesta de resolución se incorporará al acuerdo de iniciación del procedimiento, y se advertirá expresamente al interesado que, de no formular alegaciones ni aportar nuevos documentos o elementos de prueba, podrá dictarse la resolución de acuerdo con dicha propuesta.

CUESTIÓN

¿Puede iniciarse un procedimiento sancionador antes de conocerse la cuantía concreta de la liquidación?

Para dar respuesta a esta cuestión vamos a referirnos a las **sentencias del Tribunal Supremo n.º 1241/2020, de 1 de octubre, ECLI:ES:TS:2020:3103 y n.º 1075/2020, de 23 de julio, ECLI:ES:TS:2020:2687**, que entienden que el artículo 210.5 de la LGT no regula el inicio del procedimiento sancionador ni ninguna singularidad respecto de tal inicio. Entiende el Alto Tribunal que lo trascendente es que no se vulneren los derechos del acusado a ser informado de la acusación y de defensa, y que no se imponga la sanción antes de haberse practicado la liquidación, «no existiendo traba alguna a que las dos se notifiquen al mismo tiempo».

Así, declara la sentencia: «Y el artículo 210.5 LGT, en primer lugar, respeta perfectamente el derecho a ser informado de la acusación, de manera, si cabe, más rigurosa, al exigir que en el acuerdo de iniciación del procedimiento sancionador abreviado se incorpore una (mera) propuesta de sanción. En segundo lugar, observa igualmente el derecho de defensa al otorgar al interesado un plazo de 15 días para que alegue cuanto considere conveniente y presente los documentos, justificantes y pruebas que estime oportunos. Y, en tercer lugar, dicho precepto no establece la imposición directa de la sanción sin haber procedido antes a aprobar la liquidación, sino únicamente la instrucción de un procedimiento punitivo, que puede acabar o no con una sanción».

Por su parte la **STS n.º 1075/2020, de 23 de julio, ECLI:ES:TS:2019:2595**, establece el siguiente criterio:

«a) Que el artículo 209.2 LGT no establece —para ningún tipo de infracción tributaria— que el procedimiento sancionador solo pueda instruirse después de que se haya dictado la liquidación de la que trae causa.

b) Que la notificación de la liquidación no constituye, por tanto, el límite mínimo para iniciar el procedimiento sancionador.

c) Que en las infracciones que causan perjuicio para la recaudación, la liquidación constituye, ciertamente, presupuesto imprescindible para que tenga lugar la sanción tributaria(o, más precisamente, para que se dicte la resolución sancionadora), pero eso es algo distinto de que resulte legalmente necesario que tal liquidación se haya dictado y notificado antes del inicio del procedimiento tributario sancionador.

Lo dijimos con claridad en el último párrafo del número segundo del fundamento jurídico tercero de esta misma sentencia y conviene reiterarlo ahora (porque este es nuestro argumento esencial): puede aceptarse, en las infracciones que causan perjuicio para la recaudación, la máxima de que sin liquidación no hay sanción, pero no la de que sin liquidación no puede haber inicio del procedimiento tributario sancionador».

De acuerdo con el artículo 23 del RGRST el órgano **competente** para instruir el procedimiento sancionador será el que se determine en la normativa de organización aplicable. Precisamente al respecto de los órganos encargados del procedimiento y del alcance de la independencia entre instrucción y resolución en el procedimiento sancionador en el ámbito tributario se ha pronunciado nuestra jurisprudencia en la **sentencia de la Audiencia Nacional n.º 189/2015, de 3 de noviembre, ES:AN:2015:3959.**

«En efecto, repárese que la separación entre el órgano de instrucción y el de decisión que opera en el orden penal —STC 145/1988—, no es trasladable de forma automática al ámbito del derecho administrativo sancionador —STC 22/1990 y 76/1990—. Así, en esta última sentencia, el Tribunal Constitucional, ante la alegación de que la acumulación de funciones en la inspección puede comprometer su "necesaria neutralidad", razona que el órgano inspector estará siempre ante una misma organización administrativa estructura conforme a un principio de jerarquía, y esta circunstancia, a diferencia de lo que ocurre en los procedimientos judiciales, impide una absoluta independencia ad extra de los órganos administrativos tributarios, cualquiera que sea el criterio de distribución de funciones entre los mismos. Por la naturaleza misma de los procedimientos administrativos, en ningún caso puede exigirse una separación entre instrucción y resolución equivalente a la que respecto de los Jueces ha de darse en los procesos jurisdiccionales. El derecho al Juez ordinario predeterminado por la ley y a un proceso con todas las garantías —entre ellas, la independencia e imparcialidad del juzgador— es una garantía característica del proceso judicial que no se extiende al procedimiento administrativo, ya que la estricta imparcialidad e independencia de los órganos del poder judicial no es, por esencia, predicable con igual significado y en la misma medida de los órganos administrativos».

7.6. Terminación del procedimiento

¿Cómo terminará el procedimiento sancionador en materia tributaria?

La terminación del procedimiento sancionador en materia tributaria está regulado en la Ley 58/2003, de 17 de diciembre, General Tributaria y en el Real Decreto 2063/2004, de 15 de octubre, por el que se aprueba el Reglamento general del régimen sancionador tributario.

El procedimiento sancionador en materia tributaria debe finalizar en el plazo de **6 meses** desde la notificación del inicio del procedimiento. El plazo de conclusión se entiende en la fecha que se notifica el acto administrativo de la resolución del procedimiento. Las reglas aplicables para entender cumplida la notificación y plazo son las contenidas en el **artículo 104.2 de la LGT**.

> **A TENER EN CUENTA.** Se entiende cumplida la obligación de notificar dentro del plazo máximo de los procedimientos, cuando se pueda acreditar que se ha realizado un intento de notificación que contenga el texto íntegro de la resolución.

El órgano competente dictará resolución motivada a la vista de la propuesta formulada en la instrucción del procedimiento y de los documentos, pruebas y alegaciones que obren en el expediente. Todo ello sin perjuicio de que previamente pueda ordenar que se amplíen las actuaciones practicadas; en este caso, concluidas éstas, deberá formularse una nueva propuesta de resolución. La nueva propuesta de resolución seguirá lo acordado en el en artículo 23.5 del RGRST.

> **A TENER EN CUENTA.** No se tendrán en cuenta en la resolución los hechos distintos a los que obren en el expediente, determinados en el curso del procedimiento o aportados a éste por haber sido acreditados previamente.

En el caso de que el órgano competente para imponer la sanción rectifique la propuesta de resolución por concurrir alguna de las circunstancias que se enumeran a continuación, la rectificación se notificará al interesado, que podrá formular las alegaciones que estime pertinentes en el **plazo de 10 días contados desde el siguiente a la notificación**.

- Cuando se consideren sancionables conductas que en el procedimiento sancionador se hubiesen considerado como no sancionables.

- Cuando se modifique la tipificación de la conducta sancionable.

- Cuando se cambie la calificación de una infracción de leve a grave o muy grave, o de grave a muy grave.

La resolución se notificará a los interesados. En la notificación también deberá hacerse mención a:

- Los medios de impugnación que pueden ser ejercitados, plazos y órganos ante los que habrán de ser interpuestos.

- El lugar, plazo y forma en que debe ser satisfecho el importe de la sanción impuesta.

- Las circunstancias cuya concurrencia determinará la exigencia del importe de las reducciones practicadas en las sanciones.

- La no exigencia de intereses de demora en los casos de suspensión de la ejecución de sanciones por la interposición en tiempo y forma de un recurso o reclamación administrativa contra ellas.

- Cuando la resolución fuese susceptible de impugnación en vía contencioso-administrativa, se informará de que, en caso de solicitarse la suspensión, ésta se mantendrá hasta que el órgano judicial se pronuncie sobre la solicitud, siempre que el interesado cumpla los requisitos del artículo 29.2 del RGRST.

Cuando en un procedimiento sancionador iniciado como consecuencia de un procedimiento de inspección el interesado preste su conformidad a la propuesta de resolución, se va a entender dictada y notificada la resolución por el órgano competente para imponer la sanción, de acuerdo con dicha propuesta, por el transcurso de un mes desde la fecha en que se manifestó la conformidad, sin necesidad de una nueva notificación expresa, salvo que en este plazo el órgano competente notifique al interesado acuerdo con alguno de los contenidos en el artículo 156.3 de la LGT.

‖ Formas de terminación

En el caso de procedimientos sancionadores iniciados como consecuencia de un procedimiento de inspección, el interesado habrá manifestado en el trámite de alegaciones su conformidad o disconformidad con la propuesta de resolución formulada, en función de si se produce un escenario u otro hablamos de resolución tácita y expresa respectivamente.

| Terminación mediante resolución expresa

De acuerdo con el **artículo 103 de la LGT** la Administración tributaria está obligada a resolver expresamente todas las cuestiones que se planteen en los procedimientos de aplicación de los tributos, así como a notificar dicha resolución expresa.

¿Hay alguna excepción a lo anterior? Sí, no existirá obligación de resolver expresamente en:

- Procedimientos relativos al ejercicio de derechos que solo deban ser objeto de comunicación por el obligado tributario.

- En los procedimientos que se produzca caducidad.

- Pérdida sobrevenida del objeto del procedimiento.

- Renuncia o desistimiento de los interesados.

No obstante lo anterior, cuando el interesado solicite expresamente que la Administración tributaria declare que se ha producido alguna de las referidas circunstancias, esta quedará obligada a contestar a su petición.

> **A TENER EN CUENTA.** Los actos de liquidación, los de comprobación de valor, los que impongan una obligación, los que denieguen un beneficio fiscal o la suspensión de la ejecución de actos de aplicación de los tributos, así como cuantos otros se dispongan en la normativa vigente, serán motivados con referencia sucinta a los hechos y fundamentos de derecho.

La resolución, que será motivada, recordemos, no podrá tener en cuenta hechos distintos de los que obren en el expediente, determinados en el curso del procedimiento o aportados al mismo por haber sido acreditados previamente; y contendrá los siguientes extremos:

— Fijación de los hechos.

— Valoración de las pruebas practicadas.

— Determinación de la infracción cometida, la identificación de la persona o entidad infractora, y la cuantificación de la sanción que se impone, con indicación de los criterios de graduación y de la reducción que proceda de acuerdo con el artículo 188 de la LGT.

— En su caso, la declaración de inexistencia de infracción o responsabilidad.

| **Terminación mediante resolución tácita**

Este tipo de resolución solamente puede tener lugar en el caso de procedimientos sancionadores iniciados como consecuencia de un procedimiento de Inspección en los que el interesado preste su **conformidad** a la propuesta de resolución tal y como se desprende del artículo 211.1 de la LGT y el 25.7 del RGRST. De este modo si prestó **conformidad,** se entenderá dictada y notificada la resolución de acuerdo con dicha propuesta por el transcurso **del plazo de un mes a contar desde el día siguiente a la fecha en que prestó la conformidad** sin necesidad de nueva notificación expresa al efecto, pudiendo hablar en este caso, de resolución tácita en lugar de expresa.

> **A TENER EN CUENTA.** Cuando la referida notificación no se produzca en el plazo de un mes a contar desde el día siguiente a la fecha en que prestó la conformidad, esta actuación carecerá de efecto frente al interesado.

Y, en virtud de lo establecido en el artículo 25.7 del RGRST: sólo si el interesado presta su conformidad a la rectificación realizada, la resolución se considerará dictada en los términos del acuerdo de rectificación y se entenderá notificada por el transcurso del plazo de un mes a contar desde el día siguiente a la fecha en que prestó conformidad, salvo que en ese plazo el órgano competente para imponer la sanción notifique resolución expresa confirmando la propuesta, mientras que en los demás casos en los que transcurra el plazo de alegaciones sin que se hayan producido o en los que el interesado manifieste su disconformidad, sí sería necesaria una nueva notificación expresa.

Es muy interesante traer a colación la **sentencia n.º 1580/2023, de 27 de noviembre, ECLI:ES:TS:2023:5526,** en la cual el Tribunal Supremo fija doctrina al considerar que la estimación parcial de las alegaciones a un acta de disconformidad, conlleva una nueva propuesta de sanción. Así, establece que:

«La doctrina que fijamos, respondiendo a la cuestión con interés casacional es que cuando se produzca una estimación parcial de las alegaciones formuladas al acta de disconformidad en el procedimiento de regularización que comporte el necesario ajuste de la sanción derivada al importe finalmente regularizado, es necesario, a tenor de lo dispuesto en el artículo 25.6, párrafo segundo, del RD 2063/2004, de 15 de octubre, Reglamento General del Régimen

Sancionador Tributario (renumerado actualmente como artículo 25.7), que se emita una nueva propuesta de sanción rectificada y se ofrezca un nuevo plazo al interesado para que pueda formular alegaciones, de manera que en caso de que no se haya otorgado tal plazo no cabe su subsanación a posteriori».

| Terminación por caducidad

De acuerdo con el **artículo 211.4 de la LGT**, la caducidad del procedimiento sancionador tiene lugar cuando trascurre el plazo máximo de duración del procedimiento sin que se haya notificado, o intentado notificar, la resolución, que no podrá exceder de los 6 meses.

Si bien, el Tribunal Supremo a través de su **sentencias n.º 1162/2023, ECLI:ES:TS:2023:3759, n.º 1174/2023, ECLI:ES:TS:2023:3757 y n.º 1163/2023, ECLI:ES:TS:2023:3758**, todas ellas de 21 de septiembre de 2023, ha declarado que:

> «aunque la caducidad acontece por el mero transcurso del plazo legalmente establecido, por tanto, con independencia de que exista una declaración de caducidad, la Administración Tributaria está obligada a declarar la caducidad de forma expresa, transcurrido el plazo máximo legal para notificar la correspondiente liquidación en el procedimiento de gestión tributaria iniciado por declaración.
>
> Sin declaración expresa de caducidad de un procedimiento de gestión tributaria iniciado mediante declaración, relativo a un determinado concepto tributario (obligación tributaria o elemento de la obligación tributaria) y período impositivo, no es posible iniciar un ulterior procedimiento de inspección respecto de dicho concepto tributario (obligación tributaria o elemento de la obligación tributaria) y período impositivo. Tampoco cabe incorporar en ese nuevo procedimiento los documentos y elementos de prueba obtenidos en el procedimiento caducado».

Así, las citadas sentencias recalcan que **la declaración expresa de caducidad es necesaria para certificar un escenario de seguridad jurídica que, a la postre, garantizará la posición de los contribuyentes** pues, de esa manera podrán atenerse a los cauces procedimentales por los que, en cada momento, discurre la actuación administrativa y, por su supuesto, conocer los informes y documentos que, procedentes de un procedimiento anterior, se pretendan utilizar por la Administración en un nuevo procedimiento.

La declaración de caducidad podrá dictarse de oficio o a instancia del interesado y ordenará el archivo de las actuaciones. Dicha caducidad impedirá la iniciación de un nuevo procedimiento sancionador.

JURISPRUDENCIA

Sentencia del Tribunal Supremo, rec. 97/2022, de 15 de diciembre de 2004, ECLI:ES:TS:2004:8106

Asunto: prescripción y límite de la potestad sancionadora

«El límite para el ejercicio de la potestad sancionadora, y para la prescripción de las infracciones, concluye con la resolución sancionadora y su consiguiente notificación, sin poder extender la misma a la vía de recurso».

8.
RECURSOS CONTRA SANCIONES TRIBUTARIAS

¿Qué recursos caben contra las sanciones tributarias?

El acto de resolución del procedimiento sancionador puede ser objeto de recurso o de reclamación independiente. Los recursos contra las sanciones tributarias se encuentran regulados en el **artículo 212 de la Ley 58/2003, de 17 de diciembre, General Tributaria**.

> **A TENER EN CUENTA.** En el supuesto de que el contribuyente impugne también la deuda tributaria, se acumularán ambos recursos o reclamaciones, siendo competente el que conozca la impugnación contra la deuda.

Se podrá recurrir la sanción sin perder la **reducción del 30 %** por conformidad prevista en el **párrafo b) del artículo 181.1 de la LGT** siempre que no se impugne la regularización.

En cuanto a las sanciones que deriven de actas con acuerdo no van a poder ser impugnadas en vía administrativa. La impugnación de dicha sanción en vía contencioso-administrativa supone la exigencia del importe de la reducción practicada.

La interposición de un recurso o de una reclamación administrativa contra una sanción va a producir los siguientes efectos:

- La ejecución de las sanciones quedará **automáticamente suspendida**, sin necesidad de que lo solicite el interesado, en periodo voluntario sin necesidad de aportar garantías hasta que sean firmes en vía administrativa.

- No se exigirán intereses de demora por el tiempo que transcurra hasta la finalización del plazo de pago en periodo voluntario abierto por la notificación de la resolución que ponga fin a la vía administrativa, exigiéndose intereses de demora a partir del día siguiente a la finalización de dicho plazo.

Estas previsiones se aplican a los efectos de suspender las sanciones tributarias objeto de derivación de responsabilidad, tanto en el caso de que la sanción fuese recurrida por el sujeto infractor, como cuando en ejercicio de lo dispuesto en el **artículo 174.5 de la LGT** dicha sanción sea recurrida por el responsable. En ningún caso será objeto de suspensión automática por este precepto la deuda tributaria objeto de derivación. Tampoco se suspenderán con arreglo a este precepto las responsabilidades por el pago de deudas previstas en el **artículo 42.2 de la LGT** relativo a los responsables solidarios del pago de la deuda tributaria pendiente y, en su caso, del de las sanciones tributarias, incluidos el recargo y el interés de demora del período ejecutivo.

Una vez la sanción sea firme en vía administrativa, los órganos de recaudación **no iniciarán las actuaciones del procedimiento** de apremio mientras no concluya el plazo para interponer el **recurso contencioso-administrativo**. Si durante ese plazo el interesado comunica a dichos órganos la interposición del recurso con petición de suspensión, ésta se mantendrá hasta que el órgano judicial adopte la decisión que corresponda en relación con la suspensión solicitada. Por tanto, hasta el oportuno recurso jurisdiccional, en el supuesto de que fuera desestimado, no podría decirse que la sanción había quedado firme en vía administrativa, luego **la sanción tributaria no goza en realidad de ejecutoriedad**; lo que tiene efectos, por ejemplo, en cuanto al interés de demora, inexigible hasta aquella firmeza.

JURISPRUDENCIA

Sentencia del Tribunal Supremo, rec. 2428/2011 de 10 de mayo de 2012, ECLI:ES:TS:2012:3436

Asunto: suspensión de la ejecución de las sanciones

«No se está, declara la Sentencia, "ante un supuesto de inicial inejecutividad de la sanción tributaria (como ha venido aceptándose en varias Sentencias de la sección Segunda de esta Sala Tercera, hasta la de fecha 5 de Octubre de 2004) que determina que, mientras que el órgano jurisdiccional, en la Sentencia del recurso contencioso-administrativo, o en otra Resolución que lo ultime, no decida sobre la virtualidad o no de la infracción imputada y de la sanción impuesta, no será factible, sin necesidad de caución, la ejecución de la misma, sino ante un caso, por imperativo legal, de suspensión de la ejecutividad (propia, ésta última, inicialmente, de todo acto Administrativo) de la sanción, hasta un determinado momento procesal o procedimental, como es, no el de la Sentencia o resolución semejante de la Sala Jurisdiccional, sino el del auto o Resolución que la misma adopte, en base a su innata potestad cautelar, y de acuerdo con los criterios previstos en los artículos 122 y siguientes de la L.J.C.A. de 1956 ó en las actualmente vigentes en la LJCA 29/1998, en la pieza separada de suspensión del recurso Contencioso-Administrativo".*

A tenor de estos razonamientos, concluye la Sentencia que "ha quedado sentado, pues, que en el ámbito del Derecho sancionador tributario, la Ley 58/2003 sigue el mismo criterio establecido en la Ley 1/1998, de suspensión automática, sin garantía, de las sanciones, que demoran su ejecución hasta que las mismas hayan causado Estado en vía administrativa, pero con un aditamento más, al aplazar la ejecución hasta la decisión judicial sobre la adopción de medidas cautelares"».

Sentencia del Tribunal Supremo n.º 415/2017, de 9 de marzo, ECLI:ES:TS:2017:958

Asunto: intereses durante la suspensión. Herederos

– «No cuestionándose que sólo el infractor es el que tiene que pagar la sanción, dado que se trata de una medida represiva a la que tiene que hacer frente como compensación de la comisión de una infracción, lo que nos lleva a la extinción de la responsabilidad derivada de las infracciones y de las sanciones tributarias por el fallecimiento del sujeto infractor (artículos 189 y 190), el problema a resolver es si este principio se extiende también a los intereses generados por la solicitud de suspensión, lo que ha de merecer una respuesta positiva en la línea que mantiene la sentencia recurrida, en cuanto traen causa de la propia sanción impuesta, lo que impide la posibilidad de la transmisión al heredero, aunque el art. 39.1 de la Ley 58/2003 no contempla la situación y se refiera solo a la sanción, sin que tampoco el art. 26. 2. c) de la ley 58/2003 nos pueda llevar a otra conclusión, en cuanto tiene en cuenta al sancionado, que no satisface el importe de la sanción, una vez vencido el plazo para su ingreso, debiendo estarse a las reglas específicas en el supuesto que hubiera sido objeto de recurso o reclamación, reglas que sólo pueden afectar al sancionado, no a sus herederos, toda vez que las consecuencias de una petición de suspensión, por el pago tardío, no pueden separarse de la propia sanción, y van asociados a la responsabilidad.

Otra interpretación nos llevaría a desconocer el principio de la personalidad de la pena, protegido por el art. 25.1 de la Constitución, que es de aplicación al Derecho Administrativo sancionador.

En definitiva, el carácter compensatorio del perjuicio económico causado a la Administración Tributaria como consecuencia de la suspensión de la sanción tiene sentido cuando quien paga los intereses de demora es el sujeto infractor, pero no si la persona que debe abonarlos es un tercero, en cuanto resulta totalmente ajeno a las causas del retraso».

ANEXO.
FORMULARIOS

Escrito de alegaciones previo a la propuesta de resolución en procedimiento sancionador tributario

Número de expediente: [NÚMERO]

Fecha: [FECHA]

Órgano administrativo instructor: [ÓRGANO]

Don/Doña [NOMBRE] mayor de edad, con NIF [NIF] y domicilio a efectos de notificaciones en [DOMICILIO], actuando en nombre propio (1), comparece y como mejor proceda en derecho,

EXPONE

Habiéndome sido notificado el acuerdo dictado en fecha [FECHA], por el que se ordena la iniciación del expediente sancionador de referencia en el que se me imputa la comisión de una infracción [ESPECIFICAR], y en el que se me informa de mi derecho a formular alegaciones y aportar los documentos, justificaciones y pruebas que estime conveniente en cualquier momento anterior a la propuesta de resolución, al amparo del art. 23.4 del Real Decreto 2063/2004, de 15 de octubre, por el que se aprueba el Reglamento general del régimen sancionador tributario, procedo a formular el presente escrito de alegaciones oponiéndome al contenido del expresado acuerdo por los siguientes motivos:

I.- MOTIVOS FORMALES

PRIMERO.- El referido acuerdo de iniciación se estima nulo de pleno derecho por las siguientes razones:

[ESPECIFICAR]. (2)

Subsidiariamente, para el caso de que las anteriores alegaciones no sean admitidas a los efectos de la declaración de nulidad de actuaciones y archivo del expediente, se oponen también los siguientes,

II.- MOTIVOS DE FONDO

PRIMERO.- [ESPECIFICAR]. (3)

III.- PROPOSICIÓN DE PRUEBA

En orden a la acreditación de los anteriores hechos se solicita la admisión y práctica de los siguientes medios de prueba:

- [ESPECIFICAR].
- [ESPECIFICAR].
- [ESPECIFICAR].

SOLICITA:

Que, teniendo por presentado este escrito, se proceda a admitirlo, junto con los documentos que al mismo se acompañan, y a tener por efectuadas las anteriores alegaciones y por propuestos los indicados medios de prueba.

En [LOCALIDAD], a [DÍA] de [MES] de [AÑO]

Firma: [FIRMA]

---

(1) Si interviene como representante sustituir por:

En caso de representación por persona física: actuando en su representación Don/Doña [NOMBRE], con N.I.F. [NIF] y domicilio en [DOMICILIO], según acreditación en documento que se adjunta.

En caso de representación por persona jurídica: actuando como representante de la entidad [NOMBRE_EMPRESA], con N.I.F. [NIF] y domiciliada en [LOCALIDAD] calle [CALLE], número [NÚMERO], según acreditación que en documento se acompaña.

(2) Los motivos de formales podrían ser:

El acuerdo ha sido dictado por órgano manifiestamente incompetente por razón de la materia o del territorio *[art. 217.1.b) de la LGT]*, debido a que [ESPECIFICAR] (exposición de las causas de la incompetencia manifiesta).

El acuerdo ha sido dictado prescindiendo total y absolutamente en su confección del procedimiento establecido *[art. 217.1.e) de la LGT]*, debido a que [ESPECIFICAR] (exposición de las causas de la omisión esencial del trámite).

El órgano designado en el acuerdo como competente para decidir el expediente carece de la necesaria competencia, debido a que [ESPECIFICAR] (exposición de las causas de la incompetencia del órgano decisor).

En la persona del instructor del expediente concurre la causa de recusación establecida en la letra [ESPECIFICAR] *del art. 23.2 de la Ley 40/2015, de 1 de octubre*, debido a que [ESPECIFICAR] (exposición de los motivos por los que se estima la falta de imparcialidad).

El procedimiento debe entenderse caducado.

(3) Como motivos de fondo podría alegarse, por ejemplo:

La sanción que se hace constar en el acuerdo ya ha sido satisfecha en su integridad, tal y como se desprende del recibo acreditativo del pago que se acompaña al presente escrito.

La infracción que se me imputa en el acuerdo de iniciación fue con anterioridad objeto de sanción penal/administrativa en el proceso penal/en el procedimiento administrativo sancionador finalizado por sentencia /resolución administrativa firme de fecha [FECHA], de la que se adjunta copia.

Los hechos que me son imputados no se ajustan a la realidad, debido a que [ESPECIFICAR] (argumentación sobre la inexistencia de los hechos constitutivos de la infracción).

Si bien los hechos que se hacen constar en el acuerdo son ciertos, por mi parte no existe ningún tipo de responsabilidad en su comisión, debido a que [ESPECIFICAR] (exposición de las razones determinantes de la falta de culpabilidad).

La infracción administrativa que se me imputa, de conformidad con lo dispuesto en el *art. 190 de la LGT*, ha quedado prescrita, debido a que [ESPECIFICAR] (exposición de los motivos en los que se base la prescripción con indicación de las fechas correspondiente).

Escrito de alegaciones y aportación de pruebas antes de la propuesta de resolución en procedimiento sancionador tributario

A LA AGENCIA ESTATAL DE ADMINISTRACIÓN TRIBUTARIA

DELEGACIÓN DE [PROVINCIA]

AL ÓRGANO COMPETENTE

Don/Doña [NOMBRE], con NIF [NIF] y domicilio a efectos de notificaciones en [DOMICILIO], actuando en su propio nombre (1), comparece y

EXPONE

PRIMERO.- En fecha [DÍA] de [MES] de [AÑO], se le ha notificado acuerdo de inicio de expediente sancionador correspondiente al concepto tributario [CONCEPTO] y ejercicio [AÑO].

SEGUNDO.- Al día de la fecha, no ha sido notificada a esta parte la propuesta de resolución en dicho procedimiento sancionador.

TERCERO.- En virtud de lo señalado en el artículo 34.1.l) de la Ley 58/2003, de 17 de diciembre, General Tributaria, constituye derecho de los obligados tributarios formular alegaciones y aportar documentos que serán tenidos en cuenta por los órganos competentes al redactar la correspondiente propuesta de resolución. Asimismo, conforme a la letra r) del mismo precepto, los obligados tienen derecho a presentar ante la Administración tributaria la documentación que estimen conveniente y que pueda ser relevante para la resolución del procedimiento tributario que se esté desarrollando.

CUARTO.- Asimismo, de conformidad con lo prevenido en los apartados 3 y 4 del artículo 23 del Real Decreto 2063/2004, de 15 de octubre, por el que se aprueba el Reglamento general del régimen sancionador tributario, por medio del presente escrito se hacen las siguientes

ALEGACIONES Y APORTACIÓN DE PRUEBAS Y DOCUMENTOS

PRIMERA.- El que suscribe tiene interés en realizar las siguientes alegaciones en relación con el citado procedimiento:

– [DESCRIPCIÓN] (2)

SEGUNDA.- En prueba de las alegaciones efectuadas se aportan los siguientes documentos o justificantes, a fin de que sean tenidos en cuenta en la propuesta de resolución que en su momento se adopte en el procedimiento de referencia:

– [DESCRIPCIÓN]

– [DESCRIPCIÓN]

TERCERA.- Se interesa que sean tenidos en cuenta dichos documentos y alegaciones a efectos de la resolución del expediente.

En virtud de todo lo expuesto,

SOLICITA:

Que se tenga por presentado este escrito, que se admitan y se unan al expediente las alegaciones, justificantes y documentos aportados; y que se tengan en cuenta dichas alegaciones, pruebas y documentos al redactar la correspondiente propuesta de resolución.

En [LOCALIDAD], a [DÍA] de [MES] de [AÑO]

Firma: [FIRMA]

---

(1) Si interviene como representante sustituir por:

En caso de representación por persona física: actuando en su representación Don/Doña [NOMBRE], con NIF [NIF] y domicilio en [DOMICILIO], según acreditación en documento que se adjunta.

En caso de representación por persona jurídica: actuando como representante de la Entidad [NOMBRE_EMPRESA], con NIF [NIF] y domiciliada en [LOCALIDAD] calle [CALLE], número [NUMERO], según acreditación que en documento se acompaña.

(2) Descripción de la alegaciones.

Solicitud de prórroga del plazo de alegaciones (procedimiento sancionador)

AGENCIA ESTATAL DE ADMINISTRACIÓN TRIBUTARIA

CONSEJERÍA DE HACIENDA DE [COMUNIDAD_AUTÓNOMA]

AL [ÓRGANO]

D./Dña. [NOMBRE] mayor de edad, con NIF [NIF] y domicilio a efectos de notificaciones en [DOMICILIO], actuando en nombre propio (1), comparece y como mejor proceda,

EXPONE

PRIMERO.- El [DÍA], de [MES], de [AÑO] se ha notificado a esta parte propuesta de resolución del expediente sancionador correspondiente al concepto tributario [CONCEPTO] y periodo [AÑO].

SEGUNDO.- Dada la complejidad del expediente y/o el volumen de información analizada no resulta posible, dentro del plazo establecido, presentar el potestativo escrito de alegaciones previsto en el artículo 157 de la Ley General Tributaria y el artículo 23.5 del Reglamento General del Régimen Sancionador Tributario.

TERCERO.- Aun dándose la circunstancia del expositivo anterior, existe la voluntad de dar cumplimiento a este trámite, razón por la que interesa la prórroga de dicho plazo en los términos previstos en el art. 32 de la Ley 39/2015, de 1 de octubre del Procedimiento Administrativo Común de las Administraciones Públicas.

En virtud de todo lo expuesto,

SOLICITO:

Que se tenga por presentado este escrito y por solicitada la prórroga de plazo en el trámite de alegaciones de referencia.

En [LOCALIDAD], [PROVINCIA], a [DÍA], de [MES], de [AÑO].

Fdo.: [FIRMA]

La persona interesada.

---

(1) Si interviene como representante sustituir por:

En caso de representación por «persona física»: actuando en su representación D./Dña. [NOMBRE], con NIF [NIF] y domicilio en [DOMICILIO], según acreditación en documento que se adjunta.

En caso de representación por «persona jurídica»: actuando como representante de la Entidad [NOMBRE_EMPRESA], con NIF [NIF] y domiciliada en [LOCALIDAD] calle [CALLE], n.º [NUMERO], según acreditación que en documento se acompaña.

Recurso de reposición en el ámbito tributario

ADMINISTRACIÓN DE LA AEAT DE [LUGAR]

AL [ÓRGANO] **(1)**

Don/Doña [NOMBRE] mayor de edad, con DNI [NÚMERO Y LETRA DNI] y domicilio a efectos de notificaciones en [DOMICILIO], actuando en nombre propio/actuando en representación de don/doña [NOMBRE]/Entidad [NOMBRE_EMPRESA], con DNI/NIF [NÚMERO Y LETRA DNI/NIF] y domicilio en [DOMICILIO], según acreditación en documento que se adjunta, comparece ante esta Administración y como mejor proceda

EXPONE

PRIMERO.- En fecha [FECHA] se recibió de ese órgano la notificación de la resolución que pone fin al procedimiento de [DESCRIPCIÓN] correspondiente a:

- **Concepto tributario:** [ESPECIFICAR].
- **Ejercicio o periodo:** [AÑO].
- **Núm. de expediente:** [NÚMERO].
- **Núm. de liquidación:** [NÚMERO].
- **Importe:** [CANTIDAD].

SEGUNDO.- Esta parte no está conforme con la liquidación notificada, por lo que por medio del presente escrito y de conformidad con lo dispuesto en los artículos 222 a 225 de la Ley 58/2003, de 17 de diciembre, General Tributaria, en relación con los artículos 123 y 124 de la Ley 39/2015, de 1 de octubre, del Procedimiento Administrativo Común de las Administraciones Públicas, interpone el presente **RECURSO DE REPOSICIÓN** con carácter previo a la reclamación económico-administrativa, contra el acto administrativo de referencia, formulando las siguientes alegaciones en las que fundamenta sus pretensiones:

1. [ESPECIFICAR].
2. [ESPECIFICAR].
3. [ESPECIFICAR].

TERCERO.- Como prueba de las alegaciones realizadas se aporta la siguiente documentación:

1. [DESCRIPCIÓN].
2. [DESCRIPCIÓN].
3. [DESCRIPCIÓN].
4. [DESCRIPCIÓN].

En virtud de todo lo expuesto,

SOLICITA:

Que se tenga por presentado en tiempo y forma el presente **RECURSO DE REPOSICIÓN** contra el indicado acto administrativo y se adopte resolución de acuerdo con las pretensiones alegadas, haciendo constar que dicho acto no ha sido impugnado en vía económico-administrativa. (2)

En [LOCALIDAD], a [DÍA] de [MES] de [AÑO].

Fdo: [FIRMA]

---

(1) Órgano que dictó la resolución recurrida en reposición.
(2) Si la resolución contiene una liquidación provisional con resultado a ingresar y se solicita la suspensión de la ejecución del acto recurrido añadir:

Al mismo tiempo, en virtud de lo dispuesto en el **artículo 224 de la Ley General Tributaria** se solicita la suspensión de la ejecución del acto administrativo que se impugna, ofreciendo como garantía del importe de dicho acto, más los intereses de demora que genere la suspensión y los recargos que en su caso pudieran proceder [depósito de dinero o valores públicos / aval o fianza de carácter solidario de entidad de crédito o sociedad de garantía recíproca o certificado de seguro de caución / fianza personal y solidaria de otros contribuyentes de reconocida solvencia].

Escrito solicitando devolución de ingresos indebidos por duplicidad en el pago. Art. 221.1 a) LGT

AGENCIA ESTATAL DE ADMINISTRACIÓN TRIBUTARIA

DELEGACIÓN DE LA AGENCIA TRIBUTARIA DE [LUGAR]

ÓRGANO COMPETENTE

Don/Doña [NOMBRE] mayor de edad, con DNI [NÚMERO Y LETRA DNI] y domicilio a efectos de notificaciones en [DOMICILIO], actuando en nombre propio/actuando en representación de Don/Doña [NOMBRE]/Entidad [NOMBRE_EMPRESA], con DNI/NIF [NÚMERO Y LETRA DNI/NIF] y domicilio en [DOMICILIO], según acreditación en documento que se adjunta, comparece ante esta Administración y como mejor proceda

EXPONE

PRIMERO.- En fecha [DÍA] de [MES] de [AÑO], esta parte procedió a ingresar la cantidad de [CANTIDAD] euros, por concepto de [ESPECIFICAR]. Se acompaña como documento número 1 justificante del pago realizado.

SEGUNDO.- Posteriormente, en fecha [DÍA] de [MES] de [AÑO] esta parte procedió nuevamente al ingreso de la cantidad citada anteriormente por el siguiente motivo: [ESPECIFICAR]. Se acompaña como documento número 2 justificante del pago.

TERCERO.- Por lo expuesto en artículo 221.1.a de la Ley 58/2003, de 17 de diciembre, General Tributaria procede la devolución del ingreso realizado por indebido, incrementado en el interés de demora devengado, tal y como señala el artículo 32.2 de la Ley General Tributaria.

CUARTO.- El medio elegido para la devolución es [ESPECIFICAR] (1)

En su virtud, de conformidad con lo dispuesto en los artículos 32 y 221 de la citada Ley General Tributaria,

SOLICITA

Que, teniendo por presentado en tiempo y forma este escrito, se sirva admitirlo y, en mérito a su contenido se reconozca a esta parte el derecho a la devolución de la cantidad de [CANTIDAD] euros, por haberse producido una duplicidad en el pago de deudas tributarias.

En [LOCALIDAD], a [DÍA] de [MES] de [AÑO]

Fdo: [FIRMA]

---

(1) Transferencia bancaria, indicando el número de código de cuenta y los datos identificativos de la entidad de crédito/cheque cruzado o nominativo.

Recurso de reposición contra providencia de apremio por suspensión de la sanción en periodo voluntario

AGENCIA ESTATAL DE ADMINISTRACIÓN TRIBUTARIA

ADMINISTRACIÓN DE LA AEAT DE [LUGAR]

ÓRGANO COMPETENTE [ESPECIFICAR]

Don/Doña [NOMBRE] con NIF [NIF] con domicilio fiscal en [DOMICILIO] domicilio a efecto de notificaciones en [DOMICILIO], correo electrónico [EMAIL], teléfono [FIJO O MÓVIL], actuando en nombre propio ante esa Administración (1), interpongo el presente recurso de reposición contra la providencia de apremio, y como mejor proceda en derecho,

DIGO

PRIMERO.- En fecha [DÍA] de [MES] de [AÑO] esta parte ha recibido de [ÓRGANO], notificación de la providencia de apremio relativa a la deuda correspondiente al tributo [DESCRIPCIÓN] por importe de [CANTIDAD] euros.

SEGUNDO.- Esta parte no está conforme con la liquidación notificada, por lo que por medio del presente escrito y de conformidad con lo dispuesto en los artículos 222 a 225 de la Ley 58/2003, de 17 de diciembre, General Tributaria, en relación con los artículos 123 y 124 de la Ley 39/2015, de 1 de octubre, del Procedimiento Administrativo Común de las Administraciones Públicas, interpone el presente **RECURSO POTESTATIVO DE REPOSICIÓN** con carácter previo a la reclamación económico-administrativa, contra el acto administrativo de referencia.

TERCERO.- Esta parte considera el citado acto administrativo no es ajustado a derecho por encontrarse suspendida la ejecución de la sanción indicada en el expositivo primero dentro del período voluntario de ingreso como consecuencia de haberse interpuesto contra la misma recurso de reposición (2) en tiempo y forma.

CUARTO.- El motivo alegado es una de las causas de oposición a la providencia de apremio que contiene el artículo 167.3 de la Ley 58/2003, de 17 de diciembre, General Tributaria.

QUINTO.- De acuerdo con lo anteriormente expuesto, y al amparo de lo dispuesto en los artículos 222 a 225 de la Ley General Tributaria, en relación con los artículos 123 y 124 de la Ley 39/2015, de 1 de octubre, del Procedimiento Administrativo Común de las Administraciones Públicas,

SUPLICO:

Que, teniendo por presentado este escrito en tiempo y forma, se admita como **RECURSO POTESTATIVO DE REPOSICIÓN** contra la providencia de apremio, y se adopte resolución de acuerdo con las alegaciones efectuadas. Asimismo, se hace constar que contra el presente acto no se ha interpuesto reclamación económico-administrativa.

Al mismo tiempo, interesa al que suscribe, solicitar la suspensión del procedimiento administrativo de apremio, de forma automática y sin necesidad de prestar garantía alguna, al concurrir una de las circunstancias a que se refiere el artículo 165.2 de la Ley General Tributaria, [DESCRIPCIÓN] (3)

En [LOCALIDAD], a [DÍA] de [MES] de [AÑO].

Fdo.: [FIRMA]

OTROSÍ DIGO: en caso de no estimarse la suspensión automática y sin garantías del párrafo anterior, ofrezco a fin de garantizar la suspensión de la ejecución del acto administrativo impugnado, [DESCRIPCIÓN]. (4)

En lugar y fecha indicados *ut supra*

Fdo.: [FIRMA]

---

(1) Si interviene como representante sustituir por:

En caso de representación por persona física: actuando en su representación don/doña [NOMBRE], con NIF [NIF] y domicilio en [DOMICILIO], según acreditación en documento que se adjunta.

En caso de representación por persona jurídica: actuando como representante de la Entidad [NOMBRE_EMPRESA], con NIF [NIF] y domiciliada en [LOCALIDAD] calle [CALLE], número [NÚMERO], según acreditación que en documento se acompaña.

(2) O reclamación económico-administrativa.

(3) Suspensión automática en caso de error material, aritmético o de hecho en la determinación de la deuda, que la misma ha sido ingresada, condonada, compensada, aplazada o suspendida o que ha prescrito el derecho a exigir el pago.

(4) Las garantías necesarias para obtener la suspensión automática serán exclusivamente las siguientes:

a) Depósito de dinero o valores públicos.

b) Aval o fianza de carácter solidario de entidad de crédito o sociedad de garantía recíproca o certificado de seguro de caución.

c) Fianza personal y solidaria de otros contribuyentes de reconocida solvencia para los supuestos que se establezcan en la normativa tributaria.